HISTOIRE

DE

LA LITTÉRATURE

ANCIENNE ET MODERNE.

SOUS PRESSE,

POUR PARAÎTRE CHEZ LES MÊMES LIBRAIRES :

PHILOSOPHIE DE LA VIE, par F. Schlegel; traduite par W. Duckett. 2 vol. in-8°.

PHILOSOPHIE DE L'HISTOIRE, par le même; traduite par le même, 2 vol. in-8°.

PARIS, IMPRIMERIE DE DECOURCHANT,
Rue d'Erfurth, n° 1, près de l'Abbaye.

HISTOIRE
DE LA
LITTÉRATURE
ANCIENNE ET MODERNE,

PAR F. SCHLEGEL;

TRADUITE DE L'ALLEMAND, SUR LA DERNIÈRE ÉDITION,

PAR WILLIAM DUCKETT.

TOME PREMIER.

PARIS,
BALLIMORE, LIBRAIRE,
RUE DE SEINE SAINT-GERMAIN, N° 48.

GENÈVE,
CHERBULIEZ, LIBRAIRE.

1829

HISTOIRE DE LA LITTÉRATURE ANCIENNE ET MODERNE.

CHAPITRE PREMIER.

Introduction et plan de l'ouvrage. — Influence de la littérature sur la vie et la dignité des nations. — Poésie des Grecs jusqu'à Sophocle.

Je me suis proposé de présenter dans cet ouvrage un tableau rapide et général de la littérature, de son esprit et de ses développemens chez les plus célèbres nations de l'antiquité et des temps modernes. Je commencerai par examiner l'influence qu'elle exerce sur la vie pratique, sur la destinée des nations et sur la marche des temps.

Il s'est opéré pendant le siècle dernier, surtout en Allemagne, un changement notable dans la civilisation; et, sous un rapport au moins, on doit l'appeler heureux, non que, pris séparément, les différentes productions ou les divers essais remarquables dans les arts et dans les sciences aient indistinctement été dignes d'éloges, ou qu'ils aient toujours complètement réussi ; mais en l'envisageant sous le point de vue de l'état de la littérature, de son action sur la société, de l'intérêt dont elle y est l'objet, de l'influence qu'elle doit exercer sur les mœurs et sur les nations, on reconnaîtra que ce changement a été tout à l'avantage de notre époque, de même qu'il était nécessaire.

La séparation absolue des savans, des gens du monde et du peuple, est le plus grand obstacle aux progrès intellectuels d'une nation : tant il est vrai qu'il faut que les dispositions naturelles et les situations les plus variées des hommes agissent, jusqu'à un certain point, de concert, pour parvenir à la perfection dans les productions de l'esprit, ou pour être capables de l'apprécier. Pourrait-on dire d'un ouvrage à la composition duquel n'auraient pas coopéré la vigueur et l'inspiration de la jeunesse, l'expérience et la maturité de l'âge viril, qu'il est véritablement parfait ? Il ne faut pas omettre non plus le goût délicat des femmes, et l'influence de leurs jugemens sur les productions de l'esprit, si l'on veut que ces productions restent dans les limites du beau, que l'esprit d'une nation se forme véritablement, et qu'elle persévère dans la noblesse de ses sentimens.

Les productions de l'esprit ne sauraient trouver un sol plus fertile que ces sentimens communs à toutes les âmes généreuses, que l'amour de la patrie et de tout ce qui en rappelle le souvenir au peuple dans la langue duquel elles sont écrites, et sur lequel elles doivent agir immédiatement.

On a enfin commencé à sentir que ce développement de l'esprit humain exigeait la réunion des diverses facultés de l'homme, de l'emploi de toutes les forces que nous ne séparons et individualisons que trop souvent. L'érudition du savant, ce coup d'œil si prompt et cette décision si sûre de l'homme actif, cet enthousiasme sérieux de l'artiste solitaire, et cet échange si facile et si rapide des impressions intellectuelles, cette indéfinissable finesse d'esprit que l'on ne trouve et que l'on n'apprend à trouver que dans la vie sociale, ont été heureusement rapprochés, ou ne sont plus du moins aussi séparés qu'ils l'étaient anciennement.

La classe des savans vivait auparavant tout-à-fait isolée du reste du monde et de l'élégante civilisation des classes supérieures, et celles-ci ne vivaient pas moins isolées du reste de la nation. Nos Keppler et nos Leibnitz n'écrivaient guère qu'en latin; Frédéric II ne lisait, n'écrivait et ne pensait qu'en français. On abandonnait les souvenirs et les sentimens patriotiques, ou au peuple, qui conservait çà et là quelques faibles vestiges du bon vieux temps, ou au jeune enthousiasme et aux essais aventureux d'un petit nombre de poètes et d'écrivains, qui, les premiers, entreprirent d'amener un autre ordre de choses. Mais, tant qu'ils restaient seuls et isolés, il était impossible qu'une exécution à l'abri de tout reproche vînt toujours justifier leur audace, et un succès complet couronner leurs efforts.

Cette séparation des savans, des gens du monde et du reste de la nation, était générale en Allemagne pendant la dernière moitié du dix-septième siècle et pendant les cinquante premières années du dix-huitième. Les résultats naturels de cet état de choses se firent sentir parmi les individus long-temps encore après que les masses eurent été préparées à un changement et l'eurent vu s'accomplir.

Le grand nombre d'essais remarquables, ou plutôt d'ouvrages distingués, qui parurent en langue allemande, depuis le commencement de l'autre moitié du dix-huitième siècle, appelèrent enfin l'attention générale sur ce que l'Allemagne possédait déjà de grand, de beau, de bon, et qu'on avait méconnu jusqu'alors, ainsi que sur les avantages particuliers à la langue allemande, tels que l'énergie, la richesse et la souplesse; qualités qui ne lui ont jamais manqué quand on a su s'en servir. Plus les souvenirs et les sentimens patriotiques se ranimèrent, plus le goût de la langue maternelle fit de progrès. La connaissance des langues étrangères, mortes ou vivantes, si nécessaire au savant et à l'homme bien élevé, n'eut plus désormais pour conséquence immédiate le mépris de la langue maternelle, mépris dont celle-ci se venge toujours aux dépens de l'homme qui s'en rend coupable, et qui ne saurait aujourd'hui faire préjuger favorablement du genre de ses connaissances ni de leur universalité. L'étude des langues étrangères tourna alors au contraire tout au profit de la langue maternelle; comme elle demandait une méthode plus scientifique, un goût tout particulier pour la linguistique générale en résulta, et l'on appliqua bientôt à l'étude de la langue maternelle, tant pour les productions littéraires que pour la critique, cette sagacité dont on n'avait fait usage jusqu'alors que pour les langues étrangères ; on rivalisa de zèle pour ajouter à son énergie et à sa richesse naturelle les divers avantages particuliers aux plus belles langues anciennes et modernes.

Mon dessein étant de tracer un tableau général, non-seulement de la littérature allemande, mais encore de toute la littérature européenne, je puis, dès à présent, faire remarquer que pendant le dix-huitième siècle il s'était opéré dans les autres pays, aussi bien qu'en Allemagne, une semblable révolution littéraire, qui tendait à faire redevenir la littérature entièrement nationale. Je ne citerai pour exemple que l'Angleterre : là aussi, pendant la dernière moitié du dix-septième siècle, le goût s'était dépravé et corrompu ; là aussi il était devenu imitateur et anti-national, à la suite des guerres civiles de Cromwell, qui l'avaient affaibli et pour ainsi dire rendu esclave. La langue elle-même était négligée ; les grands poètes, les grands écrivains étaient presque tombés dans l'oubli ; mais quand une heureuse révolution eut rétabli l'indépendance politique de l'Angleterre, on vit la littérature se relever en même temps ; le goût étranger disparut, et on revint avec plus d'ardeur que jamais aux grands poètes nationaux. La langue acquit une vigueur toute philosophique; de grands auteurs vinrent; et depuis, la passion avec laquelle on s'appliqua à rechercher et à consacrer les moindres monumens et les moindres vestiges de l'histoire d'Angleterre et des temps passés, devint si vive et si générale, qu'on pourrait peut-être maintenant adresser à cet égard à l'esprit national des Anglais l'honorable reproche d'un amour de la patrie trop exclusif.

Mais quoique dans plusieurs pays la littérature ait beaucoup gagné dans ces derniers temps, en ce qu'elle est devenue plus nationale et plus vigoureuse, et qu'elle a acquis une plus grande influence sur les mœurs, cependant le mal n'a pas entièrement disparu. En Allemagne, on voit souvent encore la littérature et la vie sociale séparées comme deux mondes totalement étrangers l'un à l'autre. C'est ainsi que cette variété de forces et de productions intellectuelles, que nous comprenons sous le nom de littérature, est en grande partie perdue pour le monde, ou du moins n'exerce pas sur les hommes et sur les nations cette haute et bienfaisante influence qu'elle devrait et qu'elle pourrait avoir. N'examinons ici, pour le moment, que l'état de la littérature, et surtout les idées encore généralement dominantes sur la littérature, et ses rapports avec la vie du monde. On s'empresse d'accorder au poète et à l'artiste, comme une des prérogatives de leur état, de ne vivre et même de ne pouvoir vivre que dans un monde idéal, et d'être déplacés dans le monde réel ; quant aux savans, c'est un parti pris que de les regarder comme tout-à-fait inutiles dans la vie pratique. On se méfie de l'orateur, parce qu'on le considère comme capable de faire plier la vérité suivant ses vues, et de nous tromper. L'expérience et l'histoire même de notre époque sont là pour enseigner que la philosophie égare plus souvent son siècle et le précipite plus souvent dans des désordres funestes qu'elle ne l'éclaire réellement, et ne le maintient en possession de la vérité. Les plaintes des philosophes, leurs accusations réciproques, ont généralement fait connaître aux profanes qu'ils s'entendaient rarement entre eux; aussi en est-on venu à penser presque partout qu'ils ne pouvaient eux-mêmes atteindre le but qu'ils indiquaient, ni expliquer ce qu'ils voulaient.

Il serait cependant injuste de vouloir paralyser et décréditer les plus nobles efforts dont soit capable l'esprit humain, ceux qu'il fait pour acquérir des connaissances et pour découvrir la vérité, en ne rappelant jamais que des essais demeurés stériles, ou que les difficultés de l'entreprise. Il ne faut donc pas s'étonner si des hommes habituellement occupés des objets politiques les plus importans regardent les petites querelles des écrivains comme un spectacle sans attrait et sans importance. L'immense quantité de livres a même dû inspirer à la plupart des lecteurs un tel dégoût, que rien n'est regardé comme moins important et comme plus futile que l'apparition d'un nouveau livre, qui vient augmenter la masse des livres publiés jusqu'à ce jour.

J'ai déjà fait l'aveu tacite que les écrivains, les savans, les poètes et les artistes sont eux-mêmes en grande partie la cause du dédain dont la littérature est généralement l'objet, bien qu'il arrive rarement qu'on l'exprime positivement; mais, quand bien même les reproches que l'on adresse ordinairement aux écrivains et à leurs ouvrages seraient toujours justes et fondés, quand bien même il n'existerait pas d'honorables exceptions, des savans et des productions de l'esprit remplissant, à l'égard du monde en général, et en particulier vis-à-vis de leur patrie ainsi que de leur siècle, toutes les conditions que l'on peut exiger sous ce double rapport, on ne pourrait cependant s'empêcher de trouver ce dédain blâmable, parce que l'abus de la chose fait méconnaître la chose elle-même, qui est si grande et si importante. Il est d'ailleurs préjudiciable, en ce qu'il augmente encore et maintient cette séparation de la vie intellectuelle et de la vie pratique, de la science et de la politique, qui ne dégénère que trop souvent en une haine profonde, en troubles, et en oppression réciproque.

Il est cependant facile de démontrer jusqu'à l'évidence de quelle importance, d'après sa destination primitive, est la littérature en elle-même, et combien elle contribue puissamment au bien-être et à la dignité d'une nation, si on l'envisage sous le rapport de sa propre nature, ou bien sous celui de ses nombreux résultats et de son immense influence.

Examinons d'abord la littérature elle-même dans son essence véritable, dans les objets qu'elle embrasse, dans sa destination primitive, et dans sa dignité. Nous comprenons sous ce nom tous les arts et toutes les sciences, ainsi que toutes les créations et toutes les productions qui ont pour objet la vie et l'homme lui-même, mais qui, sans avoir aucun acte extérieur pour but, n'agissent que par la pensée et par le langage, et ne se manifestent qu'à l'aide de la parole et de l'écriture. Parmi ces arts, la poésie tient le premier rang; viennent ensuite l'histoire, qui raconte les événemens passés; la méditation et les connaissances élevées, en tant qu'elles ont pour objet la vie et l'homme, et qu'elles exercent leur influence sur tous deux; enfin, l'éloquence et l'esprit, lorsque leurs effets ne passent pas rapidement dans le langage oral, mais forment des ouvrages durables à l'aide de l'écriture. Leur réunion embrasse presque toute la vie intellectuelle de l'homme. Qu'y a-t-il, en effet, après l'esprit, de plus admirable et qui distingue mieux l'homme que le langage? La nature ne pouvait faire à l'homme un plus beau présent que la voix : capable d'exprimer par le son tous les sentimens, elle fournit, par sa souplesse à produire les combinaisons de tons les plus variées, la matière propre à former scientifiquement le langage. Mais de toutes les inventions dues au génie de l'homme, l'écriture est sans contredit la plus merveilleuse et la plus utile. Dieu lui-même ne pouvait faire à l'homme un don plus précieux que la parole, qui sert à le faire connaître, et qui unit et lie les hommes entre eux. L'esprit et le langage sont tellement indivisibles, la pensée et la parole sont si essentiellement un, que de même que nous pouvons regarder la pensée comme la prérogative particulière de l'homme, nous pouvons aussi dire que la parole, d'après sa destination primitive et sa dignité, appartient à son essence originelle. C'est en effet parce qu'il est doué d'une âme dans la profondeur de laquelle la pensée prend la forme vivante de la parole, que dans les saintes Ecritures l'homme est regardé comme semblable à Dieu, et qu'il est appelé l'image de la Trinité créatrice.

Si dans l'application plus usuelle, nous distinguons, et sommes obligés de distinguer la chose exprimée de l'expression, la pensée de la parole, cela n'arrive cependant qu'autant que l'un et l'autre, ou seulement l'un de ces deux élémens ne remplit pas son but. La pensée et la parole étant un dans leur origine, ne peuvent être séparées même dans leurs applications les plus variées ; il faut, autant que possible, qu'elles soient toujours et partout réunies et s'accordent entre elles.

Quoique l'on puisse beaucoup abuser de ces deux dons si précieux, qui véritablement ne sont qu'un, de cette haute prérogative de l'homme, à laquelle il est redevable de la dignité de son être; bien qu'on puisse, dis-je, abuser de la pensée et de la parole, cependant le sentiment que nous avons de la dignité primitive du langage et de la parole se décèle par l'importance que nous leur donnons dans nos jugemens les plus ordinaires. Il serait inutile de chercher à démontrer la haute influence que l'art de la parole exerce sur nos jugemens dans la vie ordinaire, dans nos relations civiles et sociales, et quelle impression profonde l'énergie de l'expression produit sur notre esprit : le jugement que nous portons des nations est déterminé par les mêmes raisons que celui que nous portons des individus; et nous sommes naturellement disposés à reconnaître comme la plus spirituelle et la plus civilisée celle qui s'exprime avec le plus de convenance, de netteté, d'élégance et de clarté. En sorte qu'il n'arrive que trop souvent que nous sacrifions la pensée et la dignité à la forme extérieure et à l'expression; et nous ne jugeons pas seulement ainsi les nations et les individus qui nous entourent et avec lesquels nous vivons, mais nous appliquons les mêmes mesures à d'autres nations très-éloignées du cercle dans lequel nous agissons, comme, par exemple, les peuples auxquels nous avons l'habitude de donner le nom générique de sauvages, parce que nous les connaissons peu. Dès que le voyageur observateur comprend leur langage, le jugement défavorable qu'il en avait porté se modifie essentiellement. Assurément, on dit toujours de ces hommes qui ignorent nos arts et les raffinemens de notre civilisation, qui sont restés à l'abri des funestes résultats qu'ils ont pour les mœurs, que ce sont des sauvages; mais on ne saurait leur refuser un sens droit et ferme, et souvent une admirable sagacité naturelle. Leurs réponses laconiques sont pleines de justesse et d'énergie, ordinairement spirituelles; leurs discours, d'une clarté et d'une précision remarquables. C'est ainsi que partout et dans toutes les relations de la vie on est habitué et disposé à conclure du langage à l'esprit et de l'expression à la pensée. Mais ce ne sont là que des jugemens isolés sur des objets isolés. La dignité et l'importance de tous les arts et de toutes les sciences qui agissent et se manifestent par la parole et par l'écriture seront mieux comprises en examinant l'immense influence qu'on leur voit exercer dans toute l'histoire sur la gloire et les destinées des nations; c'est alors que la littérature se montre, dans son véritable ensemble, comme la réunion de toutes les capacités et de toutes les productions intellectuelles d'un peuple.

En adoptant ce point de vue historique, qui a pour objet de comparer les peuples d'après leur mérite, on comprendra qu'il importe surtout pour le développement ultérieur d'une nation, et même pour toute son existence intellectuelle, qu'elle ait de grands souvenirs nationaux se perdant le plus souvent dans l'obscurité de son origine, et que la poésie a l'importante mission de conserver et d'ennoblir. Les souvenirs nationaux, héritage le plus précieux qu'un peuple puisse avoir, sont un avantage que rien ne saurait remplacer; et lorsque ce peuple se sent ennobli et grandi à ses propres yeux parce qu'il possède un passé fameux par d'antiques et glorieux souvenirs, en un mot, parce qu'il a une poésie, nous le plaçons dans notre opinion à un degré plus élevé. Le mérite et la dignité d'une nation ne sont point déterminés seulement par des entreprises vastes et par des événemens remarquables. Des nations qui ont été malheureuses ont péri sans nom, et ont à peine laissé quelques traces de leur existence; d'autres, plus heureuses, ont conservé le souvenir de leurs agrandissemens et de leurs conquêtes; mais le récit nous en paraît à peine digne d'attention, si le génie de la nation n'a point imprimé un cachet particulier à ces entreprises et à ces événemens qui ne se répètent que trop fréquemment dans l'histoire du monde. Des faits mémorables, de grands événemens et de grandes destinées ne suffisent point pour captiver notre attention, et déterminer le jugement de la postérité. Pour qu'un peuple ait ce privilége, il faut en outre qu'il puisse rendre compte de ses actions et de ses destinées. Cette connaissance d'une nation qui se manifeste par des ouvrages où la réflexion se joint à l'exposition des faits, c'est l'histoire. Un peuple dont les victoires et les hauts faits ont été ennoblis par le style d'un Tite-Live, dont les malheurs et la décadence ont été transmis à la postérité par la plume d'un Tacite, prend dans notre opinion un rang plus élevé, et nous ne pouvons plus, sans nous paraître injustes à nous-mêmes, le classer parmi cette multitude de peuples qui, sans occuper la moindre place dans l'histoire de l'esprit humain, ont passé sur la scène, et ont été tour à tour conquérans et conquis. Il n'y aura jamais que très-peu de poètes et d'artistes qui, doués de toute l'énergie et de toute la magie du talent, pourront donner à leur imagination un élan audacieux. Il n'y aura également qu'un petit nombre d'investigateurs capables de pénétrer dans les replis les plus secrets de la pensée; et dans les siècles où ils vivront, ces hommes privilégiés ne pourront agir que sur un nombre d'intelligences extrêmement restreint. Mais avec le temps, le cercle de leur influence va toujours s'agrandissant davantage, leur mérite devient de plus en plus évident. Tout au contraire, celui du législateur paraît sous un jour moins favorable lorsque les temps auxquels s'appliquent ses lois ne sont plus les mêmes; et quand des siècles se sont écoulés, la gloire du conquérant perd chaque jour quelque chose de ce caractère gigantesque, de cet éclat éblouissant qu'elle avait d'abord;

souvent même elle se trouve réduite à de minimes proportions. On peut dire qu'Homère et Platon ont contribué plus que Solon et Alexandre à rehausser la gloire des Grecs, et à la répandre au loin non-seulement parmi nous, mais encore parmi les peuples de l'antiquité. Il est incontestable que le poète et le philosophe ont plus contribué que le législateur et le conquérant à l'estime que toutes les nations civilisées de l'Europe professent pour la Grèce, berceau de leur civilisation. D'ailleurs l'influence des ouvrages et du génie d'Homère et de Platon sur les générations qui sont venues après eux, ainsi que sur la masse et les progrès du genre humain, fut plus grande et plus durable que celle des lois de Solon ou des victoires du héros macédonien. Que si les noms de ces deux hommes paraissent à nos yeux, entourés d'une auréole de gloire et d'immortalité, ils en sont redevables plutôt à leur génie et à leur influence sur la civilisation, qu'à ces institutions politiques du législateur qui nous sont devenues totalement étrangères, ou à ces royaumes fondés par le conquérant, qui depuis long-temps n'existent plus.

Les poètes et les philosophes de premier ordre ne peuvent être que rares; aussi là où ils apparaissent, les considère-t-on, à juste titre, comme donnant tout à la fois la mesure et la preuve de la capacité intellectuelle et de la civilisation de la nation à laquelle ils appartiennent.

Que si nous ajoutons à l'immense avantage d'une poésie et de traditions nationales, d'une histoire riche de faits, de connaissances élevées et d'arts portés à la perfection, le don de l'éloquence, de l'esprit et d'une langue appropriée au commerce de la vie sociale (admettant toutefois que ces derniers avantages n'ont pas dégénéré en abus), nous aurons achevé le portrait d'une nation spirituelle et véritablement civilisée, et nous aurons en même temps donné l'idée complète d'une littérature.

Voulant présenter ici la littérature dans toute son importance, et d'après la haute influence qu'elle exerce sur la vie, je ne me dissimule point les nombreuses difficultés qui environnent mon entreprise. D'un côté, je serai forcé, par la nature même de mon ouvrage, de ne traiter que rapidement et superficiellement des questions qui eussent incontestablement mérité d'être plus complètement discutées. D'un autre côté, désireux de donner, autant qu'il dépendra de moi, des bases historiques à mon travail, je me trouverai dans la nécessité de m'arrêter sur certaines particularités, qui peut-être paraîtront sans importance et même futiles aux personnes qui ne s'occupent point exclusivement de littérature. Mais ce qui m'enhardit à tenter cet essai, et me fait espérer d'y réussir, ce sont mes longs travaux sur diverses parties essentielles de la littérature. A la vérité, le domaine de la littérature est si vaste, que toute personne instruite ne pourra que difficilement croire l'avoir épuisé. Cependant, la longue étude que j'ai faite d'un sujet qui a été, pour ainsi dire, l'occupation de toute ma vie, me met en état d'en saisir plus facilement l'ensemble, et m'a appris à distinguer ce qui n'est que moyen et préparation de ce qui conduit au but, ce qui n'a de prix que pour le savant, de ce qui en a un par soi-même, et est aussi digne d'attention qu'attrayant pour la généralité des lecteurs.

Notre civilisation est tellement basée sur celle des anciens, qu'il est très-difficile de traiter de la littérature sans partir de ce point, et sans dire au moins quelques mots des Grecs et des Romains, par forme d'introduction. Quant à moi, il me serait impossible d'exposer avec clarté mes idées sur la littérature en général, et sur celle des temps modernes en particulier, sans les faire précéder d'un exposé succinct de la littérature des anciens conçu dans le même esprit. Aussi bien, la nation grecque nous fournit-elle le plus saillant exemple de l'éclat et de l'influence que peut avoir une littérature portée à un haut degré de culture ; et en même temps peut-elle nous offrir le tableau le plus frappant des funestes effets d'une éloquence sophistique. Je resserrerai néanmoins, dans un petit nombre de pages, le coup d'œil que je vais jeter préalablement sur l'antiquité. Je considérerai d'abord sous un point de vue général la littérature des Grecs et celle des Romains ; de ces deux peuples auxquels nous sommes redevables d'une si grande partie de notre civilisation, précieux héritage qu'ils nous ont légué. J'envisagerai aussi rapidement tout ce que l'Europe, sous le rapport de la civilisation et de la littérature, a dû aux peuples de l'Orient, dès l'époque des Grecs et des Romains, et tout ce que les temps modernes ont reçu de l'Orient, par l'intermédiaire des Romains. L'ordre des temps exigerait sans doute que les antiques monumens du génie asiatique précédassent ceux du génie grec ; mais comme mon but n'est que de tracer un tableau général et historique de la civilisation européenne, et que la littérature doit surtout être considérée sous le rapport de son influence sur les mœurs, ce qu'il me faudra dire des opinions et de la civilisation orientale pour faire comprendre celle de l'Europe, sera plus convenablement placé à l'époque où cette civilisation a gagné de l'influence et a produit des résultats dans notre continent. Je donnerai ensuite une attention toute particulière à nos antiquités, à la religion des peuples du Nord, à la poésie des temps chevaleresques qui en est dérivée, et à l'état des sciences et des arts pendant le moyen âge, pendant cette époque des croisades, où l'Europe en armes éprouva avec l'Orient un nouveau choc non moins fécond en résultats. Je consacrerai les chapitres suivans à l'époque du rétablissement des sciences, et à un tableau complet de la littérature du dix-huitième siècle. Si je réussis à montrer, dans un ensemble et sous un jour nouveaux, des sujets de la littérature ancienne déjà connus, et qui ont été traités maintes et maintes fois, j'espère que l'on sera plus disposé à être indulgent à mon égard, lorsque j'arriverai à examiner les productions de la littérature moderne d'après des principes et des idées qui, comparés avec ceux qui dominent de nos jours, pourront paraître surannés, et même mériter cette qualification.

Il est d'ailleurs d'autant plus avantageux de commencer par les Grecs un tableau de la littérature, que chez ce peuple la civilisation a été le plus souvent spontanée, tout-à-fait indépendante de celle d'autres nations. On ne saurait en dire autant des Romains et des nations européennes modernes. A la vérité, les Grecs, d'après leur propre témoignage, ont appris des Phéniciens l'art de l'écriture et ont emprunté aux Égyptiens ou à d'autres nations de l'Asie les premiers élémens de l'architecture et des mathématiques, beaucoup d'idées philosophiques et d'arts nécessaires à la vie. Leurs poésies et leurs traditions primitives s'accordent d'ailleurs toujours, en quelques points, avec les plus antiques traditions de l'Asie. Mais ce ne sont que des traces fugitives et éparses, des souvenirs à moitié éteints, qui dénotent presque partout l'origine commune des peuples, et le point de départ du développement de l'esprit humain. Ce qu'ils ont appris des étrangers, et ce qu'ils leur ont emprunté, ils se le sont approprié et l'ont perfectionné par leur industrie. Ce n'étaient d'ailleurs que des notions isolées; l'ensemble de leur civilisation leur appartient. Les Romains, au contraire, et les nations modernes de l'Europe ont reçu des nations plus anciennes l'ensemble de leur développement intellectuel et d'une littérature déjà faite et formée. Les Romains le reçurent des Grecs, et les Européens modernes des Grecs, des Romains et de l'Orient tout à la fois, jusqu'à ce qu'ils apprissent plus tard à se l'approprier et à le perfectionner par des efforts plus ou moins constans et énergiques.

Ainsi que je l'ai déjà dit, il n'y avait chez les Grecs que des vestiges isolés de traditions asiatiques, bien que le nombre en fût grand, plus grand même qu'on ne le croit au premier aspect, et que ces vestiges, à l'aide même des progrès de la civilisation, se fussent glissés jusque dans leurs arts et dans leurs sciences. Les monumens de l'antiquité orientale la plus reculée leur étaient pour la plupart inconnus; et quand, plus tard, ils en découvrirent avec surprise quelques restes, et qu'ils s'en saisirent avec cette vivacité d'imagination particulière à leur nation, trop souvent il leur arriva de se laisser entraîner, à ce sujet, dans l'erreur, parce que cette origine asiatique, qui leur apparaissait comme une lueur subite, sans qu'ils pussent jamais bien s'en rendre compte, leur faisait perdre l'heureuse harmonie de l'ensemble de leur civilisation, représenté par leurs mœurs et leur philosophie. Ils connaissaient trop peu l'Orient pour pouvoir remonter jusqu'au véritable point de départ de l'espèce humaine, y retrouver à sa source le principe et l'unité de toute civilisation, et, de là, embrasser d'un seul coup d'œil l'arbre généalogique du genre humain, et en suivre les ramifications multiples.

Ce n'est que pour nous, et grâce à l'étendue de nos connaissances ethnologiques et philologiques, que ces traces d'origine asiatique sont visibles dans les traditions et dans la civilisation des Grecs, capables que nous sommes de les rapprocher les unes des autres, de les réunir, d'en former un tout, sans, pour cela, rien perdre de la belle unité qui est particulière à la civilisation grecque.

Il est encore une remarque générale à faire sur les temps antiques de la Grèce. Lorsque, par son orgueil et par ses discordes, la souche primitive du genre humain fut brisée et dispersée, et que de ses débris se formèrent aussitôt des nations isolées qui apparaissent dans les plus antiques traditions et documens historiques, nous voyons que ces peuples se distinguent entre eux par la différence généralement établie des castes et des rangs, qui, avant la dispersion des peuples, avait formé le principe essentiel du grand édifice de l'association d'hommes la plus ancienne. C'est ainsi que les Égyptiens étaient un peuple de prêtres, non qu'on n'y trouvât point d'autres castes reconnaissables par leur isolement; mais, chez eux, tout avait le sacerdoce pour principe, partout prédominaient l'esprit et l'influence des prêtres. Il en était de même chez les

Indiens. Les Juifs nous offrent le spectacle d'une théocratie complète. Dans notre Occident, ce caractère sacerdotal apparaît chez les Étrusques dans toute leur organisation sociale. Ce principe étrusque, d'une organisation toute sacerdotale, est même visible dans les premiers temps de l'histoire de Rome ; seulement il avait pris une direction différente, quand les patriciens surent unir entre leurs mains, aux priviléges sacerdotaux, le pouvoir supérieur de juges et de chefs militaires. D'autres nations, issues de la même souche, et qui ont acquis aussi une grande importance historique, doivent être caractérisées par le nom de peuples héroïques, à cause de la prééminence qu'exercèrent toujours parmi elles la caste des guerriers et celle des nobles. Tels furent les Perses, les Mèdes, et plus tard les Germains. Viennent ensuite les Grecs, bien que dans le principe ils aient également appartenu à l'autre classe de nations, et que sous ce rapport ils tiennent le milieu entre ces deux grandes divisions, ayant réuni tour à tour et par la suite des temps les caractères particuliers à chacune d'elles. Peut-être d'ailleurs leur souche était-elle originairement un mélange de leurs élémens respectifs. L'époque héroïque des Grecs fut précédée par une époque sacerdotale.

C'est ainsi que tous les anciens mythographes et historiens, quelle que soit la différence de leurs opinions et de leurs conjectures à ce sujet, s'accordent à placer confusément dans le fond du tableau de la vie joyeuse des Hellènes d'une époque plus moderne, des Pélasges toujours sérieux. Peut-être même, par ce nom de Pélasges (1), devons-nous entendre les anciens de cette tribu ou d'une autre tribu très-rapprochée de la souche commune. Leur organisation sociale ressemblait alors beaucoup plus que dans les temps héroïques plus modernes d'Homère, à celle des Égyptiens ou des Asiatiques, ou encore des Étrusques.

Les doctrines sacerdotales et symboliques de cette antique époque des Pélasges se maintinrent encore long-temps après, bien que cachées et renfermées dans le cercle étroit des mystères, mais non sans beaucoup de vénération, de célébrité; elles eurent même leurs poètes. Sous ce rapport, c'est un point fort important pour l'histoire que de remarquer que la tradition par laquelle nous connaissons les poètes qui flo-

---

(1) Πελασγοι pourrait bien n'être qu'un dérivé du mot παλαιοι. D'ailleurs, d'après la dérivation la plus naturelle du mot πελας comparé avec πελασης, πελατης, et leur signification, ce nom paraît désigner les anciens habitans du pays.

rissaient long-temps avant la composition des chants héroïques de Troie, et avant l'époque d'Homère, commence par Orphée, qui n'était point Grec, et appartient à cette époque sacerdotale et à cette théogonie toute symbolique des temps primitifs. Mais ce qui n'a pas été d'une moindre importance dans le développement de la civilisation grecque, c'est que les liens de l'antique et étroite constitution sacerdotale de l'époque des Pélasges furent aussitôt rompus par la nouvelle race héroïque de ces Grecs si vifs et si avides de combats; de même que plus tard la domination des grandes familles héroïques fut de tous côtés débordée et rompue par les progrès du commerce, ainsi que par les nombreuses constructions de villes dans un pays essentiellement maritime, et ne se perpétua guère que par le glorieux souvenir de traditions poétiques, sans conserver une suprématie politique réelle. En effet, ce développement intellectuel tout-à-fait libre et indépendant, aussi bien des entraves d'une constitution sacerdotale décidant tout en Orient, que d'un but politique que l'on aperçoit partout chez les Romains, n'ayant d'autre mobile que l'impulsion naturelle des besoins, a donné dans les arts et les sciences aux Grecs ainsi qu'à leur poésie et à leur philosophie, à toute leur littérature en un mot, un caractère particulier qui la distingue de toutes les autres. C'est chez eux, en effet, que nous voyons, pour la première fois, la science, tout-à-fait indépendante de l'État et du sacerdoce, apparaître comme une puissance isolée et se suffisant à elle-même; spectacle auquel on n'a depuis jamais rien vu de semblable.

Mais cessons de nous occuper davantage de ces temps reculés, si peu connus, et revenons à l'époque historique de la gloire nationale des Grecs. Trois événemens principaux remplissent les temps vraiment mémorables de l'histoire grecque, et en même temps font époque pour le développement intellectuel de la nation. La guerre des Perses, dans laquelle les Grecs luttèrent contre la puissance colossale de l'Asie pour la défense de leur liberté et de leur indépendance, et dont ils sortirent couverts de gloire; celle du Péloponèse, guerre civile, qui dura vingt-sept ans entre les Athéniens et les Doriens, conflagration générale, pendant laquelle les Grecs s'entre-détruisirent et s'affaiblirent eux-mêmes; enfin les conquêtes d'Alexandre, à la suite desquelles l'esprit et la vivacité des Grecs se répandirent dans une grande partie de l'Asie, comme autant de germes précieux pour l'avenir, germes qui, confiés à un sol aussi fécond, produisirent des fruits divers, et introduisirent dans ces contrées une civilisation toute nouvelle, mélange des civilisations grecque et asiatique, qui servit désormais à rattacher l'Asie à l'Europe, et dont l'influence sur la postérité s'est perpétuée jusqu'à nos jours.

Si les Grecs n'avaient pas réussi dans la première lutte qu'ils eurent à soutenir contre les Perses pour la défense de leur liberté ; si la Grèce était devenue une province du vaste empire des Perses, ils occuperaient dans l'histoire de l'esprit humain une place toute autre que celle qui leur appartient maintenant. Ils seraient demeurés stationnaires dans le degré de civilisation où les Perses les avaient trouvés ; peut-être même auraient-ils dégénéré et seraient-ils retombés dans la barbarie. Ils seraient toujours demeurés un peuple spirituel, et jusqu'à un certain point civilisé. Comme d'autres peuples plus civilisés, les Egyptiens, les Hébreux et les Phéniciens, par exemple, qui subirent le joug des Perses et furent incorporés à leur vaste empire, ils eussent conservé leur langue ainsi que leurs écrivains, et même en partie leurs mœurs et leurs institutions civiles ; car, sauf quelques rares exceptions, la domination des Perses était en général très-douce, peut-être même la meilleure et la plus noble qui ait jamais existé ; mais sans la liberté, ils n'auraient jamais été témoins de l'élan sublime que les arts et l'imagination prirent parmi eux, quand ils sortirent victorieux de cette lutte glorieuse.

Les beaux temps de la Grèce, ceux où l'on vit véritablement fleurir sa civilisation, sont compris dans le court intervalle de trois siècles environ, qui se sont écoulés depuis Solon jusqu'à Alexandre.

Avec Solon commence une époque toute nouvelle, même pour la littérature des Grecs. Alors, non-seulement on voit la poésie lyrique prendre des développemens plus méthodiques et la poésie dramatique naître, mais encore une foule de poètes didactiques apparaissent comme pour témoigner du réveil de la philosophie. Les collections gnomiques de Théognis et de Solon offrent une foule de sentences aussi profondes qu'ingénieuses, rédigées en vers, selon le goût prédominant de tous les peuples, par conséquent conservant le caractère qui leur est propre, et qui en fait l'élément général de la poésie et de la philosophie. En Grèce, la philosophie naquit avec Thalès ; et la prose, qui, chez ce peuple, se sépara si tard de la poésie, date de la même époque. Elle se développa d'abord parmi les anciens philosophes ioniens de son école dans des sentences simples mais judicieuses, et dont souvent l'expression est pittoresque; dans des aphorismes ou aperçus sur la nature, exposés avec clarté et puisés à la source même, comme nous en possédons encore du Père de la médecine. La liberté de penser, que Solon favorisa et rendit durable, les lumières que sa législation et l'éducation publique fondée par ses soins, répandirent parmi les citoyens notables et aisés d'Athènes, produisirent ce résultat, que dans la suite cette ville devint le siége principal et le centre de la civilisation grecque.

Mais cette heureuse période finit à Alexandre. Démosthènes, qui ne périt qu'un an après le conquérant, dans la dernière lutte que sa patrie osa engager pour la liberté, fut le dernier des grands écrivains de la Grèce qui agit puissamment sur ses compatriotes en tant que nation. Les Grecs demeurèrent toujours un peuple spirituel et civilisé; en Égypte, sous les Ptolémées, ils devinrent même plus savans et plus profonds qu'ils ne l'avaient été sous le beau ciel de la Grèce; mais ils avaient cessé de former une nation, et avec la liberté avait disparu parmi eux le génie de l'invention, en même temps que tout noble essor de l'esprit.

Ainsi donc, ce court intervalle de temps embrasse un ensemble de productions et de créations intellectuelles, qui font encore aujourd'hui de ce peuple un objet d'admiration générale. Spectacle sublime et à jamais mémorable qui a produit une foule de biens et de maux, et dans lequel on peut, par conséquent, puiser une double instruction! Jusqu'à présent l'histoire du monde n'a répété qu'une seule fois ce spectacle des féconds développemens dont l'esprit humain est capable. Nous nous en occuperons dans la suite de cet ouvrage.

C'est donc avec Solon que commence pour nous la véritable époque de la littérature grecque. Avant lui, les Grecs ne possédaient que ce que tous les peuples doués d'une heureuse organisation ont également possédé à l'époque de leurs premiers développemens sociaux; des fables tenant lieu d'histoire; des chants et des poèmes, qui, transmis oralement, servaient de livres et d'écrits. Dès la plus haute antiquité, les Grecs possédaient en grande quantité des poésies, dont le but était d'exciter le courage pendant la guerre, et de réveiller le sentiment patriotique; des chants solennels, destinés au culte de la divinité; des chants consacrés à la joie ou à l'amour, quelquefois aussi expression naïve de la haine d'un poète irrité, ou des plaintes et de la tristesse d'un amant qui a perdu sa maîtresse. Mais bien autrement importans sont les poèmes narratifs, qui, n'exprimant point les sentimens par lesquels le poète se trouve dominé, contiennent les traditions d'un peuple, les souvenirs de temps fabuleux, les fables et les poèmes de dieux et de héros, le récit de l'origine de la tribu et de celle du monde. A la vérité on trouve de tout cela en abondance aussi bien chez les autres peuples que chez les Grecs; mais il est un ouvrage qui, par l'excellence de sa composition, domine toutes les autres productions de l'antiquité grecque : ce sont les poèmes d'Homère, l'Iliade et l'Odyssée, que l'on admire encore aujourd'hui, et qu'on n'a jamais assez admirés.

A la vérité, la langue, le contenu et l'esprit de ces poèmes, dénotent clairement qu'ils ont été composés long-temps, peut-être quelques siècles avant Solon; mais ce ne fut que de son temps qu'on les réunit en un corps d'ouvrage, tel qu'il existe encore aujourd'hui. Il les arracha en partie à l'oubli et aux infidélités d'une transmission orale, les fit plus généralement connaître, et assura leur immortalité en les faisant rédiger par écrit.

Solon et ceux qui lui succédèrent à Athènes

dans l'exercice de l'autorité suprême, Pisistrate et les Pisistratides, avaient vraisemblablement, outre l'amour qu'ils portaient naturellement aux poèmes d'Homère, un autre but tout patriotique. A cette époque, six cents ans avant la naissance de Jésus-Christ, l'indépendance des Grecs de l'Asie mineure était déjà menacée par les rois de Lydie, dont la domination ne tarda pas à aller s'engloutir dans le vaste empire des Perses. Lorsque le conquérant Cyrus eut vaincu Crésus et envahi l'Asie mineure, tout patriote clairvoyant ne dut plus se dissimuler le danger dont la Grèce était menacée. Il paraît que dans plusieurs Etats du reste de la Grèce, l'on demeura long-temps à cet égard sans inquiétude, et que l'on n'y prévit point l'orage qui se formait et qui n'éclata sur le continent grec que sous Darius et Xerxès. Athènes, au contraire, dut être la première à apercevoir le danger, parce que, non-seulement elle avait une origine commune avec les Grecs de l'Asie mineure, mais encore elle entretenait avec eux des relations commerciales très-intimes et très-suivies. La publication des chants et des souvenirs antiques qui montraient les héros de la Grèce réunissant leurs efforts pour venger une offense, combattant contre l'Asie, et prenant d'assaut la ville de Troie, avait lieu fort à propos pour élever les esprits à la hauteur des sentimens patriotiques, et leur inspirer des actions semblables dans l'intérêt de la patrie menacée. Nous n'avons ni une complète certitude historique, ni une décision positive, sur la question de savoir si jamais la guerre de Troie a eu lieu. La domination d'Agamemnon et des Atrides paraît en grande partie historique. Il n'est pas invraisemblable qu'il y ait eu entre la presqu'île et l'Asie mineure des relations nombreuses, puisque la souche des Atrides, Pélops, dont la presqu'île portait le nom, était originaire de ce pays. Que l'enlèvement d'une princesse ait été la cause d'une guerre longue, générale, cela est assez conforme au génie et aux mœurs des temps héroïques, que rappellent, sous tant de rapports, les temps héroïques chrétiens et la chevalerie du moyen âge. Mais quoique l'on ait pû mêler à la tradition d'Hélène et de Troie beaucoup de fables et de choses qui, dans le principe, n'étaient que des allégories, néanmoins de grands souvenirs des temps antiques se rattachent à Troie ; c'est ce que prouvent les tombeaux de héros qu'on trouve encore sur ses rivages, et qui consistent, suivant l'usage de l'antiquité, en monticules de terre rapportée. Ces antiques tombeaux de héros, que les traditions populaires disaient être ceux d'Achille et de Patrocle son ami, sur lesquels Alexandre répandit des larmes, enviant le sort d'Achille, qui avait eu le bonheur de trouver un Homère pour chanter sa gloire, existaient déjà à l'époque où le poète écrivait, ainsi que l'on peut s'en convaincre par quelques passages de l'Iliade. Il n'était réservé qu'à notre ardente avidité de connaissances et à la licence qui règne de nos jours, d'ouvrir ces tombeaux, et d'arracher de cet asile du repos la cendre et les autres restes des héros qui s'y trouvaient encore réellement. Mais que la guerre de Troie ne fût qu'une fable, qu'une invention purement arbitraire, c'est ce qui importait peu au but que Solon et Pisistrate se proposaient en faisant généralement connaître ces poèmes, ainsi qu'à l'impression patriotique qu'ils devaient produire en étant remis au grand jour ; car généralement on ajoutait foi à cet événement, et on le regardait comme vrai et historique.

Ainsi les poèmes d'Homère, qui nous plaisent surtout à cause de la beauté générale de leur ordonnance et du magnifique tableau qu'ils nous présentent de la vie héroïque, avaient probablement de plus pour les Grecs de cette époque un intérêt et un attrait tout patriotiques. On ne trouve dans ces poèmes ni point de vue ni système spéciaux, consistant à ne s'attacher qu'à un espace resserré, et à avoir pour but exclusif la gloire et la prééminence d'une race particulière, comme dans les poésies arabes et dans les chants d'Ossian. Il y respire un génie libre; on y voit régner un sens franc, pur, clair, sensible à toutes les impressions et à toutes les manifestations de la nature, ainsi qu'à toutes les formes de l'humanité. Dans ces poèmes, se déroule à nos yeux, de la manière la plus imposante et avec la plus grande clarté, tout un monde formant un tableau riche, animé, et essentiellement mobile. Achille et Ulysse, les deux figures héroïques qui dominent tous les autres personnages dans ce brillant tableau, représentent des idées et des caractères si universels, qu'on les retrouve dans presque toutes les traditions héroïques, mais moins heureusement développés et moins bien exécutés. Achille, ce jeune héros qui, dans la plénitude de la beauté et de la force, devrait épuiser toutes les délices de la vie, mais qui est destiné d'avance à une mort prématurée et à un sort tragique, est le premier et le plus sublime de ces caractères. On en retrouve le type dans d'innombrables traditions héroïques; et c'est peut-être, après celles des Grecs, dans les poésies héroïques des peuples du Nord, qu'il a été le mieux saisi et traité. Même chez les peuples les plus frivoles, la tradition et les souvenirs des temps héroïques sont accompagnés de sentimens mélancoliques, élégiaques, souvent même tragiques, et qui remuent profondément l'âme; soit que la fin d'une grande époque héroïque plus indépendante ait réellement laissé cette impression à la postérité; soit que les poètes n'aient attribué qu'à ces temps et à ces poèmes le sentiment de tristesse et d'espérance inné chez les hommes, à cause du souvenir qu'ils ont conservé du bonheur originel qu'ils ont perdu. L'autre figure de la vie héroïque, moins sublime, mais non moins riche d'effets poétiques et non moins attrayante, se présente dans le caractère d'Ulysse. C'est un héros errant et voyageur : doué d'autant d'expérience et de sagacité que de vaillance, il est destiné à courir tous les dangers et à éprouver toutes les aventures; et par cela même, il offre à l'imagination le champ le plus libre pour embellir tout ce qu'il y a véritablement de rare et de merveilleux dans des temps reculés et dans des régions antiques, alors que la terre était encore peu connue, et que régnaient une grande naïveté et une simplicité de mœurs remarquable. Les poésies héroïques des peuples du Nord, par la force et la profondeur des sentimens; celles des peuples d'Orient, par la vivacité des couleurs, la hardiesse et la magnificence de l'expression, peuvent bien, autant du moins qu'elles nous sont connues, égaler et même surpasser les poésies d'Homère. Ce qui distingue celles-ci, c'est la pénétration, la vérité et une admirable clarté de pensée toujours unie à beaucoup de naïveté et à une grande force d'imagination. On y trouve une exposition si détaillée, que souvent elle dégénère presqu'en bavardage, sans cependant jamais devenir fatigante à cause de l'attrait de la langue et de la légèreté de la narration; un développement presque dramatique de caractères, de passions, de discours et d'entretiens, et dans l'exposition même des moindres circonstances une précision qu'on pourrait appeler historique. C'est à cette dernière qualité, qui le distingue éminemment des autres poètes grecs, qu'Homère doit sa célébrité, peut-être même son nom. En effet, le mot *homéros* signifie une caution, un témoin; et il mérite bien ce nom par sa véracité, qui, après tout, est celle dont était capable un poète des temps héroïques. Pour nous aussi, il est *homéros*, c'est-à-dire véritable caution, ou témoin de l'antique tradition et de l'antique époque héroïques. L'autre signification du mot *homéros*, qu'on peut également traduire par *aveugle*, a donné lieu à l'histoire évidemment imaginaire de la vie de ce poète, qui nous est resté entièrement inconnu; il est indubitable qu'on doit la rejeter absolument. On pourrait trouver, à la vérité, dans le poème de Milton des traces qui indiqueraient qu'il ne voyait qu'avec les yeux de l'esprit, et qu'il était obligé de se passer de l'aspect réjouissant de la lumière du soleil, quand bien même le poète ne se serait pas expliqué lui-même à ce sujet. Les poèmes d'Ossian sont toujours enveloppés d'une pénible obscurité, et comme d'un brouillard perpétuel; en sorte que l'on pourrait avoir la même pensée à l'égard du barde. Quiconque cependant peut attribuer à un homme privé de la lumière l'Iliade et l'Odyssée, ces deux poèmes les plus clairs et les plus intelligibles de l'antiquité, doit pour ainsi dire fermer ses propres yeux à la lumière lorsqu'il porte un semblable jugement en présence de tant de preuves du contraire.

Quel que soit le siècle dans lequel les poèmes d'Homère ont été composés et formés, ils nous reportent à une époque où les temps héroïques venaient de finir. On y trouve en effet deux mondes bien distincts : d'abord un passé merveilleux, mais qui semble être encore très-rapproché du poète, et le vivement impressionner; puis la présence et la réalité du monde qui l'entourait. C'est surtout cette heureuse union du présent et du passé embellissant l'un, et rendant l'autre plus compréhensible, qui leur donne le charme qui leur est particulier.

Dans l'origine on ne voyait régner partout en Grèce que des rois et des familles de héros; il en est de même dans le monde homérique. Bientôt après, la dignité royale fut presque partout abolie, et presque toutes les villes puissantes se formèrent en petites républiques. Cette nouvelle constitution de villes et cette nouvelle organisation sociale rendirent les rapports de la vie beaucoup plus prosaïques. Les anciennes traditions héroïques dûrent alors devenir plus étrangères au sentiment; et il est incontestable que ce changement dans la constitution politique des peuples dut beaucoup contribuer à faire tomber Homère dans une sorte d'oubli, auquel Solon et Pisistrate l'arrachèrent.

Que si nous comparons les sublimes poèmes d'Homère aux poésies héroïques ou théogoniques de l'Inde, de la Perse, de la Germanie et du nord de l'Europe, nous verrons que deux qualités principales les distinguent de celles-ci : d'abord, une proportion harmonique dans les vues morales et dans l'ensemble même du mode d'exposition, ainsi qu'une admirable clarté d'intelligence prédominant dans toutes leurs parties, et qui, conjointement avec cette proportion harmonique, caractérise particulièrement Homère et la civilisation grecque en général ; puis, un riche développement dramatique dans chacun de ses chants, développement fondé moins sur la nature même du poème épique, que sur les dispositions particulières du génie grec ; enfin, un ingénieux emploi d'épisodes admirablement rattachés à l'ensemble du sujet. Ce sont ces qualités qui distinguent Homère des autres rapsodes de l'Ionie et du reste des poètes épiques de la Grèce, parmi lesquels je ne signalerai ici qu'Hésiode ; c'est ce qui fait qu'il apparaît seul au-dessus de tous ces poètes d'un ordre secondaire, bien que tous l'aient imité dans la manière de traiter l'épopée. Hésiode a chanté, sans s'astreindre à suivre aucun ordre, une multitude de traditions souvent gigantesques, dans ce style que les anciens appellent tempéré, parce qu'on n'y découvre ni force sauvage, ni grandeur ou élévation d'esprit. Il lui manque dans ses développemens dramatiques l'admirable richesse d'Homère ; bien que, considérées comme tableaux de mœurs, ses poésies offrent déjà plus d'un trait de cet esprit républicain qui devenait alors chaque jour plus sensible, resserrait de plus en plus les mœurs héroïques dans d'étroites limites, et devait finir par en triompher.

Les poèmes d'Homère sont si importans pour la littérature grecque et pour toute la littérature européenne qui suivit celle-ci; il est si vrai qu'ils ont été la source principale de tout le développement intellectuel des peuples de l'antiquité, qu'il importait avant tout de les considérer historiquement. M'étant principalement proposé de ne fixer l'attention que sur les génies créateurs et sur les époques florissantes où les arts arrivèrent à la perfection, je passerai rapidement sur les siècles d'imitation.

Je franchis donc tout l'intervalle de temps qui s'est écoulé jusqu'à la guerre des Perses; il n'offre que de faibles imitateurs d'Homère, ou des essais dans la littérature et dans les arts, parvenus seulement plus tard à leur maturité et à un parfait développement; d'ailleurs, la plupart des poètes et des écrivains de cette période ont été perdus, à quelques fragmens près.

Alors surtout l'art lyrique se développa sous des formes aussi nombreuses que variées. La poésie des Grecs était née de vieilles traditions de héros et de dieux; comme ces fleuves bienfaisans qui fécondent les pays qu'ils arrosent, partout où s'étaient répandues ces traditions, elles y avaient inspiré des chants et des poëmes que l'on embellit bientôt par la musique et par la célébration de jeux solennels. C'est ainsi que la poésie des Grecs, dont l'origine remontait, comme nous l'avons vu, au déluge des traditions qui avaient couvert la terre, se développant par la composition de chants solennels et de poëmes didactiques, arriva à prendre la forme des expositions dramatiques, et principalement de la tragédie, sérieuse image de la vie la plus noble, but et apogée de l'art, dont la destination est de nous donner de ce qui appartient à la divinité une représentation non-seulement fidèle, mais encore vivante et agissante.

La guerre des Perses elle-même, cette époque mémorable pour la Grèce, marqua dans la littérature par l'apparition de grands poëtes et de grands écrivains, dont les ouvrages existent encore.

Pindare, que les Grecs honoraient comme le plus sublime de leurs poëtes lyriques, était contemporain de cette guerre. Cependant on lui a reproché de n'avoir pas eu des sentimens très-patriotiques, et d'avoir été plutôt partisan des Perses. Eschyle, le plus ancien des grands poëtes tragiques, avait lui-même combattu vaillamment dans cette lutte glorieuse. Hérodote, écrivain plus moderne, naquit peu d'années avant que Xerxès entreprit sa formidable expédition contre les Grecs; et lorsqu'il lut aux Grecs assemblés les livres de son histoire, le plus magnifique monument élevé en l'honneur de cette guerre d'indépendance, ces grands événemens vivaient encore, avec le sentiment de la victoire, dans tous les souvenirs.

Le reproche adressé à Pindare s'explique facilement par la répugnance qu'il manifeste, même dans ses poésies, pour la démocratie; celle-ci en effet avait causé, dès cette époque, de grands désordres en Grèce, et en faisait présager de plus sérieux encore; il est justifié par sa prédilection visible pour le pouvoir royal et pour l'aristocratie, forme de gouvernement prépondérante chez les Doriens. La monarchie et l'aristocratie ne parurent nulle part, dans l'antiquité du moins, sous un jour aussi brillant et aussi doux que dans l'empire des Perses, lequel avait pour base des principes larges et de nobles usages, quoiqu'un petit nombre de souverains aient pu d'ailleurs abuser de leur puissance.

Comme poète dorien, Pindare a pour nous une importance d'autant plus grande, qu'il nous tient lieu d'une foule d'autres auteurs, dont les ouvrages sont entièrement perdus. Ce que nous appelons littérature grecque, et ce que nous en possédons encore dans les grands écrivains dont nous avons conservé les ouvrages, n'est qu'une littérature d'origine ionienne ou athénienne ; et plus tard sortit de l'école d'Alexandrie. Mais à l'époque même où la poésie, l'histoire et la philosophie florissaient dans les villes d'Ionie et à Athènes, les peuples doriens, seconde branche de la grande famille grecque, si différens des Ioniens par leurs mœurs, leurs institutions, leur idiôme et leurs opinions, possédaient une littérature en propre, tout-à-fait distincte de la première qui nous est connue. Ils avaient des poètes en tout genre, une forme particulière de drame, et même, depuis Pythagore, des philosophes, ainsi que d'autres écrivains. Tous leurs ouvrages ayant péri, Pindare peut du moins nous offrir un tableau général de la vie et des mœurs doriennes, telles que le poète les a comprises et embellies par son imagination.

Cet enthousiasme sauvage et artificiel, cette obscurité calculée, que, chez les imitateurs plus modernes de ce grand poète, on appelle pindariques, lui sont totalement étrangers. Si l'on remarque quelque obscurité dans ses poèmes, elle se trouve le plus souvent dans ses nombreuses allusions à ce qui nous est étranger, mais que ses auditeurs connaissaient bien et avaient présent à l'esprit. Lorsqu'il chante la gloire des vainqueurs aux jeux olympiques, il fait l'éloge des races de héros dont descend le vainqueur, de la ville à laquelle il appartient, ou des dieux en l'honneur desquels les jeux sont célébrés; ce qui parfois amène de brusques transitions. En général, on ne peut guère donner le nom de poèmes lyriques à ses chants solennels; du moins ne répondent-ils point à ce que nous entendons par ce mot. C'étaient des poèmes épiques et héroïques nés de la circonstance, qui, accompagnés de musique et de danse, n'étaient pas uniquement déclamés, mais produits sous une forme dramatique à certains égards. Ce qui distingue le plus ce poète, c'est la magnificence et l'harmonieuse douceur de son style, ainsi que sa tendance à tout considérer sous un point de vue brillant. Pindare nous a représenté, avec une supériorité sans égale, comment, dans des temps exempts d'agitations et dans d'heureux états, d'illustres souverains coulaient paisiblement leurs jours au milieu de nobles combats et de jeux chevaleresques, avec des amis animés du même esprit, entourés de poètes enthousiastes, et jouissant des magnifiques souvenirs de leurs héroïques aïeux. Dans ce tableau de la vie de ses triomphateurs chéris et des nobles Doriens, le poète fait en même temps apparaître devant nous les grandes figures héroïques des anciens temps, et les dieux eux-mêmes.

Eschyle est un poète d'un génie tout-à-fait opposé, écrivant sous l'inspiration d'idées toutes différentes. Les sentimens guerriers et hardis de vainqueurs enthousiastes de la liberté, que l'on trouve dans ses ouvrages, nous transportent à Athènes et nous font connaître l'état de l'opinion publique dans cette ville à l'époque de cette guerre fameuse. Comme poète, Eschyle se sert d'une forme qui vient à peine de naître, qui est particulière aux Grecs, de la tragédie, qu'il conçut le premier, et qu'il créa sans pouvoir la porter au point de perfection dont elle était susceptible. Comme poète, il excellait surtout dans la peinture de la terreur et des passions tragiques. A la profondeur du poète, s'associait en lui la gravité du penseur; car il mérite ce nom à aussi juste titre, et le reproche qu'on lui a adressé d'avoir dévoilé, dans ses poésies, les mystères ou les doctrines cachées de la société secrète d'Éleusis, est pour nous une preuve que partout il recherchait la vérité avec ardeur. Dans son esprit, la mythologie grecque a pris une physionomie toute nouvelle et toute particulière. Il n'a pas mis seulement en scène des événemens tragiques particuliers, mais tous ses ouvrages portent l'empreinte d'une seule et même manière de considérer le monde généralement et tragiquement. La chute des anciens dieux et des Titans, comment il arriva que leur noble race fut vaincue et opprimée par une race plus nouvelle et d'un mérite moindre; la grandeur et la majesté primitives de la nature et de l'homme, comment l'un et l'autre ont dégénéré et se sont affaiblis depuis : voilà les constans objets de tous ses tableaux et de toutes ses plaintes. On voit cependant encore dans quelques-uns de ses ouvrages, dans Prométhée par exemple, s'élever, comme des ruines d'un monde qui périt, l'antique force des géans avec son audace et son esprit d'indépendance. On ne saurait refuser à ce point de vue une élévation plus que poétique et même plus que morale.

Il y a dans les deux poètes que je viens d'apprécier, Pindare et Eschyle, quelque chose d'oriental, qui se manifeste par la hardiesse des figures et par l'irrégularité de la marche des pensées, ainsi qu'on en a déjà fait souvent l'observation, bien que ce caractère particulier aille beaucoup plus avant que la forme extérieure de la pensée. Il règne dans les odes de Pindare, indépendamment d'une suavité et d'une douceur tout orientales, une dignité sacerdotale et une inspiration sainte, qui, pour ces sentimens harmoniques, forme la base profonde d'une disposition d'esprit naturellement pieuse et divine dans sa simplicité. Dans Eschyle, au contraire, apparaissent partout les figures gigantesques du monde primtif. De même que Pindare vit dans l'harmonie, Eschyle est tout entier au violent combat que se livrent l'antique chaos et l'idée de la loi et de l'ordre harmonique ; aussi voilà pourquoi ce prince des tragiques est d'une si haute importance dans l'ensemble de la poésie grecque. Que si, en effet, nous comprenons sa tendance générale et l'idée qui domine dans son fondement le plus intime, nous verrons que l'ancienne poésie tient le milieu entre la force sauvage de la nature, la profondeur du paganisme originel, et les lumières plus récentes des peuples policés ; entre la première et la seconde époque du monde, et qu'elle indique le passage de l'une à l'autre : partagée qu'elle est entre la force de volonté des Titans, comme élément du monde primitif, dont les souvenirs occupaient encore toutes les imaginations, et entre l'idée de la loi et le besoin d'une civilisation et d'une organisation sociale harmoniques. C'est dans Eschyle que l'on aperçoit plus évidemment cette discordance du monde antique; mais, en général, ce qui domine dans la poésie des anciens, après la forme harmonique vers laquelle elle tendait, ce sont les souvenirs des Titans par le moyen des traditions remontant jusqu'au monde primitif dont elle tirait son origine; tandis que les poètes chrétiens modernes, séparés de la racine de toute tradition particulière, ne s'inspirent que de l'avenir, autant du moins que peut l'atteindre le pressentiment de ce qu'il y a de divin dans des symboles.

Hérodote, qui nous a transmis le récit de la guerre des Perses, a reçu le surnom de Père de l'histoire. Son ouvrage n'est, si l'on veut, qu'une chronique, qu'un récit fidèle et complet de tous les événemens les plus rapprochés de l'historien et qui avaient pour lui le plus d'importance; récit auquel se joint accidentellement ce que l'auteur savait en outre du monde et de son histoire. C'est encore une description de voyages; l'auteur se complaisant à exposer, d'une manière épisodique, ce qu'à l'étranger il a vu et observé de plus que d'autres Grecs. C'est à cause de ces nombreux épisodes et de l'ordre essentiellement libre et poétique de son ouvrage, qu'on l'a comparé aux expositions et au plan des anciens poèmes héroïques. Ce qu'il y a de certain, c'est

4.

que cette fidélité, cette simplicité et cette clarté, cette légèreté et ce charme naturel du récit sont les qualités qui rendent une histoire parfaite; et qu'on pourrait les appeler nécessaires et indispensables, si elles n'étaient pas aussi rares. Il est l'Homère de l'histoire, un Homère en prose, le plus fécond des mythologues, le premier qui, dans neuf rapsodies dont l'intérêt est encore rehaussé par une foule d'épisodes attachans, nous ait fait connaître tout ce qu'il y a d'épique dans l'antique histoire des peuples, autant du moins que la comprenaient les Grecs à cette époque. Au reste, la manière de raconter des mythographes, quoiqu'en prose, était généralement demeurée semblable à l'exposition épique; et c'est par la clarté, l'abondance et la grâce qui distinguent Hérodote, leur maître à tous, que l'on acquiert la preuve de l'origine homérique de la forme épique de leurs écrits. Ce ne fut qu'avec beaucoup de peine et une extrême lenteur que la prose parvint chez les Grecs à se débarrasser de ses racines poétiques pour prendre une forme qui lui fût particulière. Parmi les philosophes mêmes, il y en eut beaucoup après Xénophane, qui abandonnèrent la forme originelle de la prose ionienne, dans laquelle avaient été déjà composés des aphorismes et des sentences simples, pour en revenir à donner à leurs pensées une forme métrique et épique, comme dans ces poèmes didactiques sur la nature des choses, dont le contenu est essentiellement étranger à la poésie et n'emprunte son assistance que comme ornement extérieur.

Aux trois grands écrivains que je viens d'apprécier viennent plus tard se joindre quelques autres d'un mérite égal : Sophocle est le premier d'entre eux. Il y a dans toute espèce de développement intellectuel, comme dans l'ordre physique un moment où tout fleurit, où tout arrive au plus haut degré d'achèvement, et qui se manifeste par la perfection de l'exécution et du langage. L'apparition de Sophocle nous révèle l'arrivée de ce moment, non-seulement dans l'art tragique, mais encore dans la poésie et la civilisation des Grecs. Il y a dans la perfection de cet écrivain quelque chose de plus que ce qu'on remarque souvent, en de semblables cas, dans les ouvrages d'autres poètes et d'autres auteurs; quelque chose d'entièrement différent de ce qui nous les fait considérer comme les premiers de leur genre et comme les plus parfaits sous le rapport de la conception et du style. L'harmonie intérieure et la beauté de son âme sont réfléchies par ses ouvrages. Il est facile de remarquer, dans une foule de passages des anciens poètes, qu'ils n'avaient ni une connaissance véritable, ni une idée juste de Dieu. Mais si les notions leur manquaient, parce qu'elles étaient cachées à eux et à leur temps en général, on ne peut cependant refuser sans injustice au plus grand et au meilleur d'entre eux un pressentiment profond et souvent admirable de la divinité. Je ne trouve dans aucun des poètes, même les plus anciens, ce pressentiment exprimé avec plus de clarté et avec autant d'évidence que dans Sophocle. Partout il a été de la destinée de la poésie de commencer par le merveilleux et le sublime, par les figures majestueuses des temps héroïques et d'un monde peuplé de dieux; dans la suite, on voit toujours le vol audacieux qu'elle a pris d'abord s'abaisser et se rapprocher de plus en plus de la terre, jusqu'à ce qu'enfin elle tombe dans le positif et le trivial, pour se perdre bientôt tout-à-fait. La région moyenne est la plus avantageuse à la poésie; en effet, on y trouve encore naturel et intact le grand héroïque et le souvenir de la divinité; mais ne se présentant plus à nous sous une forme gigantesque qui nous pénètre d'horreur, et s'offrant au contraire à nos yeux sous une forme douce, touchante, et d'une beauté tout humaine; tel est le caractère de Sophocle. J'examinerai plus d'une fois encore la forme particulière de la tragédie grecque que ce poète a perfectionnée, surtout lorsque j'arriverai aux essais heureux ou malheureux tentés par d'autres peuples, pour imiter et s'approprier cette grande forme de l'art poétique des Grecs.

Après cette admirable clarté d'intelligence qui y domine partout, dans la vie comme dans la science, le caractère de la civilisation grecque, période la plus brillante de la seconde époque du monde, est le besoin d'harmonie, ainsi que l'idée prédominante d'une civilisation et d'une organisation sociale harmoniques. Nous trouvons déjà dans Homère cette clarté d'intelligence réunie à la simplicité d'un grand sens naturel; quant au besoin d'harmonie, bien que chez Pindare il domine après la douceur, ce n'est que chez Sophocle que nous le trouvons dans toute sa force. Pendant que chaque jour l'imagination des Grecs, comme celle de tous les peuples de cette période, s'enfonçait généralement de plus en plus de leurs vieilles croyances naturelles dans la vie matérielle; la mythologie païenne apparaît encore dans ce chantre de l'harmonie, bien que sous des formes sensitives, comme la transfiguration intellectuelle d'un sentiment qui pressent tous les secrets de Dieu.

Sophocle eut pour successeur non dans son art,

mais dans son système de composition, Euripide, qui appartient déjà à une tout autre génération. Aussi orateur que poète, on peut encore l'appeler philosophe ou sophiste, selon qu'on est porté à le juger favorablement ou défavorablement. En effet, c'est à cette école qu'il s'était formé et qu'il emprunta divers ornemens, qui, à proprement parler, sont étrangers à la poésie. C'est ce qu'Aristophane, son ennemi et son persécuteur le plus acharné, lui reproche souvent. Mais avant d'esquisser en peu de mots le caractère de cet écrivain et de quelques autres, il faut d'abord que je montre comment les sophistes réussirent à répandre partout leur influence lors du commencement des guerres civiles et de la désorganisation des états de la Grèce; comment ils parvinrent même à anéantir moralement la Grèce, jusqu'à ce que parut enfin Socrate, qui, s'élevant contre eux, ramena à la vérité, autant que cela était encore possible, l'esprit des Grecs devenu essentiellement sophistique, et fonda une école qui produisit Platon.

CHAPITRE II.

Littérature grecque plus moderne. — Sophistes et philosophes. — Siècle d'Alexandre.

Dans le chapitre précédent j'ai cherché à retracer en peu de mots à mes lecteurs le tableau brillant du génie grec dans toute sa force et dans toute sa magnificence; maintenant je vais jeter les yeux sur le côté opposé du tableau, sur la décadence générale qui suivit immédiatement, et avec une si incroyable rapidité, cette plénitude de l'invention et du développement intellectuel; décadence qui, lorsque les mœurs se furent corrompues et que le désordre eut pénétré dans les états, entraîna les talens et le génie des Grecs dans une ruine commune, résultat de l'esprit de sophisme.

Thucydide est le premier écrivain de talent qui nous ait montré le désordre et la décadence dans lesquels étaient tombées la chose publique et les mœurs générales, et qui en ait recherché les causes avec une profondeur historique. L'élévation de son style et de ses pensées en font un des premiers auteurs de la Grèce. Son histoire est un chef-d'œuvre d'exposition; c'est là ce qu'en pensaient les anciens eux-mêmes, qui le comparaient non à une tragédie de fiction, mais à une tragédie historique. Peut-être même l'écrivain considérait-il cette longue guerre civile, histoire de la décadence de sa patrie jadis si florissante, si heureuse et si puissante, comme une effroyable tragédie. En effet, considéré dans les résultats ultérieurs qu'il a eus, mais qu'on ne pouvait alors prévoir, ce grand événement n'est que l'histoire de la décadence de la nation grecque. Thucydide est le créateur de la forme toute rationnelle d'écrire l'histoire, particulière aux Grecs; aucun écrivain plus récent ne l'a égalé sous le rapport du grandiose de la composition. Les caractères distinctifs de cette manière rationnelle et particulière d'écrire l'histoire, sont : l'intercalation dans le récit de discours politiques habilement développés, et où sont présentés avec sagacité les causes de chaque événement important, et l'opinion des divers partis; ensuite, une exposition presque poétique, vive, brillante et circonstanciée des combats et des autres événemens qui ne se répètent que trop fréquemment dans l'histoire du monde; enfin, la noblesse d'un style pompeux dans la prose la plus châtiée. De toutes les formes rationnelles par lesquelles se manifesta la civilisation grecque, c'était celle-ci que les Romains devaient le plus facilement et le plus heureusement s'approprier, à cause de la similitude de leur situation politique, et de la prépondérance qu'exerçait également parmi eux l'art de la parole. Quant à nous Européens modernes, elle ne nous convient point; aussi les essais qu'on a tentés pour l'imiter sont-ils en général demeurés sans succès. Nos rapports politiques sont en effet tout différens; l'éloquence n'a point chez nous cette influence décisive, et quelquefois si funeste, qu'elle exerçait chez les anciens. Au milieu des faits et des événemens sans nombre que nous offre l'histoire de l'univers, au lieu des descriptions pompeuses et poétiques de batailles ou d'autres événemens politiques, nous demandons à l'historien de courtes indications qui nous conduisent directement au but, et qui nous fassent apercevoir clairement dans un récit simple ce qui est réellement arrivé, et quelles en ont été les causes. La briéveté, la simplicité et la clarté d'Hérodote répondent beaucoup mieux, sous le rapport de l'exposition historique, à nos besoins et à nos désirs; voilà donc les qualités que l'historien devra chercher à acquérir, plutôt que de viser à s'approprier la forme inventée par Thucydide, et dans laquelle, si on ne peut pas dire de lui qu'il l'a portée au plus haut degré de perfection, il est toujours resté le premier des écrivains grecs. Ce qui lui manque pour être parfait ne consiste point dans les défauts de l'ordonnance et du plan général, qui, tout au contraire, sont excellens et dignes d'une grande et sublime tragédie historique, ainsi que les anciens appelaient son ouvrage; il ne pèche que par un style brusque, rude, quelquefois même obscur, soit, comme l'a prétendu un savant célèbre par sa sagacité, que l'écrivain n'ait point donné le dernier poli, non-seulement à la conclusion, mais même à tout l'ensemble de son ouvrage; soit qu'il faille attribuer cette tache au siècle où il écrivait, et où la prose ne faisant que de naître, et commençant seulement à se former, ne pouvait, en visant au style élevé que l'écrivain avait conçu, se débarrasser entièrement de la trace des pénibles efforts qu'elle avait dû faire pour arriver à une forme savante; soit que l'auteur ait pensé que ce style rude et parfois rebutant, malgré l'élévation et l'habileté dont il porte l'empreinte, convenait au sombre sujet de sa tragique histoire, à l'épouvantable catastrophe de la décadence et de la ruine de sa patrie; et que son but ait été non d'écrire un livre qui dût un jour servir d'amusement futile, mais, comme il l'annonce lui-même avec beaucoup d'énergie dans l'introduction de son ouvrage, d'élever un monument impérissable.

En général, l'histoire qui, par sa nature, tient le milieu entre l'exposition oratoire et l'examen critique, se rapproche plus de la poésie et de l'art, dans les deux genres qui s'étaient développés chez les Grecs lors de leur grande et première époque, que de l'appréciation philosophique et complète des temps et des divers événemens du monde, but que se proposent les modernes. Dans les mythographes et dans Hérodote, elle se rattache encore tout-à-fait à la méthode épique des anciens rapsodes; dans les histoires politiques plus modernes et plus savamment écrites, elle rivalise avec l'exposition dramatique et peut vraiment, dans Thucydide, être comparée à la tragédie.

Si Thucydide expose à nos yeux les désordres intérieurs de tous les états grecs, ainsi que le renversement de leurs constitutions, et nous en dévoile les causes; Aristophane nous fait le tableau de la corruption des mœurs d'Athènes et de la Grèce, avec une énergie et une vérité de couleurs au-delà de toute croyance, et qui ne pourraient se retrouver au même degré dans aucun autre ouvrage ou monument historique. Le mérite de cet auteur, comme historien des mœurs de l'antiquité, est maintenant généralement reconnu et ne fait plus l'objet d'aucun doute.

Que si nous voulons le juger comme écrivain et comme poète, il faut nécessairement que nous nous transportions tout-à-fait au siècle où il vivait. Dans l'Europe moderne, on a reproché à certaines nations ou à certaines époques que leur littérature, leurs poètes, et en général leurs productions de l'esprit, eussent trop exclusivement subi l'influence du ton raffiné de la société, et parussent avoir surtout pour but d'obtenir l'approbation des femmes. Les nations et les époques auxquelles on a le plus reproché ce défaut, n'ont pas manqué d'auteurs qui s'en sont plaint, et qui ont prouvé que cette élégance et cette afféterie introduites partout, même dans des ouvrages qui ne le comportent point, restreignaient le domaine de la littérature, la rendaient uniforme, mesquine et sans énergie. Il est possible que ces plaintes aient eu quelque fondement; mais par contre, on peut reprocher à la littérature des anciens, et surtout à celle des Grecs, d'avoir un caractère trop exclusivement et trop uniformément énergique, en sorte qu'à certains égards elle paraît plus rude, et a même conservé plus de rudesse qu'on ne devrait en attendre des anciens, dont l'esprit et le goût étaient si remarquables sous d'autres rapports. Dans ces temps reculés dont l'état et les mœurs sont dépeints dans les poèmes homériques, la position des femmes était plus digne, plus libre, et pouvait même être considérée comme favorable, vu le point où la civilisation était alors arrivée. Par la suite, les Grecs adoptèrent de plus en plus à leur égard les usages des peuples d'Asie; ils les séquestrèrent complètement, les renfermèrent et les opprimèrent. Il n'y avait pas jusqu'à la constitution républicaine qui, en occupant d'affaires publiques la vie entière des citoyens, en absorbant toutes leurs facultés morales au profit de sentimens patriotiques, vrais ou chimériques, en identifiant chacun avec les passions du parti auquel il appartenait, ne nuisît considérablement à l'influence des femmes et à leur position dans la société. Il est vrai qu'elle n'était pas partout la même, et qu'elle présentait au contraire beaucoup de différences et d'exceptions, parce que les mœurs et les institutions politiques des divers peuples grecs différaient sous ce rapport comme sous tant d'autres. A Sparte, et en général chez les peuples d'origine dorienne, de même qu'après le nouveau genre de vie introduit par les pythagoriciens, les droits naturels et la dignité des femmes furent incomparablement mieux reconnus et plus respectés. Cependant l'usage des peuples d'Asie d'enfermer et de séquestrer les femmes était très-répandu en Grèce, et l'on peut en voir plusieurs résultats funestes dans les productions littéraires des Grecs. Voilà pourquoi leurs ouvrages, où brillent d'ailleurs d'excellentes qualités, manquent souvent de cette finesse et de cette délicatesse de goût particulières aux femmes, qui ne sauraient, à la vérité, être placées partout et qu'en général on ne doit ni affecter ni rechercher, mais dont on remarque avec peine l'absence là où elles devraient se trouver naturellement, et où elles sont remplacées par les vices opposés, la rudesse et la grossièreté. Non-seulement ce défaut de goût et de délicatesse avait empêché les anciens en général, et les Grecs en particulier, de se civiliser à certains égards, autant qu'on aurait pu l'attendre d'un peuple aussi policé, aussi développé, aussi spirituel; mais cet avilissement des femmes produisit l'immoralité la plus profonde et la plus contraire à la nature, juste punition d'une oppression inique. Nous sommes péniblement affectés, même dans les plus beaux et dans les plus nobles ouvrages des anciens, par des passages qui nous rappellent ce point à l'égard duquel leur genre de vie était si vicieux, leurs mœurs si profondément perverties. Il nous a paru convenable de dire quelques mots de ce défaut général, en parlant de la décadence des mœurs grecques et de l'écrivain qui la décrit de la manière la plus énergique et la plus claire. Lorsqu'une fois on a reconnu cette imperfection, que l'on ne peut équitablement reprocher à un écrivain en particulier, et dont il faut accuser toute la civilisation des anciens, leurs mœurs et leur littérature, on ne doit pas se refuser pour cela à reconnaître les qualités éminentes d'écrivains qui nous sont indispensables pour le perfectionnement de nos arts et le développement de notre intelligence; et à voir, par exemple, dans Aristophane un grand poète, comme il l'est véritablement. A la vérité, nous ne pouvons faire usage ni de son genre de composition, ni de sa manière d'écrire, si toutefois le genre de composition qu'il a adopté en est un véritable, et qu'il soit soumis à des règles. La comédie ancienne repose toute entière, d'après son origine, sur la mythologie des anciens. Dans les fêtes consacrées à Bacchus et autres divinités amies du plaisir et de la joie, toute liberté et même toute licence leur paraissaient légitimes, et non-seulement permises, mais encore sanctifiées. L'imagination la plus libre et la plus indépendante est assurément le véritable lot du poète; et cette tendance à s'abandonner complètement à l'essor ou aux caprices de celle-ci, sans se laisser retenir, pour un moment du moins, ni par les lois, ni par les usages, s'est également manifestée chez d'autres poètes, dans d'autres temps et sous d'autres formes. En réclamant momentanément, pour les jeux de son imagination, cette antique prérogative d'une liberté qui rappelle celle des Saturnales, le vrai poète a toujours senti en même temps l'obligation de justifier ses prétentions poétiques, non-seulement par la plénitude et par le luxe de l'invention et du génie, mais encore par la pureté de langage la plus grande et la versification la plus parfaite, afin de prouver qu'il n'est point inspiré par un caprice prosaïque ou par un motif d'intérêt personnel, mais bien par une audace toute poétique. Ces observations s'appliquent parfaitement à Aristophane : non-seulement sous le rapport du style et de la versification il a un mérite éminent et incontesté, mais on peut le placer sur la même ligne que les premiers poètes de la Grèce. Dans divers passages philosophiques et poétiques, que n'exclut pas entièrement cette comédie populaire d'Athènes dont la composition est si variée et si étrangère à toute espèce de règle, il se montre poète véritable, et prouve que tous les essais qu'il aurait pu tenter dans un genre plus noble et plus sérieux auraient incontestablement réussi. Quelque mélange que ses pièces puissent offrir d'ailleurs, et quoique une grande partie de ses saillies ne puissent plus, ni nous plaire, ni nous convenir, cependant, si l'on en retranche tout ce qu'elles présentent d'inconvenant et de grossier, il y restera toujours une richesse de génie, d'esprit, d'imagination et d'invention poétique approchant de la prodigalité. Une liberté semblable à celle dont usa Aristophane ne peut à la vérité être tolérée que dans une démocratie déréglée, comme l'était alors Athènes; mais qu'un spectacle, qui, d'après le but de son institution primitive, n'était destiné qu'à l'amusement du peuple, ait reçu un si riche développement poétique; qu'il en ait même eu besoin, voilà ce qui fait concevoir une haute idée, non pas précisément de la civilisation, mais de l'esprit vif et de l'humeur caustique du peuple de cette ville étonnante, qui était à la fois le point de réunion et le centre de la civilisation, de l'éloquence, de la corruption et de la licence des Grecs. Aristophane est le plus matériel des anciens poètes; mais par la hardiesse de son imagination et la richesse de son invention poétique il est toujours véritablement grand et classique dans son genre. Comme poète, on peut le placer sur le même rang que les grands tragiques : et si Eschyle est pour nous le modèle de l'élévation de l'esprit, Sophocle celui de la beauté et de l'harmonie de l'âme, ce grand comique nous prouve que la vraie poésie peut encore, dans la profondeur d'une matière toute corporelle, s'employer et s'abandonner avec une grande force aux oppositions de la réalité, et y prodiguer toutes ses richesses. Cette richesse d'invention et d'esprit poétique se rapproche beaucoup plus du style sublime des poètes sérieux, a dans sa force dithyrambique beaucoup plus de rapports avec leur esprit que la mollesse oratoire et l'indigence sentimentale d'Euripide, ainsi que l'ont déjà remarqué de savans et profonds appréciateurs de la poésie antique. Dans la haute comédie, le sujet matériel sert de fond à l'esprit poétique dans lequel l'imagination déploie sa richesse; et quand cet esprit est le véritable, le poétique, celui d'Aristophane, il renferme cet art particulier de la poésie, qui se manifeste dans la réaction contre la matière rebelle de la réalité matérielle. Ces observations suffiront, non pour présenter Aristophane comme modèle à imiter (ce qu'il ne doit être sous aucun rapport), mais pour qu'on se fasse une juste idée du mérite qui lui est particulier. Que si maintenant nous examinons, d'après les mœurs de l'antiquité et la constitution de sa patrie, l'usage qu'il a fait comme homme et surtout comme citoyen de la liberté dont il jouissait en qualité de poète, on peut encore, sous ce rapport, dire beaucoup pour sa justification et citer plus d'un trait qui doit lui concilier notre estime. C'est comme patriote qu'il se montre le plus avantageusement, appelant l'attention de ses concitoyens sur les abus qui se sont glissés dans l'état, attaquant de funestes démagogues sans ménagement, et avec ce courage aussi rare que méritoire, et surtout bien dangereux sous un gouvernement démocratique et dans des temps d'anarchie. Il s'acharne impitoyablement sur Euripide par suite de cette ancienne inimitié qui existait entre les poètes comiques et les poètes tragiques, par suite de l'usage où étaient les premiers de parodier les seconds; mais il est à remarquer qu'il parle tout autrement, ou avec ménagement et même avec une profonde vénération, non-seulement d'Eschyle, mais aussi de Sophocle, qui étaient ses contemporains. On peut lui adresser le grave reproche d'avoir représenté avec les couleurs de la haine Socrate, le plus sage et le plus vertueux de ses concitoyens; mais peut-être ne fut-ce point l'effet d'un pur caprice poétique, et n'attaqua-t-il ainsi l'homme le plus célèbre et le plus vertueux qu'afin de ridiculiser sous son nom les sophistes, qui assurément le méritaient, et de les représenter au peuple sous des traits aussi ridicules et aussi hideux qu'il lui était possible. Peut-être le poète confondit-il lui-même, sans le vouloir, avec les sophistes le sage que son ardeur à rechercher la vérité conduisit dans leur école afin de les réfuter, et qui cessa de les fréquenter quand il reconnut leur ignorance, pour commencer à lutter contre eux et essayer de ramener les Grecs à la vérité par une voie toute nouvelle.

Ce ne sont pas seulement les états et les mœurs de la Grèce, mais aussi l'opinion publique, les arts de l'élocution, toutes les connaissances qui se manifestent et se communiquent par la parole, qui se trouvaient infectés, pervertis et anéantis par l'esprit sophistique, quand Socrate vint s'opposer au torrent de la corruption, et l'arrêter, autant que cela était encore possible. Cet investigateur et cet ami zélé de la vérité, simple citoyen d'Athènes, vivant de la manière la plus modeste et la plus retirée, n'agissant que sur le cercle borné de disciples choisis et animés des mêmes sentimens que lui, a exercé sur la littérature et sur la civilisation des Grecs une influence comparable à celle de Solon et d'Alexandre, et qui fait époque dans leur histoire. Mais pour exposer clairement cette lutte mémorable de Socrate, la renaissance de la philosophie qui en fut la conséquence, et le nouvel essor que le génie grec reprit alors, il est nécessaire de jeter un regard en arrière sur les philosophes plus anciens, et sur les croyances populaires qui dominaient chez les Grecs, ainsi que sur l'origine de la sophistique.

Quelque remarquables qu'aient été les Grecs en tout ce qui concerne les arts et la civilisation, en tout ce que l'homme manifeste et produit à l'extérieur, on ne peut cependant nier que leurs idées sur la nature des choses, sur l'origine du monde, sur la destination de l'homme, sur les êtres supérieurs et sur la Divinité, ne fussent trop matérielles, insuffisantes, et le plus souvent tout-à-fait inadmissibles. Les anciens philosophes grecs ont eux-mêmes été de cette opinion, puisqu'ils ont blâmé Homère et Hésiode, les poètes créateurs de la mythologie les plus répandus et les plus généralement connus, précisément à cause de cette mythologie poétique et des idées immorales, erronées et inconvenantes de la Divinité que l'on remarque dans leurs poésies, improuvées et condamnées par eux de la manière la plus énergique.

A nos yeux, ces poésies ne sont qu'un jeu brillant de l'imagination, qui amuse et qui réjouit : mais aussitôt que nous nous souvenons que ces idées étaient considérées comme des vérités dans les croyances populaires; dès que nous réfléchissons aux conséquences qu'on en tirait et aux applications qu'on en faisait, nous ne pouvons nous empêcher, malgré tout le charme magique qu'elles ont pour nous, d'adhérer au blâme et à la condamnation sévères dont ces anciens poèmes ont été l'objet de la part des philosophes ; nous sentons et nous comprenons du moins le motif de leur improbation. Peut-être se sont-ils trop abandonnés au mépris de la poésie que cette circonstance leur a inspiré, et se sont-ils exprimés d'une manière trop générale dans leur blâme; car le développement du génie grec était si varié, qu'il est difficile de porter à son égard des jugemens vrais en tous points, surtout lorsqu'il s'agit des temps les plus reculés de son histoire. Ainsi, l'on peut accorder, et il est même vraisemblable que les poésies antérieures à Homère, ces chants qui contenaient les actions d'Hercule, les combats des géans, des dieux et des héros, le siége de Thèbes par sept héros, et surtout la merveilleuse entreprise des Argonautes, avaient un sens plus profond et étaient fondés sur des vues plus élevées que les chants héroïques des temps de la guerre de Troie; ils ont même des traits de ressemblance plus frappans avec les traditions asiatiques que les ouvrages postérieurs, ou du moins les rappellent-ils davantage, comme, par exemple, cette belle fiction des âges du monde qui nous a été transmise sous le nom d'Hésiode. Le premier est l'âge d'or: l'homme était encore à cette époque dans une innocence parfaite, ami des dieux, et vivant comme eux. Vinrent ensuite l'âge d'argent, déjà moins pur, puis l'âge d'airain, où l'on vit dominer la force et l'intrépidité sauvage des héros, et qui fut suivi d'une corruption toujours croissante. Sous le rapport du sens plus profond et plus élevé que devait vraisemblablement avoir la poésie grecque des premiers temps, Orphée, quoique ce soit un être fabuleux, est cependant d'une grande importance pour l'histoire. En effet, ce nom est celui d'un poète qui révéla et transmit au peuple, dans des chants héroïques, comme il convenait à son siècle, les mystères de toutes les traditions et de tous les symboles sacrés. Mais, quoi qu'il en soit, et quoi qu'il en ait été à cet égard dans les temps antérieurs, ce sens plus profond est déjà presque entièrement effacé dans les poèmes d'Homère, où l'on en remarque à peine quelques faibles vestiges. Au contraire, dans la théogonie attribuée à Hésiode, et qui paraît avoir été assez généralement répandue, et peut servir de point de comparaison, le sens est encore assez clair, mais par trop matériel : d'après son système, le monde est né du chaos. Sans rappeler toutes ses idées absurdes et inconvenantes de la Divinité, je me bornerai à remarquer que dans différens symboles il ne parle de la nature que sous le rapport de sa plénitude de vie et de son inépuisable fécondité; symboles qui se résolvent, en dernière analyse, dans la notion d'un animal infini. Dans ce système de théogonie poétique, la vie de la nature n'est considérée que comme une alternative perpétuelle d'amour et de haine, d'attraction et de répulsion; on n'y découvre pas le moindre pressentiment d'un Esprit supérieur, qui, de même qu'il se manifeste à la conscience de l'homme, brille également dans la nature, dans certaines parties du moins.

Cette théogonie est, à proprement parler, un matérialisme complet, qui ne s'annonce pas à la vérité comme système, comme science, ou comme doctrine philosophique, mais qui, sous une forme poétique, se rattache aux croyances populaires. On ne saurait dire la même chose d'Homère; du moins ne voit-on nulle part dans ses écrits des opinions aussi matérielles, exprimées avec autant de clarté; on ne trouve même dans son tableau purement humain, où les dieux ne paraissent que comme des êtres créés par l'imagination du poète, aucun rapport à ce que nous appellerions religion, dans un sens philosophique et général, pas plus que des idées fausses destinées à en tenir lieu. Ce n'est point incrédulité, c'est ignorance. Toutefois, de même que chez les enfans, il perce à travers cette ignorance d'heureux pressentimens et quelques rayons de lumière. D'après ces idées, nous abandonnerions volontiers la théogonie d'Hésiode au blâme sévère des anciens philosophes; mais, quant à Homère, nos jugemens lui seraient infiniment plus favorables. Cependant, il est facile de reconnaître le motif qui a porté les moralistes de sa nation à improuver certains points dans ses doctrines sur la Divinité, et l'on ne saurait nier que c'est précisément la représentation des dieux, moins sous le rapport poétique que sous le rapport moral, qui forme le côté faible de ses poèmes. Si les héros d'Homère nous paraissent plus qu'humains, et souvent même presque divins, du moins sous le rapport de la force et de la noblesse des sentimens, il faut avouer, par contre, que ses dieux sont incomparablement plus grossiers, encore plus sujets aux faiblesses humaines que les hommes eux-mêmes; en un mot, que sous tous les rapports ils sont bien moins dieux que ses héros. Cela s'explique facilement, parce que le caractère et la conduite de ses dieux appartiennent plus aux vieilles traditions qu'à l'imagination du poète, qui sait tout ennoblir. Dans les anciennes croyances populaires, toutes les formes de la Divinité et tous les événemens qui la concernaient avaient originairement une signification qui se rapportait à la nature. Telle pensée ayant une signification relative à la nature, présentée sous la forme d'une action d'êtres semblables aux hommes, tombait très-souvent dans l'absurde et avait même une apparence d'immoralité. Que l'on se souvienne seulement de Saturne ou Chronos, qui dévorait ses propres enfans; idée horrible, si on lui donne une signification humaine et morale, mais qui signifie seulement que le temps engloutit sans cesse lui-même tout ce qu'il produit. Hésiode abonde en fictions et en idées semblables, qui, si on ne les rapporte point à la nature, et si on ne leur donne point leur sens véritable, tombent dans l'absurde et dans l'immoral. Le sens symbolique, qui formait primitivement la base de toutes les idées que les anciens peuples avaient sur la Divinité, est également défavorable à l'art qui imite le beau. Prenons, par exemple, l'idée d'un géant à cent bras, simple symbole de la force et de l'activité; dans un poème comme ceux d'Hésiode ou d'Homère une pareille image peut nous plaire, parce qu'elle ne se présente à nous que sous la forme, toujours un peu vague, de la pensée; mais que la sculpture donne à cette image une forme durable, et vous verrez naître aussitôt ces idoles qui sont encore aujourd'hui en usage chez quelques peuples asiatiques, et qui nous effraient par leur monstruosité. Ou bien que l'on prenne d'autres idées analogues, mais déjà plus spirituelles et plus nobles, sans pouvoir cependant s'unir à la beauté des formes; qu'on se rappelle que les Indiens représentent sous une forme à trois têtes la Divinité créatrice, conservatrice et destructive, réunies dans un seul et même être. C'est sous un rapport et une signification analogues et également symboliques que dans les Indes on donnait quatre visages à Brahma, et deux au Janus de l'antique Italie. Tous ces symboles sont défavorables à la beauté des formes; voilà précisément pourquoi l'art de la sculpture s'éleva chez les Grecs à un bien plus haut degré de perfection que chez les Égyptiens. Chez les premiers, en effet, la sculpture renonça chaque jour davantage à ces antiques symboles, en tant qu'ils conduisaient à la monstruosité, sans cependant perdre entièrement de vue leurs rapports avec la Divinité. Quelques poètes qui, comme Pindare, embellissaient, ennoblissaient tout, cherchèrent à voiler et à tempérer, dans leurs poèmes, tout ce que les anciennes traditions concernant les dieux présentaient de grossier et d'offensant pour le sentiment moral. Mais la poésie ne put, sous ce rapport, réussir autant que la sculpture, parce que tout le système de la poésie des anciens reposait sur leur mythologie, et qu'il ne dépendait point des efforts isolés des poètes de la changer et de la dénaturer. C'est pour cette raison que nous trouvons des traces de ce genre dans Homère lui-même, qui représente cependant le plus souvent les dieux sous une forme humaine. Un exemple suffira pour me faire mieux comprendre. Quand Jupiter, emporté par la colère, dit aux dieux que, s'ils attachaient une chaîne aux cieux, et s'y suspendaient tous, ils ne réussiraient cependant pas à l'arracher de son siége; et que même, si tel était son bon plaisir, il pourrait les enlever de terre, et les tirer tous à lui; une pareille idée ne nous paraît au premier aspect qu'une inconvenante jactance; mais il est indubitable, et les anciens eux-mêmes le pensaient, que cette idée est une allégorie relative à l'enchaînement de tous les êtres. Cela est encore plus clair dans cet autre passage, qui encore au premier aspect est très-offensant et très-repoussant pour le sentiment. Dans un de ces transports de colère qui lui sont ordinaires, Jupiter dit à Junon de se rappeler la peine qu'elle endura un jour, en punition de ce qu'elle n'avait cessé de persécuter Hercule, son fils bien-aimé. La reine des cieux, et sous cette dénomination les anciens entendaient presque généralement l'air, était représentée suspendue au ciel, les mains liées, et ayant chaque pied chargé d'une enclume. Non-seulement, il est incontestable qu'en cela le poète a eu une pensée allégorique, mais même il est vraisemblable que sa mémoire lui rappelait alors quelque image hiéroglyphique particulière. Il est vrai que des passages de ce genre sont comparativement rares dans Homère, en sorte que plusieurs commentateurs les ont rejetés avec d'autres encore, comme apocryphes, et totalement étrangers à son invention; et que des éditeurs plus récens ont longuement discuté sur leur véritable sens, exprimant à ce sujet les opinions les plus contradictoires. Sous le rapport de l'art, ces passages symboliques ne peuvent dans cet immortel tableau de la plus magnifique des traditions héroïques être considérés que comme le fond de la composition, représentant une époque antérieure et toute sacerdotale. Quand l'ensemble de ce plan eut depuis long-temps cessé d'être visible, et que le sens naturel d'allégories physiques fut perdu, une large carrière s'ouvrit à l'interprétation.

C'étaient ces idées que les moralistes trouvaient choquantes, et il en devait être ainsi dès qu'on les considérait sous le même point de vue qu'eux; voilà pourquoi ils proscrivaient Homère, et la poésie en général. Indépendamment de ces vestiges d'une époque plus reculée, de ces symboles qu'on ne comprenait guère mieux, et dont la signification était déjà perdue en partie, il est encore un autre rapport sous lequel la mythologie devait choquer les moralistes. D'après l'usage des anciens de faire descendre les familles nobles et célèbres de la race des héros, et ceux-ci des dieux, on attribuait au père des dieux une postérité héroïque si nombreuse, un si grand nombre de mortels chéris, qu'Ovide a pu remplir de leur histoire plusieurs livres de ses poèmes. Ainsi que j'en ai déjà fait la remarque, nous ne considérons cela que comme un jeu de l'imagination, aussi innocent que récréatif; et nous ne sommes guère habitués à juger sous ce rapport les anciens poëtes d'une manière sévère. Mais les anciens moralistes pouvaient-ils être aussi indulgens pour des poésies auxquelles le peuple en général ajoutait foi, et qui faisaient partie de ses croyances; croyances sur lesquelles étaient basées l'organisation sociale et l'éducation publique, entraînant des applications et des conséquences morales qui venaient frapper tous les yeux?

Il suffit donc de se placer sous ce point de vue pour justifier et comprendre les reproches des anciens philosophes. Et d'abord il est dans ce jugement deux choses qu'il nous faut séparer et distinguer : Homère et la mythologie des anciens. Malgré tous ses défauts, Homère a été et est devenu pour la Grèce et pour l'Europe entière la source de tant de bonnes et belles choses, que nous ne pouvons nous empêcher de savoir gré à Solon et aux Pisistratides de nous avoir conservé ce poète, que les philosophes, si leurs opinions eussent prévalu, auraient peut-être mutilé ou du moins fait tomber dans l'oubli. Mais on peut dire de la mythologie grecque en général, en faisant toutefois abstraction de ce genre de poésie, qu'aux temps qui nous sont historiquement connus, non-seulement elle était blâmable et choquait des idées morales particulières, mais qu'elle était essentiellement matérielle dans son but, et en même temps impie. Toutefois, avant Socrate, ces philosophes qui blâmaient si sévèrement les poètes et leur mythologie, et qui voulaient même les bannir des républiques, ne s'étaient point élevés à la connaissance de Dieu, et n'étaient guère, pour la plupart, parvenus à adorer quelque chose de plus que la nature; bientôt de philosophes ils devinrent sophistes, plus méprisables et plus dangereux mille fois pour l'état et pour les mœurs, que ne l'avaient jamais été les poètes anciens dans leur innocence et dans leur simplicité.

Ainsi que leur poésie, la philosophie des anciens venait des Grecs de l'Asie. Le même ciel qui produisit Homère et Hérodote produisit aussi les premiers et les plus grands de tous les philosophes; non-seulement Thalès et Héraclite, qui fondèrent dans leur pays la secte Ionique, mais encore ceux de leurs disciples qui répandirent leurs doctrines dans la grande Grèce et dans l'Italie méridionale, comme le poète Xénophane et Pythagore, le fondateur de la grande Alliance. Nous sommes déjà habitués à admirer les Grecs dans les arts et dans la poésie; mais peut-être leur génie ne se montra-t-il dans aucune autre partie du domaine de l'esprit humain aussi actif, aussi riche et aussi inventif que dans la philosophie.

Leurs erreurs mêmes sont instructives, parce qu'elles étaient partout le fruit de la méditation. Ils n'avaient aucune voie frayée pour parvenir à la vérité ; il leur fallait partout chercher et trouver eux-mêmes leur chemin, et sous ce rapport ils nous donnent le plus bel exemple de ce dont est capable, dans la recherche de la vérité, l'homme abandonné à ses propres forces. Je consacrerai donc encore quelques mots à cette philosophie.

Les philosophes de la secte Ionique adoraient, comme première force motrice de la nature, l'un ou l'autre élément : Thalès, l'eau ; Héraclite, le feu. Il ne faut pas croire qu'ils considérassent ces deux élémens sous un rapport purement corporel. Outre la force de l'eau, qui nourrit et favorise toute croissance, ils reconnaissaient aussi dans ce fluide le principe de la mobilité et de la mutabilité perpétuelles de la nature. De même, Héraclite ne considérait pas comme occupant le premier rang dans la nature le feu extérieur et visible, mais bien cette chaleur cachée, ce feu intérieur que les anciens regardaient comme la véritable force vitale de tout ce qui existe. Héraclite, qui est l'auteur de ce système, a eu des vues bien plus profondes que les autres philosophes; l'exemple d'Anaxagoras est celui qui montre le mieux combien ces derniers avaient encore de peine à se détacher

6.

des liens de la nature. Car, bien qu'on prétende qu'il fut le premier avant Socrate qui reconnut l'existence d'une Intelligence supérieure gouvernant le monde et la nature par ses lois, nous voyons cependant que, voulant plus tard expliquer l'univers, il eut recours aux atomes, dont, selon l'opinion des matérialistes, tout est composé. Cette doctrine d'atomes dont la combinaison mécanique aurait donné naissance à tout ce qui existe dans l'univers, avait été de très-bonne heure réduite en système complet chez les Grecs, par Leucippe et Démocrite. Plus tard, le talent d'Épicure la rendit aussi généralement dominante parmi les Grecs et les Romains qu'elle ne l'a jamais été dans le cours du dix-huitième siècle. C'est le matérialisme pur et simple, anéantissant toute idée de la divinité.

On ne saurait croire que ce ne fussent là que de pures spéculations, sans aucune influence sur la vie ; l'imperfection des croyances populaires et de la philosophie grecque avant Socrate, se montre de la manière la plus évidente, quand on en vient à examiner la doctrine de l'immortalité de l'âme. Le monde fantastique et chimérique des croyances populaires et des poètes, n'était qu'un rêve poétique auquel succéda le doute et ensuite l'incrédulité la plus positive, dès que l'on commença à réfléchir. Il paraît que dans les mystères des sociétés secrètes, très-nombreuses en Égypte et en Grèce, on enseignait quelque chose de plus, touchant une vie future; mais ces doctrines restaient nécessairement renfermées dans un cercle étroit. Les philosophes antérieurs et postérieurs qui essayèrent de prouver l'immortalité de l'âme, n'avaient, pour la plupart, que la pensée de l'indestructibilité de la force fondamentale interne, sans y ajouter l'idée d'une durée personnelle. Il paraît que ce fut principalement Pythagore qui enseigna l'existence de cette force ainsi qu'une espèce d'immortalité de l'âme, et qui répandit le premier cette doctrine. Quoique cette vérité fût entachée de quelques erreurs, par ce qu'à l'exemple de plusieurs peuples orientaux, Pythagore se représentait l'immortalité comme une simple transmigration des âmes; cependant cette seule circonstance l'a élevé au-dessus de tous les anciens philosophes et l'a fait paraître comme l'oracle de la vérité et le bienfaiteur de sa nation. Mais son Alliance, qui tendait évidemment à la domination politique, et dont le but ne pouvait être atteint que par le renversement des anciennes croyances populaires, fut dissoute; et depuis lors jusqu'à Socrate, le domaine de la philosophie devint toujours de plus en plus celui de l'anarchie.

Les contradictions et la bizarrerie des opinions qu'on inventait et qu'on défendait avec une grande sagacité, qu'on cherchait à accréditer par toute la magie de l'éloquence ; le doute et l'incrédulité qui s'en suivirent généralement, n'ont jamais mieux qu'alors montré leur influence pernicieuse sur la vie. Parmi les anciens philosophes, il y en avait qui, différant d'opinion sur une multitude de points, ne tombaient d'accord entre eux que sur un seul, qui était de considérer la nature seulement sous le rapport de sa mobilité et de sa mutabilité constantes : Tout, disaient-ils, est dans un flux continuel; mais ils poussaient cette opinion si loin qu'en général ils ne voulaient reconnaître rien de stable ni de permanent, et qu'ils niaient qu'il y eût quelque chose de fixe dans l'être, quelque chose de solide dans la connaissance, quelque chose de généralement vrai dans les mœurs ; ou, en d'autres termes, non-seulement qu'il y eût un Dieu, mais encore qu'il existât quelque chose de semblable à la vérité et à la justice.

Une autre secte, qui tenait fermement à l'idée rationnelle d'une unité immuable, adopta un système entièrement opposé, en niant complètement la possibilité du mouvement et l'existence réelle du monde physique; paradoxe qu'elle soutint avec une grande force de dialectique; et elle parvint à son but, du moins en ce que le doute, l'incertitude et l'ignorance devinrent de plus en plus communs. L'un des premiers et des plus habiles de ces sophistes commença l'exposé de sa doctrine, en disant expressément qu'il n'y avait aucune vérité absolue; qu'y eût-il une vérité, elle était inaccessible aux hommes; et que, leur fût-elle accessible, elle ne pouvait aucunement leur être communiquée. Le simple doute eût été permis au philosophe, si après avoir sincèrement recherché la vérité, il était arrivé à cette conviction peu consolante, et s'il avait gardé son ambitieuse ignorance pour lui, loin de chercher à exercer une influence nuisible et destructive sur la vie réelle et agissante. Mais ces sophistes avaient, au contraire, des disciples et des partisans dans toute la Grèce; l'éducation de tous les nobles et de tous les hommes instruits leur était confiée. Je ferai encore observer que cette manie de douter n'était pas toujours sincère, et tandis que les uns enseignaient qu'en général il était impossible de rien savoir, d'autres prétendaient au contraire tout savoir et être versés dans tous les arts et dans toutes les sciences. Du moins parvenaient-ils facilement, à l'aide de quelques tours d'adresse et de quelques argumens subtils, à mettre les jeunes gens à même d'embarrasser et d'éblouir des personnes moins exercées qu'eux-mêmes, et à persuader à leurs disciples qu'avec leur savoir imaginaire ils pouvaient tout décider beaucoup plus facilement et plus promptement que les anciens dont ils se moquaient. On ne se bornait point dans leurs écoles à enseigner aux jeunes gens à soutenir à leur gré des opinions opposées, afin d'exercer leur sagacité et de les rendre habiles dans l'art de parler; mais on leur enseignait de plus à faire valoir, par des argumens spécieux, des erreurs évidentes et des choses dont l'injustice frappait tous les yeux, ainsi qu'à tromper leurs concitoyens. On y enseignait qu'il n'existait d'autres vertus que l'adresse et la force; on y affectait un impudent mépris pour tous les principes moraux, par lesquels, disait-on, les hommes faibles seuls se laissent conduire et tromper, et que les sophistes regardaient comme des superstitions et des folies. On y enseignait encore qu'il n'y avait d'autre droit que celui du plus fort, ou le caprice du souverain. On y tournait en ridicule les croyances religieuses du peuple, lesquelles, malgré leurs imperfections, inspiraient cependant des sentimens moraux à beaucoup de gens, et que par conséquent on aurait dû respecter aussi long-temps qu'on ne pouvait pas les remplacer par quelque chose de mieux. On y discutait non-seulement un grand nombre de points difficiles, de questions vaines et absurdes sur le monde et ses causes premières, mais on allait même jusqu'à nier l'existence de Dieu; car chez les sophistes le sentiment de la vérité était déjà mort dans sa racine.

Et tout cela se passait dans des états qui, prêts à tomber dans l'abîme d'une démocratie sans règles comme sans principes, ou à devenir la proie des partis, affaiblis et désorganisés par des guerres, ne sortaient d'une révolution que pour retomber dans une autre, et s'enfonçaient chaque jour plus profondément dans l'anarchie!

Ce fut au milieu de cet athéisme général que Socrate parut et recommença à enseigner l'existence de Dieu d'une manière toute pratique; d'abord en combattant les sophistes et en dévoilant leur ignorance; puis en exposant aux yeux des hommes et en rapprochant de leurs cœurs le bon et le beau, tout ce qu'il y a de noble et de parfait, la justice et la vertu, qui conduisent à Dieu et émanent de lui. Il fut donc le second fondateur, le restaurateur de la vraie civilisation chez les Grecs; mais il succomba victime de son zèle pour la vérité. Sa mort est un événement trop remarquable dans l'histoire de l'humanité, pour que nous ne nous y arrêtions pas quelques instans.

Le reproche qu'on lui adressa, d'enseigner une divinité nouvelle et inconnue, et de se rendre ainsi coupable d'un crime envers les anciens dieux reconnus par la religion de l'Etat, n'avait à certains égards rien que d'honorable pour Socrate; et si sa doctrine, qui était sans contredit toute nouvelle en Grèce, était devenue prédominante, non pas seulement dans le cercle étroit de quelques disciples choisis, mais dans la Grèce entière, il est évident que l'ancienne organisation sociale serait tombée d'elle-même, et avec elle certainement une grande partie des croyances populaires; ou que du moins elles eussent été complètement changées. Des partisans fanatiques des anciennes croyances populaires, en entrevoyant l'imminence de cette révolution, ont pu concevoir une haine violente contre Socrate, et même le confondre avec les autres novateurs ainsi qu'avec les sophistes, dont il était cependant l'infatigable adversaire. Mais chez la plupart, les doctrines philosophiques de Socrate n'étaient évidemment qu'un prétexte; tandis que le véritable motif de leur haine se trouvait dans ses doctrines politiques.

Dans toutes les circonstances de sa vie, Socrate s'était montré citoyen vertueux et patriote ardent; s'il n'était pas l'ennemi déclaré de la souveraineté du peuple, du moins la plupart de ses disciples l'étaient. La partialité et même l'exagération avec lesquelles Xénophon et Platon exprimaient souvent leur préférence pour la constitution de Sparte, et en général pour toute constitution qui se rapprochait des formes de l'aristocratie, devaient nécessairement paraître odieuses et anti-nationales à Athènes. D'un autre côté, les ennemis de la souveraineté du peuple qui sortirent de l'école de Socrate, ne furent point tous des hommes aussi irréprochables et aussi distingués que Platon et Xénophon : Critias aussi avait été disciple de Socrate ; Critias, l'un des trente tyrans qui dominèrent à Athènes par l'influence de Sparte, quand celle-ci la réduisit presque complètement sous sa dépendance. C'est ce qu'un ancien écrivain indique, peut-être avec raison, comme la principale cause de la mort de Socrate.

On ne saurait expliquer d'une manière satisfaisante comment Socrate arriva à former son système particulier; il connaissait la haute philosophie, sans en être entièrement satisfait. Dans plusieurs circonstances de sa vie il s'en rapportait à la décision d'un démon ou génie supérieur qui, disait-il, le dirigeait. On ne saurait affirmer si par là il entendait la voix intérieure de la conscience, les inspirations et les déterminations de son esprit pensant et agité par des pressentimens, ou quelque chose d'autre. On ne connaît pas davantage son opinion particulière sur les croyances religieuses du peuple; on ignore s'il les rejetait entièrement ou s'il en conservait ce qu'elles présentaient de plus raisonnable en leur donnant un sens plus profond. Il paraît qu'il connaissait parfaitement ce que l'on savait à cette époque dans les sociétés secrètes. Il n'avait point secoué le joug des opinions et des idées que la philosophie du dix-huitième siècle ne se faisait pas scrupule d'appeler supertitieuses, comme faisaient aussi les prétendus sages qui savaient tout et ne croyaient rien, et que Socrate ne cessait de combattre. Que l'on me permette de citer ici un exemple pour prouver combien souvent il était mal compris et mal jugé, même sous ce rapport. On l'a généralement blâmé d'avoir répondu, dans le dernier entretien qu'il eut avec ses amis avant de mourir, lorsqu'on lui demanda s'il avait encore quelque chose à ordonner : « Rien autre chose que » de sacrifier un coq à Esculape. » Ainsi, disent ses détracteurs, dans les derniers instans de sa vie il a rendu hommage aux croyances populaires, qu'il devait cependant considérer comme vaines et ridicules : s'il n'a voulu que plaisanter, assurément le moment était bien mal choisi. Cependant l'intention de Socrate, dans cette réponse, est facile à découvrir : ceux qui avaient recouvré la santé après une grave maladie, étaient dans l'habitude d'offrir un pareil sacrifice à Esculape. Il avait donc présente à l'esprit cette idée, que plusieurs de ses successeurs ont plus tard parfaitement développée, que l'unique but de cette vie était de nous préparer à une vie supérieure, ou, selon l'expression des anciens, de nous apprendre à mourir. D'ailleurs, Socrate considérait la vie en général, et surtout à une époque telle que celle où il vivait, comme la prison de l'âme, et même comme une maladie véritable, dont le sage devait s'estimer heureux d'être délivré par la mort, quand le destin en ordonnait ainsi. De tous les philosophes de l'antiquité, Socrate fut celui qui enseigna le premier, ou du moins de la manière la plus absolue, que le suicide n'était point permis, que c'était au contraire un crime envers soi-même et envers Dieu. Il ne voulut rien tenter pour échapper à la prison ou à la mort, et il n'aurait pu le faire sans nuire beaucoup à lui-même et à la dignité de sa cause; tandis que le grand exemple de fermeté qu'il légua à ses successeurs, eut ce résultat pour sa cause, que, consacrée par sa mort elle n'en fut que mieux reconnue par la postérité pour celle de la vertu et de la vérité.

Je n'ai cherché dans la masse de richesses de l'ancienne philosophie grecque, qu'à saisir quelques traits pour en former un tableau général, et j'ai choisi de préférence ce qui était historiquement vrai, ce qui, par rapport à la vie, m'a paru le plus généralement remarquable, et ce que je pouvais expliquer avec plus de clarté.

Je reviens maintenant à l'analyse des principaux écrivains. Par la beauté de son style, Xénophon mérite d'être encore placé parmi les meilleurs auteurs de l'antiquité. Comme historien, il a de plus que Thucydide une grande facilité, beaucoup de clarté, et de la grâce sans affectation; mais comme il manque de grandeur et de profondeur, beaucoup de connaisseurs donneront sans doute la préférence à la rudesse de Thucydide. Comme écrivain philosophique, il est dans ses Entretiens de Socrate de beaucoup inférieur à Platon, sous le rapport de la profondeur, de la richesse et de l'art. Son roman politique sur la vie de Cyrus mérite d'être mentionné comme le seul ouvrage de ce genre dans l'antiquité. Cependant ce genre bâtard, qui consiste dans le mélange de l'histoire, de la poésie et de la morale, ne saurait, malgré ses nombreuses beautés particulières, être recommandé à l'imitation.

Quoique Xénophon et d'autres écrivains de l'école de Socrate eussent rendu au style une noble simplicité et une véritable beauté, cependant l'éloquence sophistique prédominait généralement chez les Grecs. Isocrate peut nous montrer jusqu'où était poussé chez ce peuple spirituel, le raffinement du langage et de l'expression, qui faisait souvent choisir de préférence à tous autres, des sujets purement imaginaires et arbitraires, parce que l'on ne visait qu'à s'exercer dans l'art oratoire et à faire briller son esprit. Il y a toujours quelque chose d'artificiel dans ces compositions si soignées, où chaque mot est pesé d'après sa valeur et sa position, chaque syllabe d'après ses rapports et son euphonie, où chaque période retombe en cadence, et dont l'ensemble est constamment poli et repoli. Ce luxe de style, ce poli d'exécution pourraient nous plaire à nous autres Allemands, parce que nous tombons le plus souvent dans le défaut tout opposé, qui consiste à négliger le style; seulement il ne faut pas que nous apercevions, que nous sentions cet art, puisqu'il nous choque même dans la sculpture; et cependant le cas est alors tout différent. On accordera volontiers qu'une statue décèle l'art et rappelle la difficulté du travail : mais un écrit n'est point une production du ciseau. L'éloquence n'est pas seulement un art; elle doit avoir quelque chose de libre, de vif et qui agisse sur la vie.

Platon et Aristote, que je ne considère que comme écrivains, nous font connaître toute l'étendue de la civilisation grecque en même temps que la plus grande élévation à laquelle le génie grec soit jamais parvenu. Le premier a tout-à-fait traité et présenté la philosophie comme un art; l'autre, comme une science, dans le sens le plus étendu de ce mot, embrassant dans ses écrits, outre la philosophie et les sciences naturelles, l'histoire et la politique, et coordonnant en un vaste système toutes les connaissances des Grecs.

Platon a été considéré par les anciens comme le premier de tous les auteurs qui ont écrit en prose, à cause du talent et de la pureté de style qui règnent dans les parties poétiques ou didactiques de ses dialogues. Ce qui le distingue surtout, c'est la grande variété avec laquelle il traite chaque sujet, depuis les abstractions et les subtilités à travers le dédale desquelles il poursuit les sophistes, jusqu'aux passages poétiques et souvent même dithyrambiques, dans lesquels il présente ses mystiques inventions et ses fables philosophiques. Considérés comme ouvrages d'exposition, son Phédon et sa République doivent être rangés parmi les productions les plus remarquables du génie grec.

Aristote termine le cercle du développement classique, même pour la forme et la méthode de la philosophie, que, pour le temps où il vivait, il porta à la perfection. La première époque de la philosophie est celle des penseurs ioniens avec leurs aphorismes en prose et leur style gnomique, que nous considérons comme la plus ancienne forme des spéculations philosophiques. D'autres, il est vrai, comme Parménide et Empédocle, revinrent à la poésie. Dans la seconde époque, l'enseignement de la philosophie par les sophistes et même par les disciples de Socrate, fut, quoique à la vérité dans un autre sens et dans un meilleur esprit, tout oratoire et dialectique, enfin complètement dialogué. Dans ce genre d'enseignement philosophique, Platon nous offre la plus riche et la plus admirable variété, ainsi que des modèles et des exemples de toute espèce dans toutes les parties de l'art, dans les nombreuses gradations qui existent depuis le sujet le plus abstrait de la pensée purement dialectique, jusqu'à la peinture de caractères la plus dramatique et la plus spirituelle, avec une égale plénitude d'inventions philosophiques et de poétiques allégories. Aristote s'efforça d'embrasser, encore plus complètement que Platon, l'examen comparatif des anciens systèmes, et fut en même temps, par sa méthode entièrement critique, le fondateur de l'enseignement systématique dans ses ouvrages où l'on remarque une tendance continuelle à arriver à une perfection savante aussi grande que possible. C'est là ce qu'on peut appeler la troisième époque des développemens de la philosophie. Les différentes écoles qui s'élevèrent après lui conservèrent dans l'enseignement de la philosophie la méthode systématique d'Aristote et la forme du dialogue : ils en firent usage tour à tour. Ce ne fut qu'à une époque bien postérieure qu'une exposition tout oratoire de la philosophie devint générale parmi les Syncrétistes et les Éclectiques au temps du néoplatonisme.

Ces deux grands génies, Aristote et Platon, ont exercé pendant près de deux mille ans une influence incalculable sur la marche de l'esprit humain en Asie et en Europe. Nous trouverons l'occasion d'en reparler dans un autre moment. Comme écrivain, Aristote a le cachet de la finesse et de l'élégance qui commençaient à dominer dans son siècle. Tandis que Platon était regardé comme un modèle pour le langage et pour l'art, et surtout comme le représentant de la plus haute civilisation de la Grèce, et en particulier de celle de l'Attique, Aristote n'exerçait pas une moindre influence sur la science, sur le perfectionnement et le développement de l'art de la critique, et surtout sur les diverses branches des sciences historiques. Le successeur immédiat d'Aristote, Théophraste, l'auteur des Caractères, et ceux qui sortirent de l'école de Platon, étaient encore des hommes possédant des connaissances générales; le style de leurs ouvrages est aussi noble qu'éloquent. Les sectes philosophiques qui vinrent plus tard ne brillèrent guère sous ce rapport. Le style lourd et incorrect des disciples d'Epicure, l'emphase des Stoïciens, leur affectation d'accoupler des mots barbares pour en former une terminologie nouvelle, prouvent suffisamment cette assertion. Cette décadence générale de l'esprit commença à devenir non moins sensible dans la langue.

La restauration de la philosophie par Socrate ne s'étendit point à toute la civilisation grecque; elle n'agit directement que sur quelques individus isolés, s'éloignant chaque jour davantage du monde, et cessant de prendre part aux intérêts de la nation tout-à-fait démoralisée, et d'entretenir le moindre rapport avec elle. Elle ne put avoir presque aucune influence sur la poésie, à laquelle nous revenons maintenant, parce que celle-ci était essentiellement basée sur la mythologie, sur les croyances populaires, sur les anciennes traditions héroïques; et que, lorsque la désorganisation et la ruine de la vie nationale eurent été consommées, elle ne pouvait plus être autre chose que le retentissement de la brillante époque des poètes orateurs.

Voilà pourquoi la poésie grecque des temps plus rapprochés de notre époque, ne nous offre que le tableau d'une décadence toujours croissante. Cependant cette période ne laisse pas d'être riche en beautés de détail, et l'on y trouve encore des traces vivantes de la civilisation et du génie poétique des Grecs.

Nous avons déjà remarqué dans Euripide les premiers signes de la décadence de l'art tragique, quelque distingué d'ailleurs que soit ce poète par le pathétique qui anime ses expositions, et quelque riche qu'il puisse être en beautés particulières, surtout sous le rapport lyrique. Cette perfection moindre dans les ouvrages du dernier tragique de l'antiquité est surtout reconnaissable au manque d'unité et de liaison qu'on y remarque.

J'ai déjà rappelé à mes lecteurs que la tragédie des anciens était née de ces chœurs, de ces chants solennels et mythologiques particuliers aux Grecs. Le chœur est inséparable de la tragédie antique, qui est d'un genre tout lyrique. C'est ce qui, parmi les modernes, a été surtout bien compris par les poètes, lorsqu'ils ont voulu imiter cette forme et se l'approprier. L'accord parfait et la relation intime entre ce chant du chœur et l'action dramatique sont donc une condition essentielle pour la perfection d'une pareille tragédie; dans Sophocle, ces deux élémens sont dans une harmonie parfaite; dans Euripide, le chœur parcourt souvent tout le domaine de la mythologie, comme si la place qu'il occupe ne lui avait été laissée qu'en vertu d'un ancien droit et de l'usage. C'est ainsi que souvent des beautés lyriques, qui, considérés en elles-mêmes, sont grandes et attachantes; que les connaissances que ce poète avait puisées à l'école des sophistes, et que de longs discours composés suivant toutes les règles de la rhétorique, arrivent dans ses tragédies en temps inopportun, et là où n'était point leur place.

Quand l'harmonie eut été détruite, et que les

élémens lyriques ne firent plus partie intégrante du tout, l'action qui autrefois eût formé une tragédie parut en général mesquine et insuffisante; pour la rendre plus riche, le poète avait recours alors à toute sorte de développemens, de surprises, de catastrophes accumulées, d'intrigues qui appartenaient plutôt au génie comique, et qui étaient par conséquent incompatibles avec l'essence et la dignité de la tragédie.

Ménandre fut, à Athènes, le dernier poète qui représenta la vie d'une manière nouvelle et originale; il fonda ou perfectionna la haute comédie que nous pouvons jusqu'à un certain point connaître par les imitations ou traductions de Térence. C'est ainsi que la poésie dramatique, qui dans Eschyle avait commencé par le grand héroïque et le merveilleux, arriva alors au terme de sa décadence, en s'éloignant du vague et des grandes figures d'un passé poétique, pour se rapprocher toujours davantage du présent et finir par la peinture spirituelle de la vie civile ordinaire; et lorsque tous les sujets, caractères, développemens et situations qu'offre cette vie furent également épuisés, elle avait achevé sa carrière, et périt.

Les anciens n'avaient pas une opinion arrêtée sur la question de savoir si la peinture de la vie réelle et du présent appartient à la poésie. Plusieurs prétendaient que non; parce qu'il leur semblait qu'indépendamment de l'art, la versification et la mythologie lui étaient encore nécessaires. D'après l'idée que nous nous formons de la poésie, le tableau animé de la vie ne peut être exclu de son domaine, alors même que l'on ferait abstraction du merveilleux et du poétique proprement dit. Sans doute la destination première et originelle de la poésie, si nous la rapportons à l'homme, à la vie et surtout à ce qu'elle doit être pour une nation, est de conserver et d'embellir les souvenirs et les traditions d'un peuple, et de consacrer sous des formes brillantes la mémoire d'un passé glorieux, comme dans les poèmes héroïques, où le merveilleux a le champ libre, et où le poète s'attache à la mythologie. La seconde destination de la poésie est d'exposer aux yeux un tableau clair et parlant de la vie réelle. Ce but peut être également atteint sous d'autres formes, mais celle du drame est la plus heureuse. La poésie ne doit point se borner à exposer le phénomène extérieur de la vie; on peut encore s'en servir pour exciter la vie plus noble des sentimens intérieurs. L'essence d'une poésie dirigée vers ce but, c'est l'enthousiasme ou le sentiment plus élevé et plus noble qui se manifeste sous des formes diverses, mais en général lyriques, dès que cette tendance devient prédominante.

La poésie consiste donc pour nous dans l'invention, l'exposition et l'inspiration : ces deux élémens, l'exposition et l'enthousiasme, sont compris dans l'invention ; mais un ouvrage de l'esprit et d'éloquence peut être poétique, et mériter ce nom par l'exposition et l'enthousiasme seuls, abstraction faite de l'invention proprement dite, et de toute espèce de merveilleux. La poésie, quand elle n'est pas entièrement d'invention, et qu'elle suit un sujet donné, repose sur la tradition, base matérielle, corps visible de la poésie. L'enthousiasme, au contraire, est l'âme du poème; de même que la représentation de la vie des dieux, but que se proposaient les anciens dans leur tragédie, est l'apogée de l'exposition poétique. La vie de la poésie, comme la vie intérieure, repose donc sur trois principes, l'esprit, l'âme et le corps ou l'élément sensitif, ainsi que sur la coopération harmonique de ces élémens réunis dans leur gradation ascendante; et la tradition, le chant et l'image sont les lettres ou syllabes isolées qui forment et complètent le triton poétique et le verbe éternel de la poésie, c'est-à-dire le verbe de la nature, ainsi que l'imagination le comprend dans l'amour ou le verbe du sentiment passionné, qui s'exprime dans les souvenirs généraux ou nationaux, ou encore dans le pressentiment de la Divinité; lequel verbe de la poésie n'est lui-même qu'une partie du verbe entier et complet qui, d'après l'image de Dieu, a été placé primitivement dans l'âme de l'homme et dans toutes ses facultés, et que sa destination dans le monde physique est de proclamer sur la terre.

Revenons maintenant à la marche du développement de la poésie grecque, pour la suivre jusqu'à son dernier degré. Si nous terminons l'époque de la civilisation antique par Ménandre, le dernier poète original d'Athènes, qui présenta dans ses comédies le tableau de la vie et exerça de l'influence sur elle, nous verrons qu'à partir de Solon elle comprend justement trois siècles.

Les poètes qui parurent encore plus tard dans la Grèce agrandie par les conquêtes d'Alexandre, et qui se rassemblèrent surtout à la cour des Ptolémées, ne doivent être considérés que comme des imitateurs de l'ancienne poésie grecque. Ces savans de cour, membres d'académies et bibliothécaires à Alexandrie, ont rendu de grands services à la langue, dont ils conservèrent et interprétèrent les monumens. Ils n'ont d'ailleurs que rarement évité la recherche dans l'expression, défaut commun à tous les poètes savans; dans quelques-uns on remarque une obscurité calculée. Ceux qui se consacrèrent à la poésie épique ou aux sujets mythologiques, contribuèrent du moins à conserver l'ancienne poésie, et à la transmettre à la postérité. C'est ainsi qu'ayant perdu tant d'autres poètes anciens, il nous est agréable de posséder la belle fable de l'entreprise chevaleresque des Argonautes, traitée par Apollonius, poète brillant de cette époque. Comme ces poètes étaient abondamment pourvus d'anciens poèmes, il a très-bien pu se faire qu'ils aient pénétré plus avant dans l'ensemble des vieilles traditions, et qu'ils aient découvert le véritable sens de la mythologie, mieux que les poètes qui brillèrent dans des temps plus florissans. Sous ce rapport, Callimaque surtout est très-remarquable comme connaisseur et comme commentateur des anciennes traditions, comme poète mythologique, ne manquant nullement de génie poétique : le brûlant Properce, qui, chez les Romains, l'imita surtout dans l'élégie, nous prouve qu'il n'en était pas dépourvu. A cette époque, on traitait souvent les sujets mythologiques d'une manière systématique, en examinant toutes les poésies du même genre ; en sorte qu'il n'existe plus d'unité poétique dans l'ensemble, ou bien que, comme dans les métamorphoses d'Ovide, elle n'est produite que par des transitions habiles, mais peu naturelles.

Lorsque la poésie est en décadence, il arrive qu'elle s'individualise toujours davantage, et choisit des sujets qui lui sont totalement étrangers. Il n'est pas nécessaire de prouver ici que l'astronomie scientifique est un de ces sujets; qu'un chapitre de botanique ou une série de formules médicales ne sont pas de la poésie pour être rédigés en vers, et que cette forme de poésie didactique que nous avons reçue des poètes d'Alexandrie est fausse et ne peut tout au plus passer que pour un tour de force. Les modernes auraient dû d'autant moins adopter et imiter cette forme, qu'ils sont restés très-inférieurs aux Grecs sous ce rapport, et qu'ils étaient privés de beaucoup d'avantages que possédaient ceux-ci. A une époque fort ancienne, on avait composé chez les Grecs des poèmes didactiques sur une foule de sujets scientifiques, non que les poètes voulussent par là faire briller leur habileté à revêtir de formes et de couleurs poétiques des matières ingrates et difficiles, mais uniquement pour répandre davantage des connaissances utiles; la prose, ou n'existant pas encore, ou bien n'étant pas assez développée pour le but qu'ils se proposaient, pour le sujet qu'ils traitaient; soit encore qu'ils fussent moins habitués à s'en servir que de l'hexamètre. Chez les Grecs, le poème didactique est donc né naturellement d'un besoin véritable de leur esprit et de leur civilisation. Cette circonstance a dû être favorable, même aux poèmes didactiques d'une époque plus moderne. D'ailleurs, comme la mythologie peuplait tout le monde visible de ses figures et de ses fables attrayantes, on ne saurait imaginer de sujet qui ne fût partout en rapport avec ces inventions, et qui n'entrât par conséquent dans le véritable domaine de la poésie. Alors même, dans un sujet de médecine ou de botanique, le poète trouvait mille occasions d'emprunter quelques traits poétiques au monde fabuleux, et d'inventer, sans efforts, des épisodes qui font le véritable charme de ces sortes de poésies, et que les modernes sont obligés d'aller chercher bien loin, non sans de grandes difficultés. Cette époque ne nous offre qu'un genre de poésie qui ait plus d'attrait pour nous, parce qu'il ne consiste pas seulement dans l'art et dans l'imitation, mais qu'il saisit et nous dépeint la vie sous un point de vue particulier. Je veux parler des bucoliques et des poésies pastorales; des Idylles de Théocrite et d'autres anciens auteurs. La vie des champs a par elle-même quelque chose d'extrêmement poétique. Mais ce n'est pas le lieu d'examiner ici pourquoi ce genre doit être traité séparément, et tiré seulement du grand tableau de l'univers et de la vie que la poésie doit nous tracer. Qu'on se rappelle seulement ces passages des poèmes héroïques des anciens et même des poésies chevaleresques des modernes, où la simplicité et le calme innocent de la vie champêtre paraissent d'autant plus touchans, qu'ils sont mis en opposition avec la vie aventureuse de héros errant au milieu du tumulte et des dangers des combats et de la guerre, où tout apparaît dans un ordre et dans des rapports aussi vrais que naturels; et d'où il résulte un tableau grand et général du monde ainsi que de la vie. En faisant de la peinture de la vie champêtre un genre de poésie particulier, le poète est souvent conduit à des répétitions ou bien à des extravagances lorsqu'il ne veut pas devenir ennuyeux et qu'il désire surpasser ses devanciers. Il est bizarre que ce genre de poésie naisse ordinairement et plaise, surtout à l'époque d'une civilisation avancée; il n'est pas rare non plus que l'ennui que nous cause la lecture de poèmes où l'on nous entretient continuellement des raffinemens de la civilisation, ne nous ramène vers la nature et les champs. La plupart des idylles décèlent cette origine ; mais souvent on ne voit que trop clairement que ce sont des messieurs et des dames de la ville qui se sont rendus à la campagne pour y revêtir des habits de bergers et de bergères. On trouve, à la vérité, dans Théocrite et dans les diverses bucoliques des anciens, quelques passages qui sont bien la reproduction fidèle des chants des bergers et des sentimens des hommes de la campagne ; mais on n'y découvre encore que trop de traces des raffinemens de l'art, des séductions de la ville et des flatteries de la cour, dans cette délicatesse d'expressions, et dans ces jeux d'esprit beaucoup trop subtils pour être vrais. Aussi bien, l'ancienne idylle n'était que ce qu'annonçait son nom même : un petit tableau poétique, emprunté tantôt à la vie, tantôt à la mythologie, mais le plus souvent consacré à représenter l'amour. C'est ainsi que la poésie alla toujours s'individualisant davantage, resserrant de plus en plus son cadre, et qu'elle finit par ne plus consister qu'en petits tableaux de genre, en fleurs, en couronnes poétiques ou en anthologies; c'est-à-dire en choix et collections des bagatelles poétiques de tout genre, les plus spirituelles et les plus amusantes.

CHAPITRE III.

Influence des Grecs sur les Romains. — Esquisse de la littérature romaine.

Quand les Grecs eurent cessé d'être une nation, leur littérature s'isola toujours de plus en plus de la vie. Cela arriva en premier lieu pour la philosophie, dont les vues scientifiques étaient en opposition avec les croyances religieuses du peuple ; et les idées élevées, tout-à-fait inapplicables à l'état de dégradation profonde où se trouvait la nation. Sans doute le champ des connaissances historiques fut alors considérablement agrandi ; et alors seulement la langue & la littérature furent traitées et fixées d'une manière scientifique ; mais il manqua toujours à ces efforts la grande méthode des anciens, celle du génie libre et indépendant. L'éloquence était encore toujours généralement en honneur, et même formait le but principal de l'éducation ; mais, si dans des temps meilleurs on en avait déjà fait un usage sophistique, à combien plus forte raison ne devait-il pas en être de même à une époque où la véritable et indépendante éloquence politique n'était plus applicable, où l'on apercevait les traces de l'altération du bon sens général jusque dans la langue, et où l'on ne s'occupait plus que de futilités ou de subtilités. La poésie elle-même, premier point de départ de toute la civilisation grecque, étant devenue un art mécanique, ne pouvait échapper à cette décadence générale. Le sort de la sculpture fut, à la vérité, plus favorable, peut-être parce que cet art dépend moins de la vie. L'artiste continue en effet à travailler tranquillement dans son atelier, d'après les grandes idées antiques, sans s'inquiéter des bouleversemens politiques. Si l'altération des mœurs eut pour résultat l'affaiblissement et la dépravation du goût, la corruption ne fut cependant pas aussi générale dans cette partie des beaux-arts. On ne saurait nier que plusieurs ouvrages de sculpture et d'architecture, d'une grande beauté et d'une grande perfection, datent d'une époque où la poésie et l'éloquence étaient déjà dans une décadence complète; le génie inventif des Grecs se montre alors encore plein d'éclat et de vigueur dans les sciences qui sont tout-à-fait étrangères à la vie publique, et indépendantes de l'état social et moral d'une nation. Pour ce qui est des sciences mathématiques, bien qu'ils fussent privés de tant d'instrumens et de secours qui nous paraissent maintenant indispensables, nous les voyons jeter les bases d'une géométrie et d'une astronomie scientifiques, et, quelques-uns du moins, entrevoir le véritable système du monde, qui, à ce qu'on prétend, n'avait point été non plus inconnu des Pythagoriciens. Les connaissances admirables et l'habileté d'Archimède frappèrent les Romains de surprise; et, malgré leur incommode numération par lettres, sans la connaissance du calcul décimal, les Grecs produisirent dans Euclide un géomètre qui est encore classique aujourd'hui. La médecine, que les Grecs avaient cultivée dès les temps les plus reculés, devint alors une de leurs occupations principales, et offrit un vaste champ à leur esprit de système, à leur génie inventif et à leur sagacité. Ce ne fut pas seulement par leur littérature, et comme rhéteurs et grammairiens, mais aussi par ces connaissances, et en qualité d'artistes, de mathématiciens et de médecins que les Grecs se recommandèrent aux Romains, lorsque, après la conquête de Tarente, de l'Italie inférieure et de la Sicile, ceux-ci entrèrent dans le monde grec. Bientôt même les Grecs devinrent indispensables à leurs vainqueurs, quelques efforts que ceux-ci fissent d'abord pour échapper à cette inévitable influence. Deux fois les philosophes et les rhéteurs grecs furent chassés de Rome par ordre du sénat; et le vieux Caton, l'irréconciliable ennemi de tous les arts grecs, ne voulait pas même tolérer leurs médecins qui étaient déjà fort nombreux à Rome. Il les représentait comme des imposteurs qui mettaient en danger la vie des hommes; champion infatigable des mœurs et des sentimens de l'antique Rome, il recommandait à cette occasion de s'en tenir aux usages et aux remèdes domestiques qui dataient du bon vieux temps. Mais on voit déjà, par la nécessité où fut le sénat de réitérer son décret de bannissement, combien les rhéteurs, les grammairiens et les artistes grecs étaient indispensables aux Romains; et si le premier décret resta pendant long-temps sans exécution, c'est ce que l'on peut facilement expliquer par l'état même des choses. La langue grecque était à cette époque la langue dominante dans tout le monde civilisé; les poèmes d'Homère étaient lus jusqu'au fond de l'Asie; et l'on a quelque raison de croire que les Indiens eux-mêmes ne sont pas demeurés absolument étrangers à la littérature grecque. A l'autre extrémité du monde, les Carthaginois rédigeaient en grec les relations de leurs voyages de découvertes;

Annibal se servit de cette langue pour écrire l'histoire de ses guerres. Après la conquête de l'Italie méridionale et de la Sicile, où la langue grecque était presque partout la langue nationale, après l'envahissement de la Macédoine et de l'Achaïe, la connaissance de cette langue universelle dut devenir chaque jour plus nécessaire aux Romains, surtout à cause des nombreux ouvrages historiques des Grecs, relatifs aux pays et aux peuples avec lesquels ces conquérans entraient alors en contact. C'est pourquoi les premiers Romains qui, à cette époque, commencèrent à écrire l'histoire de leur nation, se servirent à cet effet de la langue grecque; et le Grec Polybe, qui avait été conduit à Rome comme otage, fit le premier connaître au monde l'histoire de la grande nation, dans un ouvrage complet demeuré classique pour tous les âges suivans, sous le rapport des considérations politiques. Un captif grec de Tarente, Livius Andronicus, qui connaissait la langue latine, fut le premier qui donna à lire aux Romains l'Odyssée en vers latins encore grossiers, et qui, au moyen des traductions, leur fit connaître les plaisirs du théâtre, ainsi que la richesse dramatique des Grecs. Mais ce fut surtout en apprenant l'éloquence et la langue des Grecs, que les grands de Rome prirent du goût pour la civilisation grecque; et ce fut par eux que ce goût se répandit bientôt dans toute la nation. A Rome aussi, l'éloquence exerçait une influence très-grande, et même très-décisive dans les affaires politiques ; plus les temps devinrent orageux depuis les Gracches, plus l'ambition eut besoin pour instrument d'un art que les Romains demeurés fidèles aux anciens souvenirs de leur patrie considéraient, précisément pour cela, comme dangereux, comme une vaine sophistique qui ne pouvait qu'influer défavorablement sur la pensée.

La civilisation romaine des temps plus rapprochés de nous n'a jamais pu démentir cette origine, et l'on est habitué à répéter qu'en littérature les Romains n'ont été que les imitateurs des Grecs.

Il est impossible que les nations qui entrent plus tard dans l'histoire du monde et dans le développement général de l'humanité, ne reçoivent point des nations civilisées avant elles, et à titre d'héritage, une grande partie de leur culture intellectuelle. On ne peut par conséquent leur adresser aucun reproche à cet égard ; il serait absurde de vouloir, d'après l'idée d'un Etat commerçant isolé, établir aussi en littérature le principe d'une civilisation nationale isolée. Pourvu que cette appropriation soit indépendante, pourvu que ce que le génie, la langue, les traditions et la manière de penser d'un peuple ont de particulier et de caractéristique, ne se perde point et ne soit point oublié dans cette culture intellectuelle d'emprunt, elle est à l'abri du reproche. Considérées en elles-mêmes, les connaissances sont la propriété de toutes les nations indistinctement. Le génie d'un poète ou d'un écrivain didactique qui veut agir sur sa nation, s'élève et s'enrichit par l'aspect du haut degré et de la perfection où l'art et la pensée, l'esprit et le langage sont parvenus chez les autres peuples. Il n'y a d'imitation morte que celle qui, au lieu de s'attacher à l'extension et à la vie générale de l'esprit, suit avec anxiété les formes d'arts particulières à une nation et qui conviennent rarement à une autre; que celle qui veut produire artificiellement ce qui ne saurait réussir si on l'éloigne de sa place naturelle.

Ces deux imperfections se rencontrent à certains égards dans la littérature romaine. On peut lui reprocher, en effet, d'avoir négligé les antiques traditions nationales et patriotiques, d'avoir vainement cherché à imiter certaines formes étrangères qui, arrachées au sol natal, paraissent presque toujours froides, sans force et sans vie, ou qui n'ont du moins qu'une vie misérable comme ces plantes qui croissent dans nos serres chaudes.

Cependant la littérature romaine a un caractère qui lui donne une dignité et une importance propres, malgré la grande supériorité qu'a sur elle la littérature grecque qui lui servit de modèle. Ce mérite appartient à la nation entière, ainsi qu'à Rome, grand centre de l'histoire ancienne et moderne du monde.

De même que le sculpteur doit être inspiré par une grande idée qui remplisse tout son être, par une idée qui lui fasse oublier toutes les autres, dans laquelle il vive uniquement, et qui se reproduise dans tous ses ouvrages, comme dans autant d'essais et de moyens, ne différant que par l'exécution et tendant tous à exprimer cette grande idée intérieure, à la rendre visible, et à l'exposer à tous les regards; de même le véritable poète, ainsi que tout écrivain de génie, est sous le joug d'une semblable idée qui lui est entièrement propre et qui devient pour lui le centre vers lequel tout gravite, auquel il rapporte tout, et dont la forme particulière sous laquelle il cherche à l'exposer n'est que l'expression intérieure. Voilà ce qui distingue les Grecs des Romains. Que l'on compare les grands poètes des temps florissans de la Grèce, Eschyle, Pindare, Sophocle ou Aristophane le poète populaire patriotique, l'orateur Démosthène, Hérodote et Thucydide qui occupeut le premier rang parmi les historiens, ou Platon et Aristote les deux plus grands et les deux plus profonds penseurs, et l'on verra que chacun d'eux a une idée qui lui est propre, qui est tout pour lui, et que réfléchissent toutes ses productions. Il en est de même d'Homère, bien que dans ses deux immortels poèmes cette préoccupation soit moins l'effet de l'art que le résultat de la plus heureuse perfection, de la force naturelle la plus grande. Voilà pourquoi nous trouvons dans chacun de ces grands écrivains une manière de penser bien différente et qui lui est propre, une méthode d'exposition et une forme qui lui sont particulières, un style et même une langue à lui ; et qu'en les lisant on croirait entrer dans un monde nouveau. Nous voyons ici dans leurs plus heureux développemens, dans la plénitude de la perfection, tous les élémens et toutes les forces élémentaires de l'esprit humain, parvenu à un haut degré de culture. Si Homère nous fournit la preuve la plus manifeste de la force d'imagination poétique des beaux temps de l'époque héroïque, Aristote nous montre le sommet et la circonférence de tout ce que les lumières naturelles de l'antiquité pouvaient atteindre, soit par la seule force de la pensée, soit par l'expérience scientifique. Dans les grands poètes dramatiques, on trouve l'expression de la vie morale, du caractère et des sentimens des anciens ; voilà pourquoi leurs ouvrages ont une teinte de localité et d'individualité beaucoup plus prononcée, à l'exception toutefois de Sophocle qui est le premier d'entre eux, et qui est complètement harmonique et parfait ; voilà pourquoi ils sont bien moins universels, s'adressent à une classe bien plus restreinte, et sont bien moins généralement compris qu'Homère et Aristote. Nous apercevons, au contraire, dans Platon, la raison purifiée, occupant le sommet de l'antique civilisation, s'efforçant dans un sublime enthousiasme de chercher la trace de la lumière supérieure d'une révélation miraculeuse, au milieu des secrets et des symboles de la divinité ; et, portant ses regards au-delà du cercle borné des connaissances des Grecs, franchir le domaine de la sagesse surnaturelle et des traditions les plus reculées, pour se rattacher tantôt aux doctrines orientales, et tantôt pressentir les divins mystères du christianisme. C'est ainsi que le cercle entier des forces de l'esprit humain est parcouru et embrassé dans ces grands esprits élémentaires, et dans ces grands auteurs de l'humanité, à la fois par l'imagination et la raison, par le caractère et l'entendement.

Telle était la richesse et la diversité du développement intellectuel des Grecs ; et c'est en vain que nous chercherions cet esprit d'originalité dans les auteurs romains. Mais ils ont quelque chose qui compense bien ce défaut ; eux aussi sont préoccupés d'une grande idée, non d'une idée particulière à chacun d'eux, mais qui leur est commune à tous, l'idée de Rome ; de cette Rome si admirable par ses vieilles mœurs, si terrible par la rigueur de ses lois, si étonnante même par ses erreurs, et à jamais mémorable par la domination qu'elle a exercée sur l'univers. C'est là l'esprit qui respire dans tous les écrits des Romains, et cet esprit leur donne une élévation indépendante de tout le talent et de toute la finesse des Grecs, qu'ils ont souvent cherché à imiter sans succès.

La grandeur politique de l'Etat est à certains égards en opposition avec la vigueur du génie et la hardiesse des individus, quoique l'on pût désirer de voir ces différens avantages réunis dans une égale mesure. Mais dans l'ordre général des choses, un développement intellectuel aussi varié que l'était celui des Grecs ne pouvait guère avoir lieu dans un Etat, où l'idée unique de la patrie, de sa grandeur et de sa gloire, déterminait toutes les actions et dominait partout. Il fallait qu'Athènes fût aussi libre qu'elle l'était, même quelquefois trop libre, pour que sa liberté fût compatible avec la tranquillité publique, pour que les arts et le génie y fussent aussi florissans qu'ils l'ont été. Sparte, le seul Etat de la Grèce qui fût bien et fortement organisé, et dont la domination ne fût point éphémère, le seul qui présentât l'union de la vigueur et de la santé, acheta cet avantage au prix d'entraves imposées à la pensée, aux mœurs, au génie de la poésie et à celui de l'investigation.

Je vais faire l'application de ce que j'ai dit à des spécialités. César et Cicéron n'ont-ils pas, comme écrivains, quelque supériorité sur les rhéteurs, les grammairiens, les philosophes et les sophistes, dont ils suivaient les leçons pour apprendre la langue, l'art oratoire et la logique ; connaissances sous le rapport desquelles ils leur sont incontestablement bien inférieurs? Chacun comprend cependant que dans leurs productions, de même que dans tous les grands ouvrages romains, il respire un esprit autre que celui qui règne dans les productions grecques sophistiques des temps modernes. Ce n'était ni le génie ni l'esprit particuliers à ces auteurs, mais l'idée de la patrie, de cette Rome unique dans le monde entier, qui les animait tous quoique d'une manière bien différente, et qui est l'esprit vital de leurs compositions.

Il est si peu vrai que les Romains aient tout appris des Grecs, qu'ils leur aient tout emprunté et n'aient jamais rien produit d'original, rien qui eût un cachet vraiment antique, que, tout au contraire, l'influence de la civilisation étrangère a complètement anéanti l'ensemble de leurs traditions héroïques et de la poésie qu'ils avaient eue bien avant d'étudier et d'imiter les Grecs, à quelques vestiges près, d'une véritable poésie restée dans une histoire à moitié fabuleuse. Dans la plupart des auteurs qui ont le mieux connu les anciens usages et les mœurs des Romains, il est souvent fait mention de vieilles chansons nationales, qui racontaient les grandes actions des ancêtres, et que l'on chantait dans les fêtes publiques, ainsi qu'aux repas des nobles. C'était donc dans des chants héroïques et historiques que se manifestaient les sentimens patriotiques et le génie poétique des Romains, avant qu'ils ne fussent allés aux écoles des Grecs apprendre l'éloquence sophistique, et s'initier aux secrets d'une poésie régulière, plus savante et sans contredit plus riche en ressources que la leur, tant sous le rapport de la prosodie que sous celui de la langue. Que si l'on demande maintenant quels furent les sujets de ces anciens chants héroïques des Romains, l'historien peut facilement répondre : c'étaient la naissance et la destinée fabuleuse de Romulus; l'enlèvement des Sabines; le combat des Horaces et des Curiaces; l'orgueil de Tarquin; le malheur et la mort de Lucrèce; la vengeance qu'en tira Brutus, et l'affranchissement de Rome qui en fut la suite; la guerre merveilleuse de Porsenna ; la fermeté d'âme de Mucius Scévola, et, plus tard, le bannissement de Coriolan; sa lutte contre sa patrie; enfin, la victoire que la présence de sa mère et la pensée de Rome remportèrent sur ses ressentimens. Toutes ces prétendues histoires se présentent à l'observateur, dès qu'il les a saisies sous leur véritable point de vue, comme autant d'anciens poèmes et de traditions héroïques des Romains, qui, sous ce rapport, sont du plus grand intérêt, quoique d'ailleurs ceux qui approfondissent l'histoire ne puissent ni expliquer, ni justifier les contradictions sans nombre dont elles fourmillent. Plusieurs personnes avaient déjà présumé qu'une grande partie de ces chants antiques avaient reçu, dès les premiers temps de Rome, un déguisement historique, et que c'était dans Tite-Live surtout que l'on pouvait le plus facilement en retrouver l'esprit et l'énergie. Un

Savant contemporain (1) a le mérite d'avoir entrepris à cet égard la critique minutieuse des moindres particularités de l'histoire romaine, et d'avoir, en général, assez bien réussi. Cette critique nous fait perdre une prétendue histoire, que, jusqu'à présent, nous avions crue authentique, mais qui devait cependant toujours nous frapper par ses incertitudes et ses contradictions; en revanche, nous y gagnons du moins une faible idée des anciennes traditions nationales des Romains. Avant que la poésie et la versification grecques n'eussent fait perdre le goût et l'habitude des chants patriotiques, ces aventures et ces histoires héroïques étaient chantées en vers simples, appelés en Italie vers saturnins, à cause de l'antiquité de leur origine, et qui, à l'ornement de la rime près, différaient peu des vers alexandrins, encore irréguliers, dont se servaient au moyen âge toutes les nations de l'Europe.

(1) Voir l'*Histoire romaine* de Niebuhr et le compte qu'en a rendu A. W. Schlegel dans les Annales d'Heidelberg. Ce critique a encore rabaissé davantage, même sous le rapport poétique, le mérite des fables historiques par lesquelles commence l'histoire romaine. Cependant les Romains n'ont point eu au fond d'autres chants héroïques nationaux que les histoires fabuleuses. C'est ainsi que dans le moyen âge les erreurs des faiseurs de chroniques ont passé dans la tradition et de la tradition dans la poésie : comme, par exemple, l'origine troyenne de Francus et de Brutus, etc., etc., etc.

A en juger par ce qui en reste encore dans l'histoire, les anciens chants héroïques des Romains avaient un caractère patriotique entièrement concentré sur la ville natale, et un esprit qui se rapprochait beaucoup du genre historique, malgré le mélange du merveilleux et du fabuleux que l'on y trouve. Il est donc facile de concevoir que la variété magique de l'Odyssée, et la plénitude d'harmonie de l'hexamètre grec aient captivé l'oreille et l'âme des Romains, et leur aient fait perdre le goût de leurs chants patriotiques.

Mais il y avait dans l'histoire de Rome même, et dans les rapports politiques qui s'établirent plus tard dans l'univers, un autre motif pour faire perdre aux Romains le souvenir de leurs anciennes traditions héroïques, et faire tomber celles-ci dans un oubli tel qu'il n'en restât que de faibles vestiges, sous la forme mutilée d'une chronique incohérente et à moitié fabuleuse. La dernière figure héroïque de l'ancienne histoire romaine, qui appartienne encore en grande partie à la tradition et à la poésie, et que la postérité n'ait évidemment reçue qu'ennoblie par la poésie, est Camille, celui qui délivra Rome conquise par les Gaulois. C'est à cette délivrance que commencent les temps historiques de Rome.

Il est probable que le plus grand nombre des antiques monumens furent détruits par les dévastations des Gaulois. Tout ce qui remonte donc à une époque plus reculée est incertain et douteux; et s'il y a quelques événemens dont on puisse dire qu'ils sont réellement arrivés, ils ne se présentent qu'environnés de fables. C'est de cette époque que date la grandeur de Rome, qui se développa pour la première fois dans la guerre des Samnites; et c'est aussi, historiquement parlant, la véritable époque héroïque du peuple romain, pendant laquelle il est probable que furent composés les anciens chants héroïques, dont Cicéron et Caton font mention, et qui existaient encore au temps d'Ennius et de Tite-Live. Les anciennes traditions des rois et des héros, puis des libérateurs et des autres époques de la destinée de la ville immortelle, étaient encore assez rapprochées des temps héroïques de vertu et de courage des Romains, pour être vivement senties. Mais après la conquête de Tarente, de l'Italie, de la Sicile, de la Macédoine, de Carthage, de l'Espagne et de l'Achaïe, quel rapport existait-il encore entre la faible Rome des anciens temps, entre l'alliée des Sabins, entre la petite nation qui était restée pendant dix ans campée sous les murs de Veies, comme autrefois les Grecs devant Troie, et la Rome destinée alors à la domination de l'univers, et marchant vers ce but sans s'arrêter? Dès les temps les plus reculés, les Grecs avaient été une nation nombreuse divisée en une foule de tribus et de peuplades. Rome, qui, dans l'origine, n'avait été qu'une ville, n'était devenue une puissance que par l'incorporation successive des peuples de l'Italie et de leurs pays à son propre territoire; bientôt après c'était un empire marchant à la conquête du monde entier.

Il était donc dans la nature des choses et dans la marche inévitable des événemens, que les anciennes traditions héroïques se perdissent toujours davantage, ou du moins qu'elles cessassent d'être embellies et développées sous des formes diverses, et que la civilisation et la poésie grecques devinssent au contraire prédominantes chez les Romains. La faute ne doit pas en être attribuée uniquement à Ennius, dont le savant et ingénieux critique que j'ai cité quelques pages plus haut a dit qu'il s'était considéré comme le premier poète des Romains, pour avoir fait disparaître et avoir anéanti totalement l'antique poésie nationale. On conçoit aisément qu'Ennius, qui croyait avec tant de bonne foi posséder trois âmes ou trois esprits, parce qu'il savait trois langues : le latin, le grec et la langue osque, celle des aborigènes de l'Italie, fût fier d'avoir imité le premier d'une manière nouvelle, quoique réduit à ses propres forces, le vers hexamètre des Grecs. Le vrai poète n'est pas lui-même toujours exempt d'une certaine vanité : et souvent il attache un trop grand prix à une forme purement extérieure, peut-être même mal choisie, ou qui ne lui a pas entièrement réussi, précisément à cause des efforts et de la réflexion qu'elle lui a demandés; tandis qu'il connaît à peine le génie qui nous le fait honorer, parce qu'il doit ce génie à la nature, et qu'il ne songe point à établir à cet égard de comparaison entre lui et les autres. Cependant Ennius a consacré, en partie, à ces anciens sujets patriotiques, son art nouveau et encore inexpérimenté ; il respire même, dans quelques-uns de ses vers qui nous ont été conservés, une haute inspiration poétique. L'admiration de Lucrèce nous porte aussi à le juger favorablement, si toutefois nous pouvons admettre que cette admiration fût basée sur un rapport d'esprit entre les deux poètes, et sur une ressemblance dans la force de leurs pensées et dans l'énergie de leur langage.

Alors les méthodes et les arts des Grecs pénétrèrent de plus en plus dans Rome, quoiqu'avec des résultats bien différens. De toutes les formes d'arts des Grecs, celle de l'histoire et celle de l'éloquence avaient le plus de rapports avec le génie des Romains ; et c'est aussi celles dans lesquelles ils réussirent le mieux. En général, la philosophie demeura étrangère à leur esprit ; quant à leurs succès dans la poésie, ils varièrent suivant les genres.

Ce ne fut que postérieurement à Ennius que les Romains se livrèrent à quelques essais dramatiques ; dans ce genre ils ne nous ont guère donné que des traductions libres ou négligées, des imitations informes ; telles que les tragédies de Pacuvius et d'Attius, que nous avons perdues, et les comédies de Plaute et de Térence, que nous avons conservées. La comédie nationale, ce que dans la langue osque on appelait des Atellanes, ne fut plus qu'une espèce d'amusement et de passe-temps pour les nobles romains, qui, au milieu des raffinemens d'une civilisation étrangère, trouvaient encore du plaisir dans les souvenirs de l'ancienne nationalité et de l'antique gaîté italiques ; de même que de nos jours, malgré le haut degré de culture auquel l'esprit humain est parvenu, il s'est toujours conservé dans les masses une prédilection toute particulière pour les chansons et pour les comédies populaires. Il ne pouvait pas en résulter une forme grande et originale pour le théâtre ; et si cela n'était pas impossible, du moins n'avons-nous rien qui puisse nous faire penser ou présumer qu'il en ait été ainsi. Quant à la traduction des tragédies grecques, la mythologie des Romains avait, à la vérité, originairement, beaucoup d'analogie avec celle des Grecs ; mais dans les détails elle en différait complètement, et avait un caractère de localité tout particulier. Iphigénie et OEdipe, Prométhée et les Atrides, ou l'infortune des frères Thébains, ne paraissaient guère que des formes étrangères ; l'ensemble demeurait semblable à ces plantes artificielles qui, après une existence pénible, doivent nécessairement se flétrir. Les tragédies des poètes romains, qui, au siècle d'Auguste, avaient la réputation d'être les meilleures et les plus parfaites que l'on eût encore composées, prouvent combien l'art tragique était faiblement cultivé chez les Romains ; et nous pouvons voir dans ces exercices oratoires sous forme dramatique, que l'on attribue à Sénèque, avec quelle promptitude cet art était arrivé à sa décrépitude. Dans la comédie, la peinture des mœurs athéniennes devait nécessairement laisser le spectateur froid, et ne lui faire aucune impression, à cause de leur caractère étranger. Aussi, est-il facile de concevoir comment la magie de la pantomime et de la danse finit par tenir lieu de tout autre spectacle.

Chez un peuple où des centaines de lions et d'éléphans et des milliers de gladiateurs étaient sacrifiés à l'amusement des spectateurs, que la vue du sang pouvait seule émouvoir, toute sensibilité pour les souffrances et les douleurs morales de la haute tragédie ne devait-elle pas être émoussée? Il paraîtra toujours bizarre que les Romains, qui ont fait tant d'essais dans la poésie tragique, n'aient jamais songé à en emprunter le sujet à l'histoire ou aux traditions nationales; tandis que les auteurs tragiques modernes ont choisi pour leurs tragédies les sujets si poétiques et si dramatiques du combat des Horaces, de la révolution opérée par Brutus, du triomphe que Coriolan remporta sur lui-même, en oubliant ses griefs contre sa patrie : appliquant ainsi de nouveau, et rendant à la poésie, ce qui était originairement de son domaine. Le caractère particulier à cette poésie historique donne à cette anomalie une explication satisfaisante. Le sentiment patriotique qui se manifestait dans ces traditions était encore trop rapproché du présent pour qu'il pût être représenté dramatiquement. Comment, alors que les Gracques tentaient de délivrer le peuple romain de l'orgueil des patriciens, un poète romain aurait-il pu représenter sur la scène, conformément à la vérité historique, ce patricien dans toute sa fierté vis-à-vis des plébéiens? Quelle figure aurait pu faire sur la scène romaine Coriolan banni, s'exprimant avec amertume sur sa patrie, et la blâmant, non sans fondement, à une époque où le plus noble et le plus indépendant des derniers Romains, Sertorius, vivant dans l'exil au milieu des peuples de l'Espagne et de la Lusitanie, que les Romains n'avaient pas encore conquis, cherchait de là à sauver sa patrie et à fonder dans ces contrées lointaines une Rome nouvelle? Ou bien, comment aurait-on pu représenter Coriolan marchant sur Rome à la tête d'une armée victorieuse, alors qu'un Sylla s'avançait vers la ville avec des forces imposantes; et même à une époque où tous ces événemens étaient encore présens à la mémoire et à l'imagination de chacun? Non-seulement dans cette histoire, mais encore dans toutes celles des temps de la république, on apercevait trop facilement la scission des plébéiens et des patriciens, scission qui en faisait essentiellement partie. Mais Brutus et les autres anciens Romains étaient-ils des sujets de tragédie plus convenables pour le siècle d'Auguste? Un exemple tiré du théâtre moderne, et de notre théâtre en particulier, pourra servir d'explication à cette remarque. Shakespear expose dans ses tragédies historiques l'inimitié sanglante des maisons d'Yorck et de Lancastre ; mais à l'époque où il écrivait, ces discordes avaient depuis long-temps disparu. Pour notre scène, le poète trouve des sujets fort riches dans nos guerres civiles, et surtout dans la guerre de Trente ans ; et encore le cas n'est pas ici entièrement le même que chez les Romains. Cependant s'il veut satisfaire à toutes les exigences du sujet qu'il aura choisi, le poète allemand a une tâche bien difficile à remplir, et doit agir avec beaucoup de circonspection pour ne point blesser l'esprit de parti, ou, s'il est déjà éteint, pour ne point le réveiller, et détruire par là l'impression poétique.

Voilà pourquoi les Romains n'ont pas eu de tragédie qui leur fût propre, et qu'en général leur théâtre n'offre rien de remarquable.

Parmi les poètes qui ont traité les autres genres, Lucrèce, le plus ancien d'entre eux, est unique dans la littérature romaine par sa manière d'écrire et son esprit. Lui seul peut encore nous donner, à certains égards, une image du style et de l'enthousiasme des anciens poètes de Rome. Les Romains des temps plus rapprochés de nous le goûtèrent peu et ne comprirent point son mérite. Son ouvrage sur la Nature des choses appartient à la forme du poème didactique scientifique, née chez les Grecs de circonstances particulières, et encore naturelle chez eux. La philosophie que Lucrèce avait adoptée était la plus mauvaise qu'un Romain et qu'un poète pût choisir ; c'était celle d'Epicure, qui, annihilant toute croyance et tout sentiment élevé, et remplie, sous le point de vue scientifique, des hypothèses les plus bizarres, exerçait sur la vie une influence, sinon immorale, du moins très-égoïste et anti-nationale, et qui surtout tuait l'imagination et était l'ennemie de toute poésie ; cependant Lucrèce a vaincu toutes ces difficultés. C'est avec peine que l'on voit un aussi grand génie tomber dans les funestes erreurs de la sophistique des Grecs. Il est le premier des poètes romains pour l'enthousiasme et pour l'élévation des pensées; et comme chantre de la nature, il est le premier des poètes de l'antiquité que nous connaissions. On me permettra de faire ici quelques réflexions générales sur ce genre de poème, et surtout sur la place que la nature doit occuper dans les tableaux poétiques.

Il est évident que la poésie ne doit point choisir pour sujet de ses tableaux et de ses inspirations l'homme seulement, mais aussi la nature qui l'environne. Ici se rencontre précisément cette différence triple qui se remarque aussi dans l'homme. Le tableau poétique de l'homme peut être, en premier lieu, un miroir fidèle de la vie réelle et du présent; puis le souvenir des temps merveilleux d'un siècle héroïque; ou bien, lorsque la poésie vise plutôt à inspirer l'enthousiasme qu'à peindre, le tableau peut encore servir à réveiller et exciter les sentimens les plus intimes de l'homme. Tout ceci peut également être appliqué à la nature; la poésie doit nous présenter le tableau de l'ensemble des phénomènes extérieurs de la nature; elle en trouve la matière dans tout ce que le printemps a de vivifiant et de consolant; le monde animal, de plus noble sous le rapport de la forme et de la vie; dans ce que les plantes et les fleurs ont de plus beau et de plus aimable; dans tout ce que les changemens extérieurs du ciel et de la terre ont de grand et de significatif aux yeux de l'homme. Le seul point difficile est de savoir éviter l'excès; des descriptions prolixes ennuient et manquent leur effet, alors même qu'elles sont vraies; mais quelques fleurs tirées du sein abondant de la nature, liées à la poésie, et mises à leur véritable place, en font le plus bel ornement. La nature aussi a eu son époque merveilleuse, alors qu'elle était moins régulière et plus gigantesque, comme l'était la race humaine dans l'âge héroïque. Ce sentiment s'empare de nous à l'aspect des contrées sauvages, des montagnes et des rochers précipités les uns sur les autres, comme les ruines du monde primitif. Tous les documens et toutes les traditions de l'antiquité nous confirment cette grande catastrophe arrivée dans une autre époque de la terre. Des apparitions insolites; les tempêtes, les ouragans, les inondations, les déluges et les tremblemens de terre nous reportent partiellement et en petit à cet état sauvage de la nature. Tous ces sujets sont grands et favorables pour un grand poète, et souvent Lucrèce s'y montre grand peintre de la nature. Mais ici encore le poète n'a besoin que de la supposition générale d'un état de la nature plus libre et plus sauvage, d'un passé noble et sublime, pour que son imagination ait un vaste champ dans le merveilleux de la nature. Le point de vue purement scientifique de cet état, par exemple, la question de savoir si les montagnes ont été formées par des éruptions volcaniques, ou simplement par l'effet du débordement des eaux, est aussi peu du ressort de la poésie que la doctrine atomistique, qu'avec toute la vivacité de son imagination, Lucrèce n'a pu présenter sous une forme poétique. Enfin, le poète entre en contact avec la nature par le sentiment. Ce n'est pas seulement dans le chant du rossignol, ou dans tout ce qui émeut chacun de nous, mais aussi dans le bruit du torrent et dans le frémissement des forêts, qu'il nous semble entendre des accens de joie ou de tristesse qui ne nous sont pas inconnus, comme si des esprits et des sentimens semblables aux nôtres voulaient pénétrer jusqu'à nous, et se faire entendre de nous, en brisant des entraves pénibles et en franchissant de grandes distances. C'est pour écouter ces tons, c'est pour comprendre et pressentir l'âme de la nature, que le poète cherche la solitude. Les doutes du savant, sur la question de savoir si la nature est ainsi animée, ou si ce n'est qu'une illusion, lui importent peu; il suffit que ce sentiment et ce pressentiment existent dans l'imagination et dans le cœur de l'homme et du poète; et quand bien même son regard pourrait percer les mystères de la création, et apercevoir comment les Esprits de la nature opèrent dans ses secrets laboratoires, le poète ne voudrait ni n'oserait soulever entièrement le voile bienfaisant qui les cache. On ne rencontre chez les poëtes grecs et romains que de légères traces de ce dernier aperçu de la nature, si plein de profondeur; mais on en trouve davantage dans les anciens poètes du Nord, qui vivaient tout-à-fait dans le sentiment de la nature. Mais tous ces tableaux, tous ces sentimens naturels, ne peuvent être présentés, en poésie, séparés de l'homme, dont ils forment le plus bel ornement. Si on les en sépare, le tableau de l'univers, si grand et si complet, que la poésie doit mettre sous nos yeux, est morcelé, l'harmonie perdue; et les effets, si grands lorsque le tableau est présenté dans son ensemble, sont divisés et tombent dans le mesquin. C'est pourquoi le poème didactique scientifique, comme celui de Lucrèce, est une forme manquée, de même que la philosophie dont il a fait choix doit être rejetée; tandis qu'il nous inspire beaucoup d'intérêt comme homme, et la plus grande admiration comme poète.

C'est d'après l'époque à laquelle ils ont écrit, que les grands écrivains de Rome peuvent être le mieux considérés et comparés. Les derniers temps de la république ont été moins parfaits sous le rapport de la langue, mais incomparablement plus riches que le siècle d'Auguste. Comme orateur, Cicéron a assez de variété et de pratique de l'art; l'importance des sujets, ainsi que la place qu'il occupe dans l'histoire de l'univers, prêtent à ses discours une plus grande valeur. Cependant il est difficile de concevoir comment on a pu considérer comme type du bon style, ce luxe de paroles qui le distingue et qui est souvent trop affecté. Ses contemporains eux-mêmes reprochaient à ses discours une certaine enflure asiatique. Ce qui le rendit surtout important pour la littérature et la civilisation de sa nation, c'est l'introduction à Rome de la haute philosophie morale des Grecs. Quant aux spéculations plus profondes dans le dédale desquelles l'esprit des Grecs aimait tant à errer pour y déployer un art subtil, Cicéron n'avait pas pour elles plus de dispositions que tout autre Romain; mais comme simple ami de la philosophie, ne cherchant dans son sein, aux heures de l'infortune ou de l'isolement des affaires publiques, ou bien encore d'un doux repos, que des consolations ou une occupation, il fit un choix très-bon et très-raisonnable. Il s'attacha d'abord à la philosophie de Platon, comme étant la plus favorable à un développement intellectuel grand et général, et parce que toute l'antiquité s'accordait à la reconnaître pour le comble de la perfection, sous le double rapport du génie et du style. Mais comme les successeurs de Platon, de qui les Romains reçurent cette philosophie, étaient devenus entièrement sceptiques, parce que leur maître n'avait jamais exercé la philosophie que comme art, et n'en avait, par conséquent, point laissé de théorie complète, il lui arriva souvent, dans ces circonstances de la vie auxquelles le scepticisme ne convient point, de recourir aux doctrines morales des Stoïciens, ou, lorsque la roideur d'opinions particulières à cette école l'en repoussait, à Aristote, qui, cherchant un terme moyen dans tout, a adopté aussi en morale un terme moyen entre la rigidité des Stoïciens et la doctrine relâchée d'Épicure. Cicéron n'avait de répugnance que pour la philosophie de ce dernier; et en cela il avait bien raison. Il ne faut pas, à la vérité, croire que tous ceux qui, chez les anciens, ont considéré avec Épicure le plaisir comme le but final et le plus élevé de la vie, aient accepté toutes les conséquences pernicieuses et inadmissibles dérivant de ce principe, et s'y soient conformés dans leurs actions. Mais alors même que par ce plaisir, que l'on représentait comme le bien suprême de l'homme, on n'aurait point entendu, comme Aristippe, la jouissance positive des sens, mais seulement l'état agréable résultant du contentement intérieur que les Epicuriens les plus moraux, ainsi que d'autres philosophes grecs, recherchaient principalement dans la société d'amis animés des mêmes sentimens qu'eux, et dans des travaux intellectuels : cependant ils tombaient tous d'accord sur ce point, qu'il fallait se retirer tout-à-fait de la vie civile et des affaires publiques, et que cet isolement du monde, cette retraite absolue, est la base première d'une vie sagement ordonnée. Leur doctrine était donc égoïste et anti-nationale; et, comme dès le principe, elle fit beaucoup de partisans à Rome, il est incontestable qu'elle dut contribuer à la ruine de la république. Cicéron, qui est l'ennemi d'Épicure et de sa doctrine, est en même temps un philosophe éminemment patriotique : aussi sa philosophie fut-elle souvent goûtée par des hommes d'état, qui, sans avoir le loisir ou l'envie de se livrer à des spéculations philosophiques, aimaient cependant à réfléchir dans des momens de liberté.

Cicéron est très-inégal, tant sous le rapport de la forme que sous celui de la manière d'exposer ses idées; il en est de même de beaucoup d'autres écrivains romains, qui réussissent rarement à mettre dans un accord parfait ce qu'ils ont pensé et voulu dire eux-mêmes, avec ce qu'ils ont appris ou emprunté des Grecs.

César est le premier écrivain romain dont les expressions soient toujours soutenues; il se montre dans son style tel qu'il était dans ses actions: il n'a qu'un but, et tout dans ses écrits s'y rapporte. Il possède complètement les qualités qui, dans une exposition historique, sont les premières après la vivacité du style ; c'est-à-dire, il est toujours clair sans art, et simple sans affectation. Mais quelle différence n'y a-t-il point entre la clarté et la concision de César, qui va droit au but, et retranche tout ce qui dans le discours est superflu, et la clarté d'Hérodote, qui aime tant à s'étendre, et qui dégénère quelquefois en un bavardage tout homérique? Tel un capitaine range ses troupes, de manière à ce qu'elles puissent manœuvrer avec le plus de facilité et de sécurité, et profite de tous ses avantages contre l'ennemi; tel César dispose avec autant de régularité ses mots et ses tableaux, et poursuit aussi impitoyablement les avantages que la victoire lui donne sur ses adversaires. Parmi ceux qui, de même que César, ont écrit le récit de leurs propres actions, Xénophon, quoique son style présente tous les ornemens du langage attique, est néanmoins, comme homme d'état et comme général, bien loin de pouvoir être comparé à César. Nous ne possédons plus ce qu'Annibal et quelques généraux d'Alexandre ont écrit sur leurs actions mémorables. Aussi bien, même comme écrivain, l'auteur romain, si nous le comparons à ceux qui, s'étant trouvés dans l[a] même position que lui, ont pu, comme lui, [es]sayer d'écrire leur vie, est demeuré César et sans égal.

Salluste est un grand peintre de caractères et d'histoire, mais il n'est pas toujours aussi clair, aussi mesuré, aussi égal que César; on sent de temps en temps dans son style de la contrainte et la recherche de l'art. Dans l'histoire même, dont la forme pouvait pourtant le plus facilement être transplantée des républiques grecques, où elle avait pris naissance, à Rome, l'imitation d'un modèle déterminé, comme, par exemple, Thucydide pour l'histoire de Salluste, a eu de fâcheuses conséquences.

Dans le premier siècle du développement intellectuel et de l'éloquence naissante des Romains, on remarque facilement combien il est avantageux, pour une littérature, que les hommes placés à la tête de la nation y prennent part, et coopèrent à la former. Par leur position sociale, seuls ils en ont toujours l'ensemble sous les yeux, et ne peuvent que tout considérer et tout juger d'après des rapports plus étendus. C'est là ce qui a principalement contribué à donner à la littérature romaine le caractère de grandeur qui lui est propre. Lorsqu'après la mort de Brutus commença un autre ordre de choses, un esprit et un ton tout différens commencèrent aussi à dominer dans la littérature au siècle d'Auguste. L'éloquence indépendante dut garder le silence; par contre on revint à la poésie, qui, dans les derniers troubles et au milieu des guerres civiles, n'avait pu inspirer un intérêt général. Alors on crut que, pour célébrer dignement et embellir par le charme de la poésie la paix qui venait de renaître, et l'heureuse domination d'Auguste, il était convenable que de grands poètes nationaux apparussent et entreprissent des ouvrages classiques d'un genre sérieux et d'un contenu patriotique. Voilà pourquoi non-seulement Virgile, mais encore Properce et Horace, furent l'objet de la protection et de la faveur des grands de l'État, et se virent même sollicités par eux. Le style riche et harmonieux de Properce semblait l'appeler à devenir un poète épique; mais il voulut demeurer indépendant, et ne vécut que pour lui-même, tout entier aux sentimens d'amitié et d'amour qui remplissaient son âme, qui animaient aussi ses chants, et qui les distinguaient des poésies du même genre de tous les autres auteurs romains. Parmi les poètes que nous avons conservés, Horace est peut-être celui qui avait le plus de dispositions pour le grand héroïque; c'était un patriote qui renfermait dans son sein la douleur que lui faisait éprouver la ruine de la république ; et ce fut pour se distraire qu'il se jeta dans tous les plaisirs, et se livra au charme de la poésie. A toute occasion on voit percer dans ses vers, sous une apparence de frivolité, l'enthousiasme pour la patrie et pour la liberté. Il n'aurait point composé un poème plus important, dont le sujet eût été tiré de l'histoire et des traditions nationales, sans trahir partout des sentimens et des pensées qui n'étaient plus de saison et qui ne devaient plus être entendus ; aussi ne répondit-il jamais aux instances qu'on lui fit si souvent à cet égard.

Virgile, cet homme si paisible, si rempli de talent et de sensibilité, était appelé d'une manière toute particulière à devenir le poète national des Romains, par son amour pour la nature et pour la vie des champs. L'ancien genre de vie des Romains, de même que celui des peuples de l'Italie en général, était entièrement basé sur l'agriculture et sur la vie champêtre ; tandis qu'au contraire, les Grecs étaient pour la plupart des peuples traficans, navigateurs et marchands. Dans le bon temps, les hommes les plus distingués et les plus puissans de Rome menaient une vie champêtre ; et, malgré la corruption de la capitale, cette énergie de mœurs et de sentimens, particulière à un peuple agricole, était loin d'être entièrement éteinte dans le reste de l'Italie. Le poète qui voulait devenir national, et ne pas restreindre l'action de son génie au cercle borné de la capitale, devait se pénétrer de cette vérité et en tirer parti. La prédilection de Virgile pour la nature et la vie des champs est déjà bien visible dans ses Bucoliques, premiers essais poétiques de sa jeunesse; et il l'a exprimée en maître dans ses Géorgiques, le plus parfait de ses poèmes. Seulement il est à regretter qu'il ait donné la forme étrangère du poème didactique alexandrin à cette poésie si délicieuse et si bienfaisante pour Rome, telle qu'elle était alors, jouissant d'une paix profonde, et si véritablement nationale en Italie par son esprit et son sujet. Que n'a-t-il déposé ses idées et ses sentimens sur la vie des champs et l'agriculture, dans le grand ouvrage qu'il devait consacrer à l'histoire de la patrie, et ne nous a-t-il donné ainsi un tableau général et complet du genre de vie de l'antique Italie! Les traditions héroïques de la patrie, dont le poète voulait réveiller le souvenir, eussent de la sorte pris racine dans le présent, et eussent gagné comme une vie nouvelle; seulement il eût été alors obligé de composer son poème héroïque en esquisses beaucoup plus libres et dans un ensemble encore plus irrégulier. Dans le plan général qu'il a adopté, la dernière partie tout italique de son poème est sans doute très-inférieure à la première moitié, dans laquelle il pouvait rattacher si heureusement l'origine de Rome aux magnifiques traditions de Troie. Cependant l'Énéide, imparfaite comme le poète l'a laissée, qu'il voulut même détruire, est demeurée, à juste titre, le véritable poème national des Romains. A ne juger que sous le rapport de l'élan de l'imagination, de l'heureuse facilité et du talent inné, Lucrèce et Ovide nous paraîtraient peut-être plus poètes que Virgile ; mais ce qui le rend préférable à ces écrivains, c'est le sentiment national qui s'exprime de la manière la plus parfaite dans ses ouvrages. On ne saurait toutefois considérer l'Énéide comme une œuvre poétique parfaite ; car sous le rapport de l'exposition ainsi que du langage, et surtout dans son ensemble, Virgile n'a point cette égalité soutenue, qui manque également aux autres écrivains romains, dans la lutte qui a lieu en eux, entre ce qu'ils tiennent de l'art et ce qu'ils ne doivent qu'à la nature.

Cette inégalité de style est encore plus remarquable dans Horace, ainsi que dans les autres poètes lyriques. Les poésies épiques des diverses nations se ressemblent presque toutes ; quoique en cela aussi l'imitation de la forme homérique ait singulièrement gêné et trompé Virgile, ainsi que tant d'autres poètes après lui. Mais, abstraction faite de la forme, on peut très-facilement faire passer des traits de la tradition héroïque d'un peuple dans celle d'un autre, parce que l'on trouve d'ailleurs beaucoup d'analogie, et même une ressemblance frappante dans les diverses traditions des nations les plus éloignés les unes des autres. On expliquera facilement ce fait, si on considère que l'état de tous les peuples est partout le même, à beaucoup d'égards, dans ces temps antiques où l'on voit se déployer une énergie, qui est celle de la jeunesse; ou bien peut-être aussi que cet accord, souvent singulier, indique une origine commune, surtout quant au merveilleux et à la partie symbolique de ces poèmes. Les traditions vraiment épiques de tous les peuples ont entre elles une foule de rapports, et offrent une foule de preuves d'une origine commune; bien qu'il pût être difficile de les coordonner, et non-seulement de montrer, par la critique historique, comment les grandes traditions du monde primitif ont eu une seule et même racine, mais encore d'en embrasser poétiquement l'ensemble, et de leur donner des formes et une vie nouvelles. Dans la poésie dramatique sérieuse, la connaissance du degré de perfection auquel l'art de la scène est parvenu chez les autres peuples, peut en général servir de modèle et de mesure pour apprécier les efforts que l'on doit faire et ce que l'on est en droit d'espérer; seulement il faut s'abstenir d'imiter purement et simplement la forme. Pour que le théâtre exerce une influence générale, il faut que chaque nation adopte une forme qui lui appartienne, et qui convienne à ses mœurs, à sa civilisation, à sa manière de penser.

Mais c'est surtout dans le genre lyrique que l'imitation est dangereuse, et doit être évitée ; car un poème lyrique peut-il avoir un autre mérite et un autre attrait que d'être l'expression libre des sentimens propres à l'auteur? Et comment remplacerait-on cet attrait si l'on y découvre l'imitation, et si ce qui devait être naturel ne paraît qu'un effet de l'art? Dans les poètes romains on peut souvent distinguer les passages qu'ils ont empruntés aux originaux grecs, et reconnaître ceux où ils parlent d'après leurs propres sentimens. Malgré cette inégalité, Horace demeure cependant, parmi tous les poètes romains, celui qui, comme homme, nous touche et nous intéresse le plus. Il ne paraît jamais plus grand que lorsque, parlant en Romain, il nous rappelle l'antique puissance de son pays, et nous vante Régulus, l'illustre banni, ou ceux qui, suivant sa belle expression, « ont sacrifié leur grande âme au salut » de l'Etat. »

Dans le seul genre de poésie qui soit particulier aux Romains, dans la satire, Horace est l'écrivain le plus spirituel Cette satire romaine qui diffère encore, par une forme spéciale, du genre général des poésies épigrammatiques et ironiques, et à laquelle on n'appliquait la versification épique qu'avec plus de négligence et de liberté, est aussi toute romaine, par son esprit et par son contenu. Tout en elle se rapporte à la capitale, à ses relations sociales; l'on y trouve des allusions et des épigrammes sur la société et la corruption de mœurs qui devait nécessairement résulter à Rome du concours de la moitié de l'univers. Un tableau de la vie réelle n'appartient à la poésie que par l'exposition; mais des traits isolés, quelque spirituels qu'ils puissent être, ne sont point cependant une exposition, ne forment point un tableau. C'est pourquoi la satire romaine, telle qu'Horace l'a traitée avec beaucoup de talent et d'esprit, ne peut être considérée par nous que comme tenant lieu de la comédie, que les Romains n'avaient point; car, à proprement parler, ils ne possédaient pas une comédie véritablement romaine, ayant reçu un développement beau et complet. Que si l'on place l'intérêt dont la satire est susceptible dans l'inspiration de la mauvaise humeur et de la haine contre le vice et la folie, ainsi qu'on le trouve dans Juvénal, une pareille inspiration pourra paraître moralement très-digne d'estime, mais elle n'est nullement poétique.

Chez les Romains, la prose atteignit un plus haut degré de perfection que la poésie. Tite-Live peut être appelé parfait sous le rapport de la langue; il excelle dans l'art d'écrire l'histoire d'après la forme oratoire propre aux anciens.

Dans la première moitié du long règne d'Auguste, on recueillit encore la gloire des grands talens qui se développèrent à cette époque, mais qui pour la plupart provenaient des derniers temps de la république, avaient vu de grandes choses, et dont la liberté avait d'abord inspiré le génie.

Mais la génération nouvelle, qui était née et avait grandi sous la monarchie, était tout-à-fait différente. Dès la fin du règne d'Auguste, on put déjà remarquer des traces de la corruption du goût dans les écrits d'Ovide, dans l'excessive abondance de son imagination, qui ne se laisse arrêter par aucun frein, dans l'affaiblissement de la langue que déjà l'on peut y apercevoir.

Le style ampoulé de Velléius nous montre avec quelle promptitude l'histoire, dans laquelle les Romains avaient eu le plus de succès, s'altéra même comme art, sous le despotisme terrible des Césars successeurs d'Auguste, sans parler des basses flatteries dont elle devint l'instrument. Le philosophe Sénèque est le véritable fondateur d'un nouveau goût maniéré et sentencieux. Plus le despotisme devenait oppressif, plus les hommes qui lui résistaient, du moins par la pensée, devaient se jeter dans les bras du stoïcisme, qui flattait d'autant plus l'orgueil inspiré par la liberté à leurs âmes énergiques, qu'ils voyaient régner généralement autour d'eux des principes et des sentimens tout opposés. On a remarqué que l'enflure, l'exagération et l'affectation portées jusque dans les mots, étaient souvent le résultat de l'oppression d'un Etat ou d'une société. Nous les trouvons associés, dans Lucain, à un sentiment républicain très-prononcé. On éprouve de l'étonnement et même de l'horreur, lorsque l'on voit ce poète flatter Néron dans des termes qui sont presque autant de crimes, et élever ensuite, avec une espèce de fanatisme, Caton au-dessus même des dieux. Avec Lucain, nous voyons la poésie des Romains reprendre la forme héroïque historique, comme si elle n'eût pu dissimuler son antique origine tombée dans l'oubli. Un grand événement historique pouvant très-bien fournir par lui-même la matière d'un poème héroïque, il importe peu que cet événement soit chronologiquement plus ou moins rapproché des temps où le poète écrivait. On n'en considère que la nature extérieure ; pour que cet événement puisse devenir le sujet d'un poème héroïque, il faut que l'influence du sentiment et de l'enthousiasme y domine plus qu'un plan calculé par la raison, et que l'imagination y ait un champ libre. Alexandre, par exemple, sa vie et ses actions, comme la défaite de Darius, l'expédition dans les Indes, eussent pu alors servir de sujet à un poète, s'il en avait encore existé un capable de le traiter. La guerre civile entre César et Pompée, cette lutte entre des partis et des systèmes opposés, a bien pu, dans les temps modernes, servir de sujet à des tableaux dramatiques ; mais aucun génie ni aucun art ne pouvaient la transformer en une matière épique. Perse, ce poète obscur, termine le tableau du goût de cette époque avec Pline l'Ancien ; malgré son style ampoulé, ce dernier nous est un exemple de ce que les Romains, avec les ressources immenses qu'ils avaient à leur disposition, eussent pu faire, comme compilateurs, pour l'accroissement des connaissances humaines.

De meilleurs temps revinrent ; et un Romain, animé de toute la noblesse et de toute la grandeur des sentimens antiques, devait encore une fois gouverner le monde civilisé, assis sur le trône d'Auguste. De même que Trajan est le dernier parmi les Césars qui ait eu des sentimens romains, et qui se soit montré grand par ses pensées et par ses actions ; de même Tacite, dont on peut faire un éloge semblable, termine, peu de temps avant lui, la série des grands écrivains que Rome a produits. Il avait grandi sous Vespasien et Titus, les premiers Césars qui, après Néron, gouvernèrent avec douceur. Sous Domitien, il avait appris à observer et à se taire, et sous Nerva il vécut dans l'attente des temps glorieux, dont Rome devait encore une fois jouir sous Trajan.

La profondeur de son génie, et son talent d'expression si merveilleusement convenable à l'énergie de sa pensée, paraissent toujours plus inimitables à mesure que l'on voit plus d'auteurs faire d'inutiles efforts pour l'imiter. On peut encore l'appeler parfait sous le rapport de l'expression, quoique déjà à cette époque la langue ne fût plus la même, et ne pût plus être celle du grand

César ou de Tite-Live. Selon moi, la langue latine se présente, chez ces trois écrivains, dans toute sa pureté et dans toute sa perfection. Dans César, elle a le cachet de la grandeur et en même temps de la simplicité; dans Tite-Live, elle brille de tout l'éclat et de tous les ornemens d'un perfectionnement oratoire, mais sans exagération d'aucune espèce; dans Tacite, elle a une profondeur, une énergie et un art qui respirent la dignité de la Rome d'autrefois.

CHAPITRE IV.

Courte durée de la littérature romaine. — Nouvelle époque sous Adrien. — Influence des opinions orientales sur la philosophie de l'Occident. — Documens mosaïques. — Poésie des Hébreux. — Religion des Perses. — Idée de la Bible. — Caractère de l'Ancien-Testament.

On voit, par le petit nombre d'écrivains distingués qu'a possédés la langue latine en comparaison des richesses de la Grèce sous ce rapport, par le court espace de temps pendant lequel les arts et la civilisation des Romains ont fleuri, que la littérature et la philosophie étaient à Rome des plantes tout-à-fait exotiques.

Il y eut bien à Rome des traductions du grec, quelques poètes, quelques écrivains originaux, depuis que les Scipions favorisèrent la littérature grecque, et que Caton l'Ancien, voulant défendre la manière de penser des anciens Romains contre les envahissemens du génie attique, fit, de l'histoire, des mœurs et de la langue des ancêtres, le sujet de ses investigations. Plus tard, Ennius appliqua en partie l'art et la poésie des Grecs à des sujets romains, et fonda l'ancienne école de la poésie des Romains. Mais si, pour qu'une littérature soit florissante, on exige plus que de semblables essais, plus que de pareils ouvrages isolés, agissant le plus souvent dans des sens opposés; s'il faut encore une certaine liaison et une certaine unité, que la langue ait reçu une forme plus régulière et plus sûre, particulièrement dans la prose; qu'au moyen de l'enseignement il y ait comme une tradition continuelle et une propagation générale de toutes les connaissances qui ont pour objet la langue, les arts de la parole et une plus haute civilisation; alors nous devons dire que la littérature romaine ne commence qu'avec Cicéron, l'homme qui a le plus contribué peut-être à la créer. Jusqu'à lui, l'enseignement de l'art oratoire et des autres parties des connaissances humaines avait été entièrement grec; il se faisait avec des livres grecs, et en langue grecque. Ce n'est qu'avec Cicéron que commença un système d'enseignement public et scientifique en langue latine, qu'il appliqua le premier, et avec un rare bonheur, à des sujets philosophiques et à la théorie de l'éloquence. Non-seulement il donna une extension extraordinaire à la langue romaine, mais encore il la fixa d'une manière plus solide; et, après lui, César, et surtout Varron, coopérérent à la fixer encore davantage par leurs ouvrages. Tous deux ont eu, avec Cicéron, la plus grande part à la formation de la littérature romaine proprement dite; César : en favorisant l'instruction comme orateur, et ensuite par ses efforts pour fonder et répandre une connaissance scientifique de la langue dont il possédait si bien les secrets, pour lui donner une forme arrêtée et une grande précision, afin que sa force naturelle pût avoir des effets d'autant plus sûrs et d'autant plus efficaces. Par ses recherches d'éruditions, par ses connaissances bibliographiques, philologiques et archéologiques, Varron est celui qui, après Cicéron et César, a le plus contribué à faire de ce temps la véritable époque florissante de la littérature romaine. Dans le chapitre précédent, j'ai rapidement esquissé le tableau des écrivains les plus distingués jusqu'à Trajan. On pourrait regarder le panégyrique de cet empereur, par Pline le Jeune, comme le dernier ouvrage des temps encore florissans du génie romain. Dans ce sujet, qui était si digne d'elle, l'éloquence romaine sembla se relever un moment avec toute son énergie et toute sa beauté premières, mais pour retomber bientôt plus bas encore qu'elle n'était auparavant; et les nombreux panégyriques qui parurent plus tard, à l'imitation de celui de Pline, sous le règne des indignes successeurs de Trajan, prouvent évidemment que sa faiblesse alla toujours en augmentant.

Ainsi l'époque classique de la littérature romaine, depuis le consulat de Cicéron jusqu'à la mort de Trajan, n'a pas duré plus de cent quatre-vingts ans. Ce fut aussi pendant ce période que l'on vit les premiers développemens scientifiques de la jurisprudence, de cet art pratique dans lequel les Romains possédaient tant de richesses qui leur étaient tout-à-fait particulières. Cicéron et César eurent les premiers la pensée de rassembler et de coordonner en un seul corps l'immense quantité des lois romaines. Sous Auguste et ses successeurs, on vit se former les deux sectes de jurisconsultes, prononçant, ou d'après l'équité, ou selon le droit strict. Sous Adrien, la pensée de César et de Cicéron fut réalisée par la nouvelle rédaction d'un corps de droit complet sous le nom d'édit perpétuel.

Avec Adrien commence une époque toute nouvelle, non-seulement dans des principes politiques, mais encore dans la civilisation ; la langue et la littérature grecques reprirent insensiblement leurs droits naturels, maintenant leur supériorité et étendant toujours de plus en plus leur domination intellectuelle sur l'univers civilisé soumis à la puissance des Césars.

Tandis que les écrivains romains de quelque importance deviennent toujours plus rares après le règne de Trajan, et paraissent sinon nuls, du moins peu intéressans en comparaison des écrivains antérieurs, puis cessent même d'apparaître, on voit se manifester, dans la littérature et la philosophie grecques, une vie toute nouvelle et une activité intellectuelle générale ; brillant reflet de la civilisation grecque, qui, dans l'exposition et dans la langue, n'est pas indigne de celle des anciens temps, qui même ne lui est que rarement inférieure, et qui en tout l'emporte infiniment sur celle de la période qui la précède immédiatement. A la vérité, les Grecs d'alors ne paraissent avoir rien produit de nouveau, ou du moins de remarquable en poésie; mais d'un autre côté, ils étudièrent avec d'autant plus de zèle la philosophie et l'éloquence, qui, dans les anciens temps attiques, étaient entièrement séparées, que l'on considérait même comme ennemies, mais dont à cette époque on tâcha d'opérer de plus en plus la fusion. L'exposition de la philosophie, selon l'ancienne méthode de Socrate, telle que nous la trouvons dans les dialogues de Platon, ne convenait plus ni sous le rapport de l'esprit, ni sous celui de la langue; les mœurs et tout le genre de vie qu'elle supposait étaient trop étrangers pour que cette forme pût être employée avec succès et être favorablement accueillie. La précision scientifique d'Aristote ne convenait qu'au petit nombre. On créa bientôt une nouvelle méthode tout oratoire pour traiter des sujets scientifiques, et ce fut surtout depuis Adrien et les Antonins jusqu'au règne de l'empereur Julien, qu'elle fut le plus en usage. Elle a produit une foule d'écrivains remarquables jusque dans ces derniers temps. C'est aussi là que nous trouvons la confirmation de cette observation générale, que les Grecs ont été, à la vérité, grands et créateurs en poésie, à certaines époques et à certains intervalles; mais que la rhétorique est vraiment l'art qui semble avoir été comme inné chez eux, qui leur demeura toujours particulier depuis l'époque la plus reculée jusqu'aux temps plus rapprochés de nous, et qui reparut plus d'une fois sous une nouvelle forme, malgré toutes les révolutions survenues dans les mœurs et dans les institutions.

Dans le grand nombre d'écrivains de cette dernière période de l'ancienne littérature grecque, qui ne sont importans que comme sources historiques, ou comme remplaçant à certains égards d'autres ouvrages où ils ont puisé, il s'en trouve cependant quelques-uns qui ont un mérite plus général. Le premier d'entre eux est Plutarque, dont les biographies, malgré tous les défauts de style et de jugement qu'on y remarque, ont cependant transmis à la postérité un véritable trésor de connaissances morales, qui est encore pour nous d'un prix infini. Son style est lourd et souvent embrouillé; il faut faire un choix parmi les nombreuses remarques personnelles qu'il ajoute à l'histoire de ses héros; car il s'en trouve un grand nombre qui manquent de justesse et de convenance. Mais on y aperçoit partout un homme animé des sentimens les plus purs, et qui, s'étant moralement approprié toutes les richesses des temps classiques et florissans de l'antiquité, la connaît à fond. Lucien nous est une autre preuve qu'à cette époque l'art d'écrire n'était pas encore tout-à-fait oublié, et que le génie et l'esprit attiques n'étaient pas encore éteints. Il a un mérite supérieur, comme écrivain, dans le genre de la satire philosophique; comme peintre des mœurs de son temps, il n'a point de rival. Dans l'histoire, Arien mérite d'être appelé le meilleur historien d'Alexandre, et d'être comparé à Xénophon, à cause de son style à la fois éloquent et simple. Marc-Aurèle occupe dans l'histoire de l'humanité une place trop grande et trop distinguée, pour que les méditations stoïques que ce prince, le dernier des Césars grands et vertueux, écrivit à cette même époque en langue grecque, ne soient pas considérées comme une apparition remarquable dans la littérature, et n'attirent nos regards. Hérodien a écrit l'histoire des indignes successeurs de Marc-Aurèle, dans un style qu'on n'eût point attendu de ce siècle.

Antonin le Pieux avait déjà confié l'enseignement dans l'Empire romain à un grand nombre de philosophes grecs de sectes différentes, et avait fait entrer au service de l'Etat cette importante classe d'hommes. La philosophie, surtout celle des Stoïciens, dut alors servir d'appui à l'édifice des croyances populaires s'écroulant de toutes parts, et même en tenir lieu. Lucien nous montre combien la croyance aux anciens dieux était affaiblie, combien l'incrédulité et le scepticisme étaient généralement répandus alors dans l'Empire romain; et l'écrivain de l'antiquité qui a traité la philosophie sceptique de la manière la plus complète, Sextus Empiricus, qui vécut également à cette époque, est une autre preuve de la fermentation générale des esprits et de l'activité nouvelle que l'on porta dans les investigations de tout genre. Lucien nous montre aussi, dans son spirituel tableau de mœurs, combien dominait généralement dans ce siècle la disposition à l'extase; parce que les anciennes croyances populaires, qui pour la plupart étaient purement poétiques, venant insensiblement à se perdre, faisaient de plus en plus place à une espèce de superstition scientifique, à des opinions astrologiques, à un goût décidé pour les arts de la magie, qui contribuaient à répandre partout l'influence toute puissante des sociétés et des confréries secrètes, et que les philosophes énonçaient publiquement dans leurs écrits et dans leurs leçons orales. L'influence des opinions des peuples de l'Orient, de leur système de cosmogonie, de leur doctrine sur l'existence d'esprits supérieurs, devint toujours plus générale, et ces opinions entraînèrent avec elles, indépendamment des sources antiques et pures de la vérité, une foule de visions trop extatiques et trop profondes pour que l'Occident, plus jeune et plus froid, pût jamais en concevoir et en inventer de semblables. On aperçoit même, dans le goût tout égyptien de la sculpture renaissante sous Adrien, les traces de cette tendance générale à se rapprocher du génie oriental. Plutarque, quoiqu'il ait suivi Platon, nous montre déjà la philosophie platonicienne sous cette forme plus moderne où elle commençait à recueillir tout ce qui restait encore de la doctrine que Pythagore avait empruntée à l'Egypte, ou qu'on attribuait à Pythagore, et à se rapprocher toujours davantage des traditions et des doctrines antiques de l'Orient, où d'ailleurs Platon lui-même devait avoir puisé.

Bientôt cette nouvelle philosophie platonicienne domina seule; et les autres sectes, telles que celle des Sceptiques, celle d'Epicure, et même celle des Stoïciens, disparurent. Cependant un grand nombre d'opinions des Stoïciens passèrent dans cette philosophie grecque qui absorbait tout à cette époque, et que, d'après l'élément qui y domine, on a appelée le néoplatonisme; ce fut cette philosophie qui lutta si long-temps contre le christianisme avec toutes les forces de l'esprit, et qui, sous l'empereur Julien, espéra un moment en triompher, et maintenir en même temps les anciennes croyances populaires, en leur donnant comme une nouvelle vie par le sens plus spirituel qu'elle leur prêtait.

Cette lutte entre le christianisme et la philosophie païenne, entre l'ancienne théogonie et la nouvelle croyance, entre une mythologie poétique et une religion morale, lutte intellectuelle la plus mémorable que l'humanité ait jamais offerte, est non-seulement dans l'histoire de l'univers le mur de séparation entre deux mondes qui se touchent, l'antiquité qui va finir, et les temps nouveaux qui vont commencer ; mais elle est encore, pour l'histoire de la culture et du développement de l'esprit, le centre et le pivot général sur lequel tout se meut, et d'où émane toute lumière. Pour rendre cette proposition aussi évidente qu'il convient à une histoire de la littérature, quand celle-ci doit être considérée d'après son influence sur le sort des nations et de l'humanité tout entière, et non point traitée comme une simple étude de la langue, comme une frivole appréciation de l'art, il faut encore se livrer à quelques considérations sur l'esprit particulier de cette philosophie grecque, sur la place qu'occupent dans l'histoire de l'esprit humain les doctrines mosaïques et chrétiennes, et donner en peu de mots un aperçu des autres traditions véritables qui ont quelques rapports avec les traditions mosaïques et chrétiennes, et qui furent, en partie, pour les Grecs, la source la plus ancienne des hautes connaissances.

Nous aurons plus d'une fois encore l'occasion de tracer un brillant tableau de tout ce que le génie inventif des hommes a d'attrayant et de ravissant pour l'imagination, dans une richesse de poésie presque incalculable, et de tout ce que les progrès de l'art ont également d'attrayant pour l'esprit; mais maintenant il nous faut fixer toute notre attention sur ce point, qu'une curiosité inévitable et même nécessaire désigne comme le centre de toute la culture et de toute l'histoire de l'esprit humain.

Platon et Aristote furent les plus grands génies de leur nation; on peut même dire que leurs noms rappellent à l'esprit l'ensemble complet de toutes les connaissances grecques. Platon traitait la philosophie tout-à-fait comme un art; Aristote, au contraire, comme une science. Chez le premier, nous voyons la raison dans le calme de la contemplation et dans l'admiration contemplative de la perfection suprême; tandis qu'Aristote, au contraire, concevait la raison dans son action, non-seulement comme la force motrice de toute pensée et de toute existence humaine, mais encore comme le principe spirituel fondamental de toute activité de la nature et de ses phénomènes divers. Platon est le faîte de l'art grec ; Aristote, l'ensemble des sciences grecques.

Lorsque Platon combat les sophistes, et qu'il les poursuit dans leurs erreurs, il est subtil, plein d'arguties; souvent même, au milieu de la finesse attique, de la sublimité de ses pensées et de l'admirable clarté de son style, il devient tout-à-coup obscur et sophistique, comme la doctrine qu'il combat. Cependant l'idée fondamentale de sa philosophie est claire et facile à concevoir : selon Platon, l'homme a conservé, par suite d'une existence primitive, infiniment plus délicieuse et plus spirituelle que celle de ce monde, le vague souvenir d'une perfection divine. Ce souvenir de Dieu, inné chez l'homme, n'est ni une contemplation ni une clarté parfaites, parce que ce monde physique, qui est lui-même imparfait et sujet à des changemens, nous remplit d'idées imparfaites, mobiles, obscures, et obscurcit ainsi cette lumière originelle. Cependant, toutes les fois que dans le monde physique et dans la nature il se présente quelque chose de semblable à Dieu, une image de la perfection suprême, cet ancien souvenir se réveille. L'amour du beau remplit et anime celui qui se livre à la contemplation, d'une admiration qui n'a point pour objet le beau lui-même, non pas du moins son apparition sensible, mais l'archétype invisible. De cette admiration, de ce souvenir qui se réveille en nous, et de cet enthousiasme qui nous saisit soudain, résultent toute vérité et toute connaissance élevée, lesquelles ne sont pas par conséquent le fruit de la réflexion froide dirigée suivant le caprice et l'art, mais sont au-dessus de toute volonté de la froide réflexion et de l'art isolé, et pour ainsi dire communiquées par une inspiration divine.

On voit que Platon adopte, pour la connaissance de Dieu et des choses divines, une source plus haute et surnaturelle; c'est là en effet le caractère distinctif de sa doctrine. La partie dialectique de ses ouvrages n'en est que la partie négative, dans laquelle il réfute l'erreur avec infiniment d'art, ou nous conduit pas à pas, avec un art encore plus grand, et que personne n'a encore atteint, jusqu'au seuil de la vérité. Mais lorsqu'il veut dévoiler cette vérité dans la partie positive de sa doctrine, alors il parle à la manière des Orientaux, par symboles et allégories, et comme s'il éprouvait une inspiration poétique, conformément à ce principe d'une source plus haute de connaissances, de l'enthousiasme, de l'inspiration ou de la révélation. Cependant on ne saurait nier que sa philosophie ne soit demeurée imparfaite, et qu'il n'ait point donné à ses idées une clarté et une précision complètes. C'est ce que l'on voit surtout dans sa philosophie, par la discordance entre la raison et l'amour ou l'inspiration, qu'il n'a pas entièrement expliquée.

Lorsqu'il parle de l'amour du beau et de l'enthousiasme divin, qui saisit l'homme, et qu'il reconnaît expressément que les émotions, dont il fait dériver toutes les hautes vérités, entraînent l'esprit bien au-delà des bornes de la froide réflexion et de la tranquille raison, et renferment quelque chose de trop sublime pour que la raison puisse jamais y atteindre, il paraît adopter et supposer des idées plus vives et plus profondes de la Divinité et de ses perfections; tandis que, là où il n'est que dialecticien, il tombe fréquemment dans les idées ordinaires d'une unité immuable et absolue de la raison, comme étant le comble de la perfection. Il est très-probable qu'il fut gêné, à cet égard, par l'influence et l'autorité des anciens philosophes. Sa doctrine demeura d'ailleurs dans l'état d'imperfection où il l'a laissée, ne faisant dériver les vérités divines que de réminiscences, et ne l'exprimant que par des symboles. Elle ne fut, pour la Grèce, que le souvenir de l'ancienne philosophie asiatique, que le pressentiment imparfait du christianisme, enveloppés par toute la beauté et tout l'art de la civilisation attique et de la philosophie de Socrate.

Cette philosophie lui servit, à certains égards, de préservatif contre l'extravagance des visions;

elle fut de la même utilité pour ses successeurs immédiats à Athènes, que le sentiment de l'imperfection de sa philosophie ramena au contraire au doute et au scepticisme. Cependant cette tendance à la vision, qui se développa si puissamment chez ses successeurs, avait son fondement dans sa manière de penser et dans ses principes.

La reconnaissance d'une source de vérité plus haute et surnaturelle, indéterminée, telle qu'il la concevait et se la représentait, comme un souvenir obscur, un enthousiasme et une inspiration plus haute, entraînant l'homme au-delà des bornes de la raison, conduit nécessairement dans cette fausse voie ; tant que l'on n'y ajoute point quelque chose d'autre et de plus solide, afin de faire de ce pressentiment chancelant et incertain de la vérité une conviction claire et précise pour la raison, une croyance évidente pour la vie ; tant que ne nous a pas été donnée la parole divine par laquelle s'explique l'énigme de l'éternité, et qui fait distinguer la véritable révélation de la fausse inspiration.

Si les successeurs de Platon cherchèrent, à l'aide d'idées et de traditions orientales, à compléter sa doctrine, demeurée imparfaite, il est vrai de dire que le mode suivant lequel ils procédèrent blessa souvent la civilisation attique et le génie socratique de Platon; mais il ne fut point en contradiction avec sa philosophie même, ni avec le principe reconnu d'une source de connaissances supérieures : car toutes les notions scientifiques et toutes les traditions orientales reposaient aussi plus ou moins sur ce même principe.

La pensée principale d'Aristote ne saurait être aussi bien éclaircie, à cause de son inintelligibilité, dont se plaignaient, dès les temps les plus reculés, ses partisans les plus fidèles. Cependant le résultat concernant l'esprit de sa philosophie peut être clairement expliqué, et coïncide parfaitement avec cette inintelligibilité généralement reconnue et blâmée. Comment se fait-il donc que ce grand génie, également maître de la langue et de la pensée, l'observateur le plus pénétrant et le juge le plus habile dans le domaine de l'expérience, le véritable inventeur de la logique, ou du moins le premier qui ait réduit en système et soumis à des principes certains la logique et la dialectique, réponde cependant d'une manière si complètement obscure, si inintelligible et si peu satisfaisante, aux importantes et hautes questions de la destinée et de l'origine de l'homme, de Dieu et de l'univers? Cela vient de ce qu'il n'admet, comme source de nos connaissances, que la raison et l'expérience seules, et de ce qu'il n'était point satisfait de cette source plus élevée de nos connaissances, indiquée par Platon, ou du moins qu'il la trouvait trop peu scientifique. Il s'efforça de lier la raison et l'expérience par toute sorte d'idées intermédiaires. Cette méthode lui plaisait tellement en général, qu'il ne cherchait même la vertu qu'en fuyant les extrêmes, et qu'il prétendait qu'elle était le point intermédiaire entre deux défauts opposés. Afin d'éviter, dans ses considérations scientifiques sur le monde extérieur, l'ancienne discussion relative à l'idée de l'Eternel qui n'est soumis à aucun changement, et à la mutabilité continuelle de toutes choses, mutabilité qui se manifeste par l'expérience, il eut recours à une solution semblable. La cause première et divine de tout mouvement, dit-il, est elle-même immobile; il n'y a que notre monde sublunaire où tout soit soumis à un changement et à un mouvement perpétuels. Entre ces deux extrêmes il plaçait le ciel sidéral, ou le monde sidéral, qui à la vérité n'est pas lui-même la cause de son mouvement, mais qui est plus rapproché de la cause première et divine, parce que son mouvement circulaire est parfait et éternel. De même, afin de combler l'abîme immense qui sépare la sensibilité de la raison, il plaçait entre elles la notion d'une raison passive, d'un sens commun objectif. Tout cela peut être admiré comme annonçant un esprit inventif et doué d'une grande sagacité, quoique ce système soit loin d'être complètement satisfaisant. Cette méthode peut même conduire à des résultats très-heureux, lorsqu'il s'agit de saisir dans son ensemble un sujet particulier tel qu'il est donné, et de le considérer sous toutes ses faces; mais ni la raison ni l'expérience ne peuvent donner une solution satisfaisante de ces hautes questions que l'homme ne doit jamais perdre de vue, et qui ont pour objet sa destination et la divinité, la manière dont on doit entendre et expliquer l'énigme du monde, ainsi que toutes les existences et leur cause première. L'expérience physique seule ne conduit qu'à la dénégation et à l'incrédulité. La raison s'embarrasse et ne peut répondre que par des propositions inintelligibles à ces questions, qui sont cependant si simples et inévitables. Cette observation s'applique particulièrement à Aristote, dont la philosophie flotte entre un idéalisme sans base et le système de l'expérience. Que si on considère la plus grande partie de ses ouvrages et de ses investigations, surtout dans le domaine de l'histoire naturelle ou de la vie, cette dernière semble prévaloir, et Aristote se montre à nous comme le chef de tout l'empirisme de l'antiquité, non-seulement par l'étendue de ses connaissances, mais encore par sa méthode d'investigation et par les principes sur lesquels elle se fonde. Mais la notion fondamentale de toute sa philosophie est incontestablement la notion idéale de l'activité, se déterminant par elle-même, ou de l'entéléchie; si maintenant, au lieu de nous donner du tout une perception plus haute et plus vive, il ne nous présente que des observations isolées sur des objets individuels, et que lorsqu'il pourrait saisir cet ensemble et ses causes premières, il ne nous donne que des formules vides de sens, et de simples abstractions sur l'essence des choses; il en est de même de tous ceux qui l'ont suivi dans la même route, et qui ont voulu tout puiser dans le Moi, dans la raison ou dans l'expérience, sans vouloir admettre une source de connaissances plus haute, ni une révélation divine de la vérité.

Et il est immense le nombre de ceux qui, en philosophie, ont suivi la même voie qu'Aristote, ou une voie semblable! Il n'avait, à la vérité, lui-même qu'un petit nombre de partisans dans l'antiquité; mais il vint ensuite une époque où une foule de disciples avouèrent ses doctrines dans les diverses chaires de l'Orient et de l'Occident sans cependant saisir et comprendre l'esprit du maître. Depuis que l'on a mis sur son compte les erreurs de ses disciples, et que l'on a commencé à rejeter entièrement et à mépriser celui qu'on idolâtrait naguère encore, il y a eu jusqu'à nos jours une foule de gens qui ont été partisans d'Aristote sans le savoir; les uns le connaissant peu ou point du tout, les autres se montrant ses adversaires et ses critiques les plus violens. Les premiers sont du petit nombre de ceux qui, sur la voie de la méditation profonde, ont pris la fausse route d'une inintelligibilité idéalistique. Les seconds sont ceux qui, à commencer par Locke, veulent que l'expérience soit l'unique source de nos connaissances, même en philosophie; quoique toutes les fois qu'ils veulent procéder d'une manière scientifique, ils ne renoncent jamais entièrement aux abstractions, et ne peuvent par conséquent éviter un système de formules semblable à celui d'Aristote.

C'est ainsi que ces deux grands génies, Aristote et Platon, ont en quelque sorte épuisé tout le domaine de la pensée et du savoir humain. Ils ne furent qu'imparfaitement compris par leurs contemporains : en revanche ils exercèrent une influence d'autant plus grande sur la postérité, dont non-seulement ils dirigèrent exclusivement l'esprit, pendant des siècles, dans tout ce qui est du ressort de la science; mais dont ils déterminèrent souvent les principes, par rapport à la vie. Aujourd'hui encore que l'esprit humain, plus vieux de deux mille ans, s'est agrandi et enrichi par tant de découvertes; depuis que nous pouvons remplacer le petit nombre de livres que Platon avait lus, par des bibliothèques entières de documens remarquables sur l'antiquité, ou d'essais de l'esprit d'investigation; depuis que les vues d'Aristote sur le système du monde ne nous paraissent plus que des idées puériles; enfin depuis que nous devons à la religion une notion plus vive de Dieu et une connaissance plus profonde de l'homme, ces deux philosophes se maintiennent si bien à leur hauteur, que l'on peut dire qu'ils désignent encore tout ce dont est capable l'esprit humain. Aujourd'hui même, toute philosophie est inévitablement platonicienne ou aristotélicienne, et ne peut être autre chose qu'un essai plus ou moins heureux tenté pour fondre ensemble les méthodes de ces deux grands hommes. Quiconque croit à une tradition de la vérité et à une source de savoir supérieures, se rapproche par cela même de Platon, et entre dans sa philosophie, qui, loin d'être un système limité, est au contraire un art tout socratique, une méthode essentiellement indépendante et susceptible de toute l'extension possible. Quant à ceux qui adopteront l'autre méthode, celle de la raison et de l'expérience, il leur sera difficile et presque impossible d'éviter ou de surpasser Aristote. Dans cette méthode et dans ce genre, il a un mérite immense. L'histoire de l'univers ne présente qu'un petit nombre de génies qui, comme le sien, aient embrassé et dominé scientifiquement toute l'expérience de leur siècle ; personne ne l'a égalé dans l'art de manier le raisonnement.

La philosophie moderne des Grecs était composée de ces deux élémens : sous le rapport de l'art, elle était excellente; sous celui de la science, elle était large, mais satisfaisait peu celui qui recherchait la vérité. Le génie de Platon resta dominant et le devint toujours davantage : seulement on chercha à le compléter, quant à la forme scientifique extérieure qui lui manquait, par Aristote, et à remplir les lacunes de ses théories par les diverses notions et traditions orientales. Tel était l'état des choses au siècle où l'école néoplatonicienne s'efforçait encore de soutenir une lutte inutile contre les doctrines du christianisme naissant.

Malgré la différence d'une civilisation dirigée plutôt, comme celle des Grecs, vers les phénomènes extérieurs de la vie, vers le beau et les formes brillantes de l'art; malgré cette conscience de leur supériorité qui leur est si facilement pardonnable, et malgré un orgueil national très-prononcé, les plus profonds philosophes grecs professaient cependant, dans les temps anciens, aussi bien que dans les temps modernes, un grand respect pour la gravité et la sublimité du système des Orientaux. Leurs regards se portaient plus particulièrement sur l'Égypte, source antique d'où ils faisaient dériver leur propre théogonie et leurs traditions; et l'Inde leur apparaissait comme le fond plus éloigné de leur monde intellectuel. Les croyances du peuple hébreu leur demeurèrent incomparablement plus étrangères; il en fut de même de la religion des Perses. Les Grecs se sentaient unis aux Égyptiens, aux Phéniciens et aux peuples de l'Asie mineure, par le lien d'un culte commun, qui, bien qu'il présentât de nombreuses différences, cependant s'accordait incontestablement, non-seulement dans beaucoup de secrets, mais encore dans la base fondamentale de l'ensemble. Les autres peuples de l'antiquité qui nous sont connus se sentaient tout-à-fait séparés des Hébreux, et en partie aussi des Perses, par une religion véritablement et essentiellement différente. Quand les livres de Moïse eurent été traduits en grec, sous le grand Philadelphe, il se peut que d'autres, avant Longin, en aient senti et admiré la sublimité; et plus d'un philosophe aura essayé, ainsi que cela arriva plus tard si souvent, de comparer Moïse à Platon, et même d'expliquer Platon par Moïse, comme ont fait tant d'écrivains à diverses époques. Mais la croyance religieuse et le genre de vie des Hébreux, de même que plus tard la doctrine des Chrétiens, restèrent en général pour les Grecs et pour les Romains un phénomène tout-à-fait étrange, qui les embarrassait, et à l'égard duquel ils émirent encore plus tard, quand ils le connurent mieux, les jugemens les plus bizarres. Il ne pouvait pas en être autrement, puisque les premières et les plus simples idées de ces peuples sur l'homme et le principe de son existence, ainsi que sur l'origine de toutes les connaissances et du développement intellectuel, étaient si diamétralement opposées. D'après l'opinion commune chez les Grecs et chez les Romains, les hommes les plus anciens étaient sortis du sein de la terre comme peuple primitif, de même que les rayons du soleil font souvent naître dans l'humidité, ou y réveillent du moins, beaucoup d'êtres vivans; parce que la nature, dont la force interne est toujours en fermentation et en activité, saisit chaque occasion de donner le jour à beaucoup d'êtres animés qui se meuvent par eux-mêmes, quoiqu'elle ne leur donne pas toujours un développement et une forme complets. Dans cette opinion, l'un des élémens de l'homme, l'élément terrestre, était pris en considération d'une manière trop exclusive; l'autre élément, qui est d'une nature plus relevée, l'étincelle divine de l'esprit humain, leur paraissait un vol fait au ciel, et que l'on avait laissé à l'homme pour le récompenser de son heureuse audace. Moïse, au contraire, enseignait que l'homme ne s'était point développé partout et au hasard, mais qu'une main supérieure l'avait placé sur la terre en un endroit déterminé; que l'esprit divin n'avait point été acquis par lui au moyen d'un vol et par sa propre audace, mais lui avait été communiqué par l'amour. Ce qui suit résulte de cette doctrine, comme point de réunion de toutes les autres traditions anciennes, tant pour l'histoire la plus reculée de l'homme, que pour celle de son esprit. Le lieu le plus ancien que l'homme ait habité, et où il se soit développé, serait l'Asie centrale, ce jardin du monde. Une grande catastrophe générale aurait bouleversé la nature et séparé l'humanité actuelle d'une humanité antérieure qui aurait péri. Les peuples qui se seraient de nouveau formés après cette catastrophe consisteraient en trois grandes familles ou races différentes par l'esprit et le caractère, celles de Sem, de Japhet, de Cham : la première répandue dans cette Asie centrale, et plus éclairée que les autres, dès les temps les plus reculés; la seconde disséminée dans le nord, composée de peuples rudes et grossiers, mais dont les mœurs se sont conservées plus pures, et qui, précisément pour cela, ont tiré plus tard le plus grand avantage de la supériorité intellectuelle des peuples éclairés avant eux; enfin une troisième race qui reçut de bonne heure et partagea les hautes connaissances et un magnifique développement intellectuel, mais qui les défigura et les dégrada même, dès les temps les plus reculés, par la corruption complète de ses mœurs et par l'abrutissement de l'esprit qui en résulta. Cette opinion est tellement confirmée par les témoignages et les monumens du monde primitif, à mesure que nous apprenons à le connaître davantage, par toutes les investigations, à mesure que celles-ci s'étendent et deviennent plus certaines, qu'on peut la considérer comme la base de toute vérité historique. Les deux parties de notre révélation, la tradition de Moïse et l'annonciation du Christ, sont, d'une manière différente, le centre de toute histoire de l'esprit humain. Le christianisme donna une nouvelle croyance, de nouvelles lois, de nouvelles mœurs, et un genre de vie tout nouveau au monde civilisé des Romains et à l'Europe moderne, et par cela même plus tard un art et un savoir nouveaux entièrement isolés, différant totalement de l'art et du savoir des anciens; car l'art et le savoir doivent nécessairement résulter de la manière de vivre et de penser, et se rattacher à tous les deux. Seule, la tradition de Moïse nous place dans le véritable centre d'où l'on puisse considérer l'ensemble de la civilisation orientale. Ce n'est pas que cette civilisation ne remonte à une haute antiquité chez l'un comme chez l'autre peuple. Chez les Égyptiens, par exemple, une pareille antiquité est incontestablement prouvée, même par des monumens. Ces œuvres gigantesques de l'architecture, dont le voyageur admire encore actuellement les débris, inspiraient, il y a vingt-deux siècles, de l'étonnement à Hérodote, qui les attribuait à des hommes d'une époque plus reculée. Long-temps avant Moïse il existait des hiéroglyphes; lui-même était versé dans toutes les sciences des Égyptiens. C'est avec raison qu'il avait dérobé aux Égyptiens la connaissance de leurs sciences et de leurs arts, puisqu'ils en abusaient d'une manière déplorable. Pour ne pas reconnaître l'avantage que la tradition de Moïse a sur toutes les autres traditions orientales, avantage qui consiste en ce que la source de la vérité y coule avec pureté et clarté, les auteurs modernes ont eu recours à toutes les voies imaginables : tantôt ils ont fait dériver toute sagesse de l'Égypte, ainsi qu'on l'avait déjà fait anciennement ; d'autres ont prétendu que l'organisation sociale et politique des Chinois était la plus parfaite, et que la morale de Confucius était la plus pure; ou bien ils ont supposé dans le Nord l'existence d'un peuple atlantique primitif; ou bien encore leur admiration pour la profondeur et la beauté des ouvrages indiens les a tellement aveuglés, qu'ils ont même admis la chronologie évidemment fabuleuse des Bramines, rejetant ainsi toute critique, et préférant en général soutenir ce qu'il y a de plus chimérique et de plus invraisemblable, plutôt que de croire à la simple vérité.

Parmi les peuples qui participèrent à cette civilisation orientale, dont la haute antiquité en Égypte, en Perse et dans l'Inde, est prouvée par des monumens, les Perses sont ceux qui se rapprochèrent le plus des Hébreux par leur croyance et leur tradition. C'est aussi précisément pour cela qu'ils étaient très-éloignés de la manière de penser des Grecs. Sous la douce protection des monarques perses, le peuple dispersé des Hébreux se rassembla, et le temple détruit se releva. Au contraire, les Perses avaient pour le culte des Égyptiens une horreur telle, que les Hébreux ne purent jamais en avoir une plus grande; aussi la domination des Perses parut-elle violente en Égypte, parce qu'ils voulurent en détruire la religion, qui leur paraissait le comble de la superstition et de l'idolâtrie. Avant que Gélon, roi de Syracuse, se conformant aux principes d'humanité de ses sujets, eût stipulé, dans un traité qu'il fit avec les Carthaginois, qu'à l'avenir ils s'abstiendraient de sacrifier aux dieux des victimes humaines, l'empereur des Perses, Darius, leur avait également interdit cette cruauté; et il est probable qu'en agissant ainsi il obéissait aux principes d'une religion plus pure et plus spirituelle. Les Perses adoraient et reconnaissaient le même Dieu de lumière et de vérité que les Hébreux, quoique cette connaissance de la vérité fût mélangée de beaucoup de poésies, d'idées mythologiques, et même de beaucoup d'erreurs essentielles. L'Écriture sainte appelle même Cyrus un oint du Seigneur, ce que l'on n'eût jamais dit d'un Pharaon égyptien, quelque reconnaissance qu'on eût pu lui devoir. Toute l'organisation sociale et politique de l'empire des Perses était basée sur cette croyance élevée. Le monarque devait, comme soleil de la justice, être une image visible du Très-Haut et de la lumière éternelle; et les sept premiers princes de l'empire correspondaient aux Amshaspands ou aux sept puissances invisibles, qui, les premières dans le monde des Esprits, dominent les diverses forces et les diverses régions de la nature. Ces idées étaient entièrement étrangères aux Grecs. Le même roi de Syrie, qui persécuta violemment les Hébreux à cause de leur croyance, et qui voulut les forcer à adopter le culte des Grecs, persécuta aussi la religion des Perses. Alexandre lui-même voulut détruire l'ordre des Mages, non pas assurément pour dominer seul, mais parce qu'ils étaient opposés à son dessein principal : il voulait fondre les Perses et les Grecs en un seul corps de nation; et, pour atteindre ce but, il n'y avait point de transaction possible : ou il fallait que les Grecs adoptassent le culte du feu, et abandonnassent leurs temples, dont un si grand nombre avaient été pillés et détruits par les Perses, lors de l'expédition de Xercès, comme consacrés à la superstition et à l'idolâtrie; ou il fallait que la doctrine de Zoroastre fût extirpée, et que les cultes grec et égyptien fussent introduits en Perse.

L'erreur la plus grave de la doctrine des Perses provenait de ce qu'ils admettaient bien cette puissance qui résiste à tout ce qu'il y a de beau et de bon, sans comprendre que, quelque grande que fût son influence sur l'homme et sur la nature, elle n'est cependant rien en comparaison de la puissance de Dieu; en un mot, de ce qu'ils admettaient un principe double, une bonne et une mauvaise divinité.

Malgré cette analogie incontestable entre le culte des Perses et la croyance des Hébreux, plusieurs interprètes modernes ont cherché à dénaturer les faits et à expliquer cette ressemblance, en prétendant que pendant leur bannissement et leur transplantation violente dans ce grand empire, les Hébreux ont emprunté aux Perses la plus grande partie, l'ensemble même de leur doctrine. Cette assertion toute conjecturale doit exciter l'attention de l'investigateur historique, par cela seul qu'elle considère la connexité des Perses et des Hébreux comme toute récente, tandis que, d'après le témoignage des deux nations et d'après la nature même des choses, il faut qu'elle soit de toute antiquité; et qu'en y réfléchissant davantage, on trouverait probablement des résultats tout-à-fait différens de ces hypothèses gratuites et superficielles. Il se peut qu'en particulier il soit très-difficile de faire accorder historiquement la tradition perse de Kaïsmer, de Hoschenk et de Dschemschud, avec les saints patriarches de la Genèse, à qui on attribue une révélation particulière, avec Adam et Seth, ou Enoch, Noé et Sem; et d'établir une comparaison critique entre la suite des patriarches des Perses et celle qu'on trouve dans les livres mosaïques. Mais en général, dans l'un et l'autre cas, la tradition sainte repose sur une même base commune, et dérive d'une révélation faite aux patriarches, et source primitive de la lumière divine. Aussi bien il résulte de cette critique particulière un point de vue entièrement faux.

La prééminence des Hébreux sur les autres peuples de l'Asie consiste uniquement en ce qu'ils ont conservé pures et sans taches, avec une fidélité rigoureuse, une obéissance et une foi aveugles, comme un gage déposé entre leurs mains, et comme un bien dont ils n'ont souvent pu jouir, et qu'ils ont transmis à la postérité la vérité et les hautes connaissances qui leur avaient été confiées; tandis que chez tous les autres peuples elles étaient inconnues, perdues depuis longtemps, ou défigurées par les inventions les plus absurdes et par les erreurs les plus horribles.

Toutes les écritures saintes des Hébreux, et particulièrement celles de Moïse, portent l'empreinte de cette prééminence et de ce caractère qui, si l'on veut, sont plutôt négatifs que positifs. Tout ce que sa nation devait observer comme loi, y est exprimé avec la précision la plus rigoureuse. Ce qui, au commencement de sa narration, concerne l'homme intérieur, est à la portée de toutes les intelligences, et si intelligible, que l'homme le plus ignorant, un sauvage, un enfant même, peut aisément le sentir et le comprendre. Ce qui concerne l'histoire générale, la descendance commune et les destinées les plus anciennes de l'espèce humaine, en tant que cela est nécessaire à la foi, n'est ni moins clair ni moins intelligible. Mais quant à tout ce qui ne servirait qu'à contenter une curiosité plus élevée, voilà ce qui, dans Moïse, est resté couvert d'un voile mystérieux. Ce qu'il dit avec une concision hiéroglyphique des dix premiers ancêtres ou pères du monde primitif, a fourni aux Perses, aux Indiens et aux Chinois, la matière de livres entiers, remplis de fables et d'histoires, moitié poétiques et moitié métaphysiques. On peut accorder aux Perses sur les Hébreux l'avantage d'une imagination poétique plus riche et d'une métaphysique plus inventive, même d'une connaissance plus approfondie de la nature et de ses forces. Pour le but auquel les Hébreux étaient destinés, ils pouvaient être inférieurs sur tous les points aux autres peuples, comme en astronomie, en architecture et dans les autres sciences ou arts où ceux-ci excellaient. L'exposé des souffrances de Job ne contient d'autre solution que celle des questions qui, alors que l'âme n'entrevoit encore l'avenir que d'une manière obscure, peuvent rendre chancelante la confiance en Dieu; exposé qui, même à ne le considérer que comme tel, appartient à tout ce que l'antiquité nous a laissé de plus original et de plus sublime. Les vérités religieuses et les hautes connaissances particulièrement confiées aux Hébreux sont exprimées d'une manière bien plus claire dans les chants de David, dans le symbole de Salomon et dans les prophéties d'Isaïe, où elles ne sont plus enveloppées du même mystère que dans les livres de Moïse. Elles ont en outre un éclat et une grandeur qui, à ne les considérer même que poétiquement, excitent l'admiration; et une sublimité qui triomphe même des attaques du dédain. C'est une source brûlante d'enthousiasme divin, où les plus grands poètes, même parmi les modernes, sont allés puiser leurs inspirations les plus nobles. Cependant cette clarté n'est jamais qu'une clarté prophétique à moitié voilée, et n'attendant ses développemens que de l'avenir. C'est ce qu'il faut comprendre et distinguer. En effet, il ne s'agit point ici de cette clarté sensible de la raison artificielle des Grecs; de cette appréciation pratique universelle et de cette force de raison, influant d'une manière si décisive, que l'on remarque chez les Romains; c'est une profondeur toute prophétique, autre espèce de raison entièrement différente des deux premières, qu'il faut également comprendre dans un sens particulier, qui domine dans les livres saints des Hébreux. Tout leur sentiment et toute leur existence se rattachaient moins au présent qu'au passé, qu'à l'avenir surtout; et le passé des Hébreux n'était point, comme celui des autres peuples, de simples traditions, des souvenirs poétiques, mais le grave sanctuaire de leur divine constitution et de l'alliance éternelle. L'idée de l'éternité n'était point séparée chez eux de la vie active et de ses rapports, comme dans la philosophie isolée des Grecs, méditant solitairement; au contraire, elle était étroitement liée à la vie, au passé merveilleux du peuple élu, et aux promesses plus magnifiques encore de son mystérieux avenir. Au reste, historiquement parlant, les temps vraiment florissans des Hébreux n'ont pas été de longue durée; la législation et l'organisation sociale fondées par Moïse ne parvinrent presque jamais à une complète réalité, car le peuple ne remplit jamais les vues de son divin législateur. Le tabernacle, après avoir long-temps erré dans le désert, à la suite des destinées du peuple que Dieu éprouvait, ne parut sous Salomon que pendant fort peu de temps dans toute la magnificence d'un temple parfait. Il ne tarda pas à être détruit par la propre faute des Hébreux; et, lorsqu'il fut reconstruit sous la protection des rois de Perse, à la vérité on y recueillit et conserva les monumens et les trésors des temps antérieurs; mais les temps vraiment florissans du génie des Hébreux étaient déjà passés; et, de même que les Romains, les Juifs des temps plus récens ne purent point se défendre contre l'invasion des opinions, de la civilisation et de la langue des Grecs, qui chaque jour faisaient plus de progrès parmi eux. Cependant toute l'existence de ce peuple unique resta toujours rattachée d'une manière prophétique, principalement et même presque exclusivement, à l'avenir.

Que si, après ces considérations générales, nous essayons d'apprécier et de caractériser, d'une manière plus profonde et plus complète, le contenu des productions de l'esprit chez les

Hébreux ou les saintes Ecritures de l'ancienne alliance, autant du moins que cela peut se faire dans l'histoire du développement de l'esprit humain, dans les arts et les sciences, aux progrès desquels ces saints documens ont si puissamment contribué; alors il nous faudra avant tout écarter de notre sujet toute idée erronée ou trompeuse. Nous considérerons ici l'Ancien Testament, non-seulement comme le contenu des productions de l'esprit chez les Hébreux, mais encore comme la parole écrite de Dieu, dont elles formaient la première partie; et nous comprendrons ce saint livre dans l'histoire de la littérature. Que serait-ce en effet qu'une littérature, qu'une explication ou qu'une histoire de la parole et de ses développemens dans les connaissances humaines, dont il ne faudrait retrancher que ce qui est de Dieu? La connaissance de Dieu et le culte particulier aux Hébreux, de même que l'esprit et le caractère des écritures bibliques, s'expliquent de la manière la plus claire par les propositions suivantes : ce ne devait être ni un culte de la nature, ni un culte païen ou sidéral, mais une religion sévèrement morale, basée sur une foi héroïque en la Providence; ce ne devait pas être non plus des mystères, ni des doctrines secrètes réservées à un petit nombre de savans ou de puissans, mais une véritable église nationale et une théocratie animant et ordonnant tout dans la vie; il ne fallait point qu'on y découvrît les combinaisons subtiles d'une philosophie tout artificielle, qui enseigne à la vérité des choses très-élevées sur Dieu et ses attributs, mais qui sûrement, et même jamais pour elle-même, n'a d'action durable sur le moral; mais il fallait qu'on y trouvât une alliance inébranlablement solide et une relation vivante avec Dieu dans une crainte filiale et un amour immuable.

Plus que les ouvrages d'esprit de toute autre nation, les Ecritures sacrées des Hébreux forment un tout à part; aussi est-ce avec raison qu'on les nomme un livre divin, où tout se rattache à un même objet développé sans interruption pendant des siècles. Ce livre est un, parce qu'il n'a qu'un sujet, l'homme et le peuple de Dieu; c'est un livre pour tous, parce que le contenu en est partout symbolique pour tous les âges suivans, et renferme le type de toute l'humanité. Ce contenu et ce sujet, qui au fond ne sont qu'un, peuvent cependant être compris et présentés sous un double rapport. C'est ainsi que le livre sacré a aussi un double centre, puisque quelques parties principales et écritures ont trait à la parole de vie, ainsi qu'à la délivrance et à la rédemption qui doivent être opérées par elle : tandisque d'autres se rapportent à l'Eglise ou à l'union et au lien des élus, à qui cette parole de vie et de l'amour de Dieu a été donnée et confiée comme un bien sacré de la révélation pour en faire usage, la conserver et la répandre. Ces deux sujets ne peuvent être aucunement séparés l'un de l'autre ou être compris et annoncés séparément; quoique, à la vérité, dans quelques parties, une idée puisse l'emporter momentanément sur l'autre, ce que nous expliquerons complètement aussitôt que nous entrerons dans les détails. Quatre parties principales de l'Ancien Testament se rapportent particulièrement, comme à un centre commun, à l'Eglise de l'ancienne alliance ou le peuple élu de Dieu. Ce sont la Genèse, la Thora ou la loi mosaïque, les livres historiques, et les Prophètes, où nous sont représentées l'origine et la première constitution de l'ancienne Eglise; comment celle-ci s'éleva sur les ruines du monde primitif et de l'époque patriarcale la plus reculée; puis sa fondation propre, sa législation complète, et sa composition organique; en troisième lieu, dans les livres historiques, la destinée, les crimes, les épreuves et les voies miraculeuses du peuple élu ; enfin, dans les Prophètes, la renaissance, la gloire spirituelle et le futur achèvement de l'Eglise, comme promesse qui couronne l'ensemble. Le merveilleux livre de la Genèse, bien qu'écrit et coordonné par Moïse à une époque déjà postérieure, présente partout le cachet du monde primitif dont les traces se retrouvent dans chacune des syllabes qui le composent; c'est l'Evangile de l'ancienne alliance : il nous dévoile le grand mystère de l'homme, comme il renferme la clef de toute révélation; il sert aussi particulièrement à déchiffrer et expliquer les hiéroglyphes du monde primitif, qui sans cela serait incompréhensible. C'est là que nous trouvons une certitude véritable sur l'origine du mal sur la terre, que les autres doctrines antiques, les cosmogonies poétiques et les védas païennes ont toutes pour principe : au lieu de la fausse Maya des Indiens, nous y voyons la véritable Ève, mère de tous les hommes; comment le serpent conduisit l'homme au fruit de la fausse science, et comment l'arbre entier de la création terrestre fut frappé de mort et de stérilité aussitôt après la chute du premier homme qui en était le roi. Nous voyons l'origine de toutes les actions inspirées par le démon dans Caïn et dans sa race maudite; comment celle-ci s'étendit, au midi et au sud, dans le pays de Cham, et comment la magie et le culte de l'enfer sont devenus et restés dominans sur une grande partie de l'humanité. Babel nous montre ensuite la première origine de tous les bouleversemens politiques et de la dispersion éternelle des peuples et des Etats ; comment ils se sont étendus au nord et à l'est de la terre, et ont passé d'un hémisphère dans un autre. Nous apercevons, dans cette genèse de l'homme, le lien des divines vérités et des saintes traditions, subsistant caché au milieu des progrès toujours croissans d'un culte de la nature, et ne se rompant jamais dans l'intervalle qui s'écoule depuis Adam, père du genre humain, jusqu'à Abraham, avec qui commence l'époque d'une foi particulière en la Providence, jointe à une soumission complète de la volonté de l'homme à celle de Dieu. En effet, Adam transmet ce précieux dépôt à Seth et à Enos ; ensuite il arrive à Enoch, particulièrement éclairé de Dieu, et que d'autres nations désignent également comme le plus ancien sage; puis au juste Noé, qui offre le sacrifice universel pour le salut de toute la nature ; puis enfin à Sem, l'élu de Dieu, que les plus nobles nations honorent comme leur roi et comme leur père. Nous y voyons comment la vraie religion du monde primitif n'était point un culte astronomique de la nature, mais une connaissance pure de Jéhova, un véritable christianisme quoique encore imparfait; non comme religion de la loi, qui sous cette forme est postérieure, mais comme une religion de la nature. Ce n'était pourtant point la nature et sa force de production infinie que reconnaissaient et adoraient les patriarches, mais Dieu ou le Christ dans la nature. Aussi devons-nous prendre bien garde de ne pas confondre la religion pure de ces saints patriarches avec le culte naturel astronomique du paganisme postérieur. Ce fut toujours Jéhova, le Christ, ou le Verbe miraculeux de la nature, qu'adoraient Enos par la prière, Enoch et Noé par une illumination céleste et par une pieuse soumission. Melchisédech est représenté comme le dernier qui ait possédé la connaissance du vrai Dieu et qui appartienne encore à cet ordre de patriarches : il forme le point de transition entre la parole de la nature et la parole de la loi qui commence avec Abraham ; ce fut lui qui transmit à celui-ci, comme premier serviteur de la foi, cette parole de la nature dont il était le grand-prêtre. C'est avec Abraham, et bien plus encore avec la législation mosaïque, que commence la seconde partie, à proprement parler, nationale et juive du Livre saint ; et les Ecritures historiques en forment la troisième partie, laquelle a rapport à la constitution divine, au développement ultérieur et à la conduite miraculeuse de l'ancienne Eglise et du peuple élu. Parmi les prophètes qui par des torrens de prophéties couronnent ce grand ensemble, brillent particulièrement les quatre Grands Prophètes, semblables aux chérubins placés près de l'Arche encore fermée de la future magnificence, selon le nombre toujours consacré dans l'Ecriture pour la révélation de la magnificence divine, et caractérisé par le mystérieux symbole des animaux. Les douze Petits Prophètes sont comme autant d'étoiles d'une moindre grosseur qui gravitent autour de ces quatre grands génies de la prophétie divine, et leur forment comme une auréole. D'ailleurs l'Ancien Testament n'est pas étroitement ou minutieusement clos, ainsi qu'un système purement humain, ou comme les sciences mondaines; c'est un arbre vivant et d'une belle venue, poussant de vigoureux rejetons. Si, par exemple, les principaux livres historiques nous représentent dans leur ensemble les égaremens, les épreuves et les voies miraculeuses du peuple élu; ces histoires particulières, ces légendes hébraïques, qui, d'après le point de vue historique ordinaire et littéral, ne formeraient qu'une partie accidentelle et purement épisodique du tout, comme le livre de Ruth, celui de Judith, d'Esther et de Tobie, nous montrent les mêmes voies miraculeuses de la Providence à l'égard de personnes isolées et d'individus élus. Il faut considérer ces livres tout biographiques comme les paraboles historiques de l'Ancien Testament; c'est pourquoi, dans cette plus grande histoire, ils servent comme d'application au particulier, comme de commentaire; et, en apparence d'un intérêt historique moindre, ils renferment un sens symbolique d'autant plus riche : c'est pourquoi aussi il ne faudrait jamais les perdre de vue dans une appréciation plus haute et plus spirituelle de l'ensemble de l'Ecriture. Les livres historiques seuls doivent être considérés comme formant le tronc de cet arbre vivant de l'Ecriture sainte. La révélation mosaïque, et particulièrement la Genèse, en est le sommet et la couronne, s'élevant vers le ciel comme un point lumineux; les prophètes en sont le quadruple pied, qui étend ses racines dans un terrain choisi et d'où le christianisme doit s'élever et verdir dans la plus haute perfection. Indépendamment de ces livres de l'Ancien Testament, que j'ai déjà nommés, qui se rapportent tous à l'Eglise de l'ancienne alliance, ou du peuple élu de Dieu, comme à leur sujet principal et à leur centre, il y a dans la collection sacrée une autre suite d'écritures que j'appellerai les livres d'aspiration, parce que, pleins de foi, d'amour, d'aspiration et de promesses, ils n'ont trait qu'à la parole de la vie et de la rédemption, sans avoir un rapport immédiat avec l'Eglise ou l'histoire du peuple élu. Du moins ces écritures sont-elles entièrement indépendantes de ce qu'il y a de positif dans la loi et de toutes les particularités de son économie. Parmi ces livres de sainte aspiration, apparaît en première ligne le livre de Job, qui, sans avoir aucun rapport à la constitution mosaïque, est cependant, par son esprit, un complément presque indispensable de la révélation mosaïque, parce qu'il rappelle l'esprit de foi et de confiance en Dieu dans une époque de la religion où les prophéties de l'avenir ne brillaient pas encore d'une lumière aussi éclatante. Ce n'est qu'ainsi coordonné et dans cet ensemble que le livre de Job paraît à sa véritable place et dans sa véritable signification, si importante pour le tout. Dans cette série, les Psaumes forment le second, et les livres de Salomon le troisième membre ; et suivant le triple degré de la vie chrétienne intérieure, laquelle consiste dans le triton de la foi, de l'espérance et de l'amour, ils se distinguent et sont caractérisés de la manière la plus claire ; car, de même que Job n'a qu'un but, qui est de rendre la foi patiente, de même que les livres de Salomon nous annoncent le mystère de l'amour divin, et que les Proverbes nous annoncent cette sagesse qui procède de l'amour éternel et n'est même autre chose; de même les Psaumes sont les chants de la promesse et de l'aspiration divine au milieu du combat de l'espérance pleine d'amour. Mais comme Job se rattache plus particulièrement à l'ancienne époque mosaïque, les livres de Salomon, et surtout les Psaumes, dans le cercle d'images et dans la marche de pensées qui leur sont propres, sont souvent le type et la source des prophètes. Ces trois membres forment donc, avec ces quatre masses principales, un tout composé de mille liens divers, entourant vitalement avec la triple force de l'esprit de Dieu la souche essentielle de la fondation, de l'histoire et de la prophétie. Dans ces trois livres sacrés, la perfection et la félicité chrétiennes sont enveloppées d'un nuage sublime : Job nous montre la foi dans la résignation héroïque à la douleur; Salomon nous annonce l'amour dans le mystère symbolique « voilé d'un vê-» tement magnifique; » et les Psaumes renferment et peignent l'espérance combattant les désirs terrestres. Dans ces derniers, le Christ, le Verbe éternel de la réconciliation et de la vie, s'exprime partout de la manière la plus évidente; c'est pourquoi les Psaumes ont été de tout temps, sont encore et seront toujours employés et considérés dans la chrétienté comme la base des chants d'église; bien plus, devenus livre de prières, ils forment la riche et pure source de toute prière chrétienne. C'est la réunion du Père et du Fils qui se retrouvent, l'élan plein d'amour du Fils séparé du Père et cherchant Dieu à travers la lutte terrestre, la miséricordieuse condescendance du Père éternel; comment tous deux se cherchent dans les flots de la création et se rencontrent dans le centre de l'amour. Voilà le point d'où l'idée particulière de la divine révélation peut recevoir surtout une lumière toute nouvelle, c'est-à-dire l'essence intérieure de l'inspiration, pendant que le cycle fermé des saintes Ecritures, ou le canon qui doit comprendre tout ce qui est nécessaire et essentiel à la doctrine et à la constitution de l'Eglise, est, d'après cette règle, positivement décidé et dogmatiquement fixé par la tradition reçue et l'autorité légitime. Mais si l'esprit de Dieu procède en même temps du Père et du Fils, il domine surtout là où le cœur caché du Père dans son aspiration créatrice et dans la profondeur toute puissante de son amour, ainsi que la parole mystérieuse du Fils éternel, se rencontrent et se confondent pour former une flamme qui éclaire. Cette force pleine et unie de la vie et de l'œuvre divine est le cachet irrécusable que les saintes Ecritures portent dans tout leur esprit et dans toutes leurs formes, bien que dans quelques parties le cœur tout puissant du Père domine davantage, et que dans d'autres la lumière du Fils apparaisse plus visiblement. Que si maintenant nous nous demandons ce que cet enthousiasme plus que pindarique, ce que cette sublime contemplation de la Divinité, plus élevée que celle de Platon, a prêté à la Bible, même dans ses parties poétiques, nous dirons : c'est cet esprit même qui procède du Père et du Fils. Que si nous voulions préciser davantage le caractère et l'esprit de l'Ancien Testament d'après les quatre symboles sacrés d'animaux qui, dans toute révélation de l'existence divine, désignent et signifient les quatre côtés ou sphères diverses, nous pourrons dire que les livres de l'Ancien Testament portent le plus souvent l'empreinte du lion, qui doit être regardé comme l'emblème de la force de volonté brûlant dans le feu divin. Mais comme ce pieux courage du lion est dirigé au dehors et doit cacher dans l'intérieur du cœur les doux et paisibles sentimens de l'amour et de l'agneau, et que de toute antiquité ces deux symboles sont étroitement unis, la figure chrétienne de l'agneau, symbole et évangile du sacrifice éternel et de l'amour divin, apparaît encore même dans l'empreinte de cette force du lion.

Après avoir essayé de tracer la disposition et la composition organique de l'ancien Testament dans son unité, la construction du tout dans sa septuple division, les sept membres et les rejetons qui les environnent, il nous reste encore à caractériser ce qu'il y a de particulier dans l'expression et dans la forme extérieure de l'exposition biblique. Les formes particulières à l'Écriture sainte, ou qui y dominent d'une manière particulière, sont surtout au nombre de quatre : le proverbe, le parallélisme, surtout dans les passages poétiques, la vision, dans les livres et les passages prophétiques, enfin la parabole et l'allégorie ; et cette dernière ne domine pas seulement dans des parties isolées, mais anime le tout dans une manière de penser tout-à-fait figurée. La forme proverbiale, expression la plus simple d'une pensée vivante et par conséquent donc le plus souvent figurée, est surtout convenable à l'époque la plus ancienne, à la simplicité de ses connaissances et de ses opinions ; aussi est-elle la plus commune de toutes dans cette première époque. Nous remarquons aussi à sa place, chez les Grecs, les aphorismes, par lesquels s'exprima d'abord leur science, de même que les distiques des poètes gnomiques.

Mais le proverbe métrique, la schokla indienne, le distique particulier au sanskrit, est incomparablement plus dominant dans l'ensemble des productions de l'esprit chez les Indiens : leurs plus grands poèmes de tout genre et un si grand nombre d'ouvrages scientifiques de l'époque la plus reculée étant entièrement composés sous cette forme, et le reste des philosophes métriques l'ayant pour la plupart adoptée. Le proverbe indien a une grande et parfaite ressemblance avec celui des Hébreux; mais, avec ses quatre pieds de huit syllabes chacun, il marche dans une bien plus exacte symétrie que le proverbe plus libre des Hébreux, qui est souvent irrégulier dans la construction des pensées, et pour ainsi dire ailé : de telle sorte que, même dans les passages les plus riches de contenu, ce proverbe forme un hiéroglyphe en paroles. Cette forme convient surtout à l'esprit d'une plus haute révélation ; il est l'expression naturelle par laquelle la parole de l'Éternel pénètre parmi les hommes et dans le monde; et il en est de même du *fiat* divin, où l'action suit créativement la parole, ce qui donne au proverbe biblique le cachet et le caractère qui lui sont particuliers, ou bien où le caractère se prononce de la manière la plus marquée, comme dans la Genèse; laquelle forme est transportée aussi de la proposition impérative de la loi divine et du proverbe de la prophétie, dans la narration historique et dans tout autre discours, et est conservée partout. Dans la poésie sacrée des Hébreux domine encore, à côté de cette forme générale de pensées bibliques en proverbes, la loi particulière de la suite des pensées vivantes et du mouvement rhythmique, non des mots et des syllabes, mais des figures et des sentimens qui se succèdent et s'entre-choquent dans une symétrie libre, comme les vagues de la mer dans leur flux et reflux. Ces flots de l'aspiration amoureuse, des pensées d'une âme que cherche Dieu, sont exprimés parfaitement par le parallélisme des cantiques hébraïques, qui a lieu dans les Psaumes, non-seulement parmi les vers et hémistiches isolés, mais domine encore dans la construction du tout; c'est pour cela qu'il se lève et retombe en grandes strophes et antistrophes. Une mesure exacte, d'après le nombre des syllabes, le poids rhythmique, et la terminaison consonnante en rimes, ne pouvait pas être aussi convenable à la dignité et au vol sublime des saintes Écritures, archétype simple et librement rapide du mouvement poétique, qui ne consiste que dans la répétition et le retentissement des images, et dans un rhythme de la pensée. D'ailleurs nous ne devons point attendre de l'Écriture sainte, comme document positif de la parole écrite, toutes les formes d'art terrestres, mais celles-là seulement qui peuvent exister dans un monde supérieur et dans un ordre de choses purement spirituel. On ne saurait y imaginer d'exposition dramatique, ni d'images épiques particulières, pas plus que des exercices d'art oratoire ou des traités systématiquement scientifiques. Mais, dans ce monde invisible de la pensée divine et des natures spirituelles, la force créatrice intérieure et la volonté s'exprimeront par la parole, l'écriture et la sentence; et les esprits incorporels exhaleront la voix du sentiment intime dans un cantique qui n'aura plus rien de terrestre. Voilà ce qui décide les formes particulières d'art et de style que la Bible, monument et contenu de la parole divine, pouvait adopter pour son usage, particulièrement dans ce qui répond à ce que nous appelons philosophie ou poésie terrestre. On voit clairement par là pourquoi, lorsque de tous les genres l'épique est, historiquement parlant, le premier, le plus ancien, la source primitive de tous les autres, et que le dramatique, considéré sous le point de vue de l'art, passe pour le dernier degré, la couronne et le perfectionnement du tout, cependant, religieusement parlant, le genre lyrique reste le plus élevé, le plus convenable, le plus digne; et cela est vrai même, sous ce rapport, dans la poésie des peuples païens, où les hymnes occupent la première place. Aussi bien nulle part, dans la Bible et dans les écritures de l'ancienne alliance, la beauté des formes ne se montre seule; l'être parle, ce sont des paroles de vie, de la simplicité et de la clarté la plus sublime, et en même temps d'une profondeur incommensurable: la plénitude des mystères y est présentée dans la simplicité de l'histoire, sans ornement, dans le seul élan du cœur, sans tout le luxe de l'art.

Dans le parallélisme des sentences et cantiques hébraïques, comme seconde forme particulière de l'exposition biblique, nous remarquons déjà une âme tout-à-fait dominée par l'inspiration et entraînée dans le torrent de l'amour éternel; mais dans la vision, comme troisième forme particulière biblique, nous voyons l'esprit complètement ravi par Dieu dans une plus haute contrée de pures contemplations, où ne se conduisant plus lui-même, il n'aperçoit et n'exprime que des choses qui ne sont plus de ce monde. Le psaume est une libre élévation de l'âme vers Dieu; au contraire, dans la vision, l'état de l'esprit est plus passif et tout-à-fait soumis à l'influence divine.

La nature des Écritures saintes, comme document de la révélation, porte avec elle-même la preuve que plusieurs parties principales consistent tout-à-fait en visions; et que, dans presque tous les autres livres, quand bien même ils n'appartiennent pas au nombre de ceux qui sont d'un contenu prophétique, il se mêle cependant beaucoup de prophéties. Mais de même que l'essence intime de ce qui est de Dieu ne se manifeste en général que par la révélation, de même ces contemplations du monde invisible sont complètement enveloppées dans une langue figurée particulière, et ne peuvent pas être communiquées autrement que par des symboles. Ceci nous conduit à la quatrième forme de l'exposition biblique, c'est-à-dire à l'esprit d'allégorie qui domine dans toutes les parties de l'Écriture sainte. Mais ce ne sont pas seulement toutes les expressions, tout le style qui en est figuré et symbolique : les mystères du monde primitif n'y sont pas seulement exposés et conservés dans des hiéroglyphes d'une lumière qui ne saurait égarer; mais tout ce qu'il y a de totalement historique, outre son sens simple, en a un autre plus profond et symbolique. Comme la religion de l'ancienne alliance ne s'annonce partout que comme un document qui doit être la préparation, le type, la prophétie du christianisme, et ne peut être comprise que dans ce rapport et cet esprit ; cette signification typique et ce sens symbolique de l'ensemble et des détails des événemens du peuple élu, où l'histoire même devient prophétique et reçoit un caractère allégorique, sont aussi tout-à-fait particuliers à l'Ancien Testament; par contre, la forme d'enseignement toute filiale de la parabole se montre plus développée dans le Nouveau. Toutes ces figures, qui ne sont pas seulement des figures, mais en même temps des vérités qui éclairent et qui vivifient, forment les élémens de la langue hiéroglyphique particulière à l'Écriture, et de cette clarté vivante de l'imagination qui caractérise la révélation dans son voile symbolique.

Parmi les différentes formes de l'expression symbolique, laquelle domine en général dans les monumens de l'antiquité, et surtout dans la Bible, nous pouvons distinguer quatre forces élémentaires de la conscience et de l'existence humaine. L'allégorie, proprement dite, anime et personnifie volontairement et suivant son caprice les idées abstraites de la raison. Au contraire, il y a dans les événemens symboliques de l'histoire typique un reflet et un pronostic où la nature se répète dans ses produits, selon la volonté du créateur, de siècle en siècle, et est réfléchie par sa propre imagination. Dans l'hiéroglyphe, c'est l'Eternel lui-même et son secret qui sont représentés sous une figure sensible ; tandis que la parabole, descendant de cette élévation, agit moralement sur le cœur et pénètre dans la vie avec une force conciliatrice.

C'est le caractère symbolique et tout l'ensemble de l'Ecriture qui nous font voir cette signification allégorique et ce mode d'interprétation, les plus nécessaires et les seuls convenables, puisque les pères de l'Église eux-mêmes les ont confirmés. Que si donc nous ajoutons à la juste idée de l'esprit particulier, dans l'accord du Père et du Fils ou de l'inspiration de l'Ecriture, et aux quatre formes bibliques particulières que nous venons de caractériser, l'idée de l'interprétation plus profonde et complète selon le sens triple ; alors l'esprit de l'Ecriture apparaîtra à nos yeux selon sa constitution essentielle, aussi clairement qu'il est nécessaire ici pour le but que nous nous proposons. La première interprétation est celle du sens littéral, qui ne procède que d'après le contenu strictement historique, moral et simplement dogmatique, et d'après la véritable intelligence grammaticale. Le second mode d'interprétation est l'allégorique, qui consiste dans l'intelligence de l'esprit, jointe au sens littéral et historique, et qui produit à la lumière le sens symbolique plus profond et la signification typique. Mais la troisième interprétation, plus élevée que les précédentes, est celle qui a pour base le sens mystique caché, lequel, avec ou sans figure, repose sur le mystère de l'âme et de son union avec Dieu; de même que la signification se rapporte à l'intelligence intime et psycologique de ce mystère. On peut dire avec raison que dans cette connaissance « selon l'âme » déjà parvenue à la clarté la plus complète, c'est le Verbe éternel de l'amour qui se comprend et s'entend lui-même. C'est par cette idée de la clarté suprême de l'intelligence mystérieuse de l'âme s'unissant à Dieu, que nous pouvions terminer de la manière la plus convenable ces considérations sur le livre sacré.

Il ne nous reste plus qu'à jeter un regard sur la langue hébraïque choisie comme instrument pour être dépositaire du divin présent de la révélation. Mais afin de tracer plus complètement le caractère particulier de cette langue et la place qu'elle occupe parmi les autres langues de l'antiquité, il nous faut embrasser de l'œil les élémens intimes du discours même, selon une philosophie plus profonde; parce que c'est d'après la prépondérance de l'un et de l'autre de ces élémens simples que se décide l'esprit particulier et le ton dominant de toute langue. Nous divisons ordinairement les lettres en voyelles et consonnes, division de laquelle on apercevra dériver un troisième élément aussi essentiel, quoiqu'il apparaisse moins visiblement, et que pour cela même on y fasse moins attention. L'aspiration, avec les lettres particulières qu'elle produit ou qu'elle modifie essentiellement, est cet élément plus élevé qui ne trouve point de place dans cette division imparfaite, incomplète. Les lettres susceptibles de modification par l'aspiration, ou, en d'autres termes, les lettres aspirables, forment un genre et un ordre particulier de lettres, distinctes des voyelles et des consonnes immuables. A cette série appartiennent toutes les consonnes qui se divisent en douces ou dures, selon qu'elles sont susceptibles de l'aspiration H ou de l'aspiration CH, comme B et P, D et T, F et V, qui par cela même peuvent appartenir davantage à l'élément musical, lequel s'approprie les voyelles ; de même que ces voyelles, qui peuvent devenir consonnes, comme I et U en J et V, sont en même temps susceptibles d'aspiration et appartiennent déjà au genre aspirable. Les consonnes pures et propres sont ce qu'il y a de caractéristique dans une langue, elles en sont le corps; les voyelles contiennent la partie musicale, et répondent au principe de l'âme; mais l'aspiration cachée dans les autres lettres qui en sont susceptibles est liée à elles comme à sa base corporelle, et répond, avec les lettres aspirables qui l'accompagnent, à l'élément divin de l'esprit. Il est donc facile de voir comment dans quelques langues l'élément des consonnes peut dominer, comme dans les langues grecque, perse et germanique; dans d'autres langues presque vocales domine au contraire la partie musicale de l'expression de l'âme, ainsi qu'on le voit dans les langues modernes de l'Italie, dont le principe se trouve déjà dans la langue si sonore des Romains. Mais c'est dans la langue hébraïque et dans les dialectes qui en dérivent, que domine surtout l'aspiration; et cette aspiration de l'esprit plus élevé s'exprime également dans le ton partout inspiré de la langue prophétique, et même dans les formes grammaticales. L'usage particulier de fondre la liaison au moyen de l'article, ou la conjonction dans les préfixes et le rapport personnel dans les suffixes avec le mot principal, concorde encore avec le principe et le caractère aspirable. La langue prophétique des Hébreux correspond donc tout-à-fait dans son ton, son caractère et son esprit, à sa destination, qui est d'être l'expression de la révélation sacrée et de la prophétie divine; sans que pour cela nous devions exalter cette langue au-dessus des autres, comme la première ou la plus parfaite, ou la plus antique ou la source de toutes les autres; et on ne saurait pas plus le dire, sans restriction, de la langue indienne. Mais si, dans chacune de ces trois langues classiques de l'antiquité, le grec, le latin et l'hébreu, apparaît surtout un élément du discours, alors on peut dire, et même nous ajouterons, pour que notre sujet se trouve complètement traité, que dans l'antique langue primitive des Indiens tous les élémens séparés plus tard se trouvent renfermés ensemble comme dans un germe commun. C'est aussi pourquoi le sanskrit réunit les différentes qualités que les autres langues ne possèdent qu'isolées. On y trouve la plénitude de caractère et la richesse de sens de la langue grecque avec la force sonore de la romaine, en même temps que l'aspiration de l'esprit divin qui caractérise la langue hébraïque. En reportant maintenant nos regards, de ces élémens intimes, isolés et tout-à-fait simples de la langue, à ses organes principaux qui se distinguent clairement par le développement ultérieur de leur croissance et de leurs effets, nous en apercevrons quatre principaux qui correspondent aux quatre forces élémentaires de la conscience humaine. Les racines sont le positif divin dans la langue, la source originelle de la révélation naturelle, confiée et exprimée en paroles, comme l'intelligence du premier homme les aperçut dans une lumière originairement pure encore. Les formes grammaticales de la langue et toute sa structure artificielle, sont l'ouvrage de la raison ; au contraire, les figures et les tropes sont les élémens de l'imagination, et dans les ondulations du rhythme, et dans le mouvement métrique s'exprime le flux et le reflux du désir et de la volonté. Considéré d'après cette idée de tout l'organisme de la langue et de toutes ses parties principales, le sanskrit est, sous le rapport de la construction grammaticale et de la structure intime, la plus parfaite de toutes les langues, et surpasse de beaucoup en richesse et en variété de développement grammatical, joint à la régularité la plus simple, les langues grecque et romaine. Il n'est point de langue plus riche en tropes et en figures que celle des Hébreux : c'est là l'élément qui y domine ; et comme toute contemplation des choses divines est figurée, que la pensée, même dans cet état d'illumination céleste, ne procède que par figures, la langue hébraïque, considérée sous ce rapport, est tout-à-fait celle de la révélation, et convenait plus que tout autre à cet usage. Quant aux racines, il n'est point de langue qui mérite d'être, sous ce rapport, exclusivement préconisée ; et, pour nous rapprocher autant que possible de la source primitive du jet commun des langues, il nous faut réunir toutes les langues mères, parmi lesquelles la langue germanique occupe une place importante avec la richesse des syllabes mères, indiennes et latines, perses et grecques : en nous gardant bien d'oublier la langue hébraïque. Dans la loi rhythmique et dans le mouvement métrique, chaque langue suit une manière qui lui est propre, selon son caractère particulier ; dans un haut développement spirituel des langues, cet élément est presque entièrement arraché de son sol matériel primitif, et il n'en reste plus qu'un son doux, comme le souvenir et l'écho de l'âme apaisée, ainsi qu'on le remarque dans nos langues chrétiennes.

Quittons maintenant les saintes traditions des Hébreux pour revenir à la littérature des autres peuples orientaux. Avant de considérer plus attentivement les monumens et les productions de l'esprit des Indiens, il est encore une remarque à faire sur les livres religieux des Perses, dont nous avons exposé ici les doctrines antiques, conjointement avec celles des Hébreux.

Dans les écrits sacrés des Perses, autant que ceux-ci peuvent encore tenir de la véritable forme du Zendavesta primitif, nous voyons partout au milieu d'un contenu le plus souvent liturgique, des doctrines semblables à celles des Hébreux, sur la toute-puissance du créateur, sur la lumière et les ténèbres, sur la parole de vie, les sept premiers ordres d'esprits, les anges gardiens et les mauvais esprits, entremêlées à la croyance naturelle des astres, à la force divine des élémens purs, comme du feu et de l'eau. Sous ce rapport, le Zendavesta est une transition entre la doctrine chrétienne et mosaïque et le paganisme simple et pur. Mais le système de l'antique foi sidérale du monde primitif, mêlé encore à l'idée fixe de l'unité de l'être divin, est bien plus complètement et plus clairement représenté dans le Dessatir, livre sacré des Abadiens, secte assez semblable à celle des Gnostiques; lequel document appartient aux monumens les plus curieux de l'antiquité orientale.

Si l'on ne considère que la partie poétique de la religion des Perses, elle a sous ce rapport beaucoup plus d'analogie avec le système religieux des peuples du Nord qu'avec celui des Grecs. La même adoration spirituelle de la nature, de la lumière, du feu et des autres élémens purs, qui dans le Zendavesta est ordonnée légalement et liturgiquement, se retrouve aussi, mais sous une forme purement poétique, dans l'Edda. Des idées semblables sur les esprits qui dominent et remplissent la nature, produisirent dans les plus anciennes traditions du Nord, ainsi que dans les traditions et dans la poésie des Perses, des fables semblables de géans, de nains et de toutes sortes d'apparitions merveilleuses.

Une époque postérieure nous ramènera encore à cette partie poétique de la littérature des Perses; je n'avais à examiner ici que leur antique doctrine religieuse, dans ses rapports avec les traditions saintes des Hébreux.

CHAPITRE V.

Monumens et poèmes héroïques des Indiens. — Mode de sépulture des anciens peuples. — Philosophie et civilisation des Indiens.

La haute antiquité de la mythologie des Indiens est prouvée par les anciens monumens de leur architecture; ces monumens ressemblent en général à ceux des Égyptiens par leur grandeur gigantesque ainsi que par leur système de construction; et nous ne pouvons nous empêcher, d'après toutes les probabilités, de leur accorder une antiquité aussi reculée. Tous ces monumens, ces ouvrages gigantesques des Égyptiens, couverts d'hiéroglyphes; les ruines de l'immense cité de Persépolis avec leurs formes variées, et leurs caractères graphiques, dont nous n'avons pas encore la clef; enfin la mythologie que dans l'Inde on trouve sculptée sur des rochers, nous transportent dans un monde très-éloigné dont nous nous sentons entièrement séparés, et qui a presque péri pour nous. On pourrait dire que de même que l'histoire des peuples a eu ses temps héroïques, de même que l'époque actuelle de la nature a été précédée d'une autre époque plus antique, dont témoignent encore et les vestiges de tant de révolutions, et les restes nombreux de tant d'animaux d'une grandeur gigantesque qui ont péri; de même, le développement intellectuel et la force de l'imagination poétique ont eu leurs temps merveilleux et gigantesques, alors que toutes les idées, toutes les inventions et tous les pressentimens qui, plus tard, se développèrent sous la forme de la poésie et ensuite dans les ouvrages de la parole, devinrent une véritable philosophie et une véritable littérature; alors que toutes les connaissances et toutes les erreurs que l'on possédait, l'astronomie, l'astrologie, l'histoire des hommes et des peuples, furent déposées dans les grands ouvrages de la sculpture. Des deux grands poèmes héroïques des Indiens qui existent encore, l'un chante Rama, qui, dit-on, conquit la partie méridionale de la Péninsule, peuplée d'habitans sauvages, et l'île de Ceylan. C'est le héros favori de la nature; on le représente dans toute la magnificence et dans toute la plénitude de la vigueur, de la jeunesse, de la beauté, de la noblesse et de l'amour, mais presque toujours malheureux et banni, luttant continuellement contre les dangers et les souffrances ; caractère et aspect de la vie héroïque qui se retrouve dans toute fable belle et heureusement développée, sous presque tous les climats, seulement avec des couleurs locales différentes. Dans la fleur de la jeunesse et de la beauté, au faîte de la victoire, de la force et de la joie, l'homme éprouve souvent comme un sentiment profond de ce qu'il y a de vain et de périssable dans l'existence qu'il appelle la vie. Ce poème héroïque de Rama, tel qu'il existe encore, et d'après quelques preuves que j'ai acquises, me paraît être un ouvrage d'une grande beauté, et tenir à peu près le milieu entre la simplicité et la clarté d'exposition d'Homère, et la plénitude d'imagination qui distingue la poésie des Perses. Il est en outre rempli et orné d'une foule de sentences de l'antique sagesse. A côté des combats et des guerres des héros, s'y trouvent peints, avec non moins de détails, la vie intérieure des saints ermites, leurs silencieuses méditations, leurs sages doctrines, leurs pieux entretiens. Il semble voir dans les poèmes épiques des Indiens Homère et Parmenide, Hésiode et Solon réunis dans un même ouvrage ; tandis qu'une foule de pensées et d'images, dans le goût oriental, rappellent les sublimes écrits de Moïse et les proverbes de Salomon. L'autre grand poème héroïque indien, qui embrasse tout le système mythologique, le Mahabbharat, célèbre le combat général qui arma les uns contre les autres, les héros, les dieux et les géans. Chez tous les peuples de l'antiquité qui possédaient une tradition ancienne, les poètes ont rédigé sous une forme symbolique, et dans une semblable fiction d'une guerre merveilleuse entre les dieux et les héros, leurs pressentimens et leurs souvenirs d'une nature encore plus sauvage, plus grande dans ses effets et non encore fixée, ainsi que la fin tragique d'un monde héroïque extérieur. Quelque moderne que puisse être l'époque où les deux poèmes héroïques indiens, le Ramayan et le Mahabharat, ont été retouchés et ont reçu leur forme actuelle, la base de la fiction est d'une haute antiquité, puisqu'on la retrouve en grande partie représentée et sculptée sur des rochers, sur des monumens du monde primitif. Le Mahabharat est rempli d'idées qui appartiennent à la doctrine de Vedanta; aussi l'attribue-t-on à Vyasa. J'ignore jusqu'à quel point cette philosophie n'est point aussi la base du Ramayan, ce qui serait une circonstance décisive pour indiquer la place que l'on doit assigner dans l'histoire de la littérature indienne à cette grande composition épique; bien que, selon les données historiques, le poète Valmiki en soit regardé comme le créateur.

Que si maintenant on demande ce que, dans des temps plus reculés, l'Europe avait déjà appris ou emprunté de la doctrine des Indiens; la doctrine de la transmigration des âmes, que Pythagore apporta aux Grecs, nous apparaîtra comme une tradition essentiellement indienne. Ce devait être assurément pour les Grecs une chose toute nouvelle et étrangère, que cette doctrine que l'on voit dominer dans l'Inde depuis les temps les plus reculés où l'on ait eu quelques notions sur ce pays. On peut même dire que non-seulement toutes les opinions, mais encore toute l'organisation sociale des Indiens, sont fondées sur cette idée. Dans l'Inde elle est par conséquent nationale; en Egypte elle n'avait point ce caractère, quoique Pythagore l'eût puisée dans ce pays; ou du moins ne pouvait-elle pas y être généralement dominante : c'est une conséquence que l'on peut déduire de la manière toute particulière aux Egyptiens de traiter leurs morts. Il y a dans l'homme un respect si profond et tellement inné pour la dépouille mortelle de son semblable, que rien ne nous offense ni ne nous irrite plus qu'une atteinte portée à ce sentiment. La manière de traiter les morts, particulière aux différens peuples, est non-seulement très-importante sous le rapport de leur éducation morale, mais encore d'autant plus remarquable, que presque toujours elle est dans une connexité intime avec leurs idées et leurs sentimens religieux. On me pardonnera par conséquent de m'y arrêter un moment. L'usage de brûler les morts, si cher aux Grecs, a été en vigueur dès la plus haute antiquité. Il répond parfaitement au sentiment, ou du moins il est attrayant pour l'imagination. Avec la flamme, l'âme s'élève libre et pure vers le ciel; et la partie terrestre, réduite en cendres, demeure sous cette forme comme un souvenir chéri. L'usage le plus bizarre, et qui révolte le plus le sentiment, dominait chez les partisans de Zoroastre, et s'est encore maintenu au Thibet; il est la conséquence de cette fausse idée, qu'il ne faut point souiller le feu et la terre, que l'on considère comme des élémens purs et sacrés, par le contact des morts. Dans ce pays, on jette les cadavres dans de vastes réservoirs formés par de hautes murailles, où ils deviennent la pâture des bêtes fauves et des oiseaux de proie. Le mode de sépulture qui domine dans notre religion pourrait être regardé comme le plus conforme au vœu de la nature, si l'on procédait toujours avec les soins et les ménagemens suffisans. On restitue à la terre ce qui lui avait été pris, et on confie à son sein maternel la dépouille mortelle de l'homme comme une semence pour l'avenir. L'idée que le corps même repose dans le sein de la terre rend le souvenir de ce dernier asile plus vif et plus cher au sentiment, que lorsque ce souvenir est obligé de s'attacher à une place vide, ou lorsque le corps décomposé a déjà passé dans la matière générale des élémens. Selon moi, le singulier embaumement des momies égyptiennes, qui était également en usage, quoique d'une manière plus grossière, chez les Éthiopiens et probablement dans tout l'intérieur de l'Afrique, ne s'accorde point parfaitement avec les croyances et les opinions des Indiens sur la transmigration des âmes. Cet usage semble même supposer le vague sentiment que cette nature morte, suivant toute apparence, est encore très-importante pour l'homme; peut-être, d'après cette idée fausse, ou du moins entendue dans un sens trop matériel, que le lien mystérieux et magnétique qui unissait l'âme à cette matière n'est pas entièrement dissous; que peut-être il sera formé de nouveau; que cette matière aura aussi sa part à l'immortalité et sera de nouveau animée. On dirait un pressentiment de la résurrection du corps, suivant la doctrine du christianisme; bien qu'il en soit fait ici une application fausse et trop matérielle, et que, pour ce motif, les Égyptiens aient regardé et conservé le cadavre de l'homme comme une relique précieuse et sacrée. Peut-être aussi ces idées n'étaient-elles pas toujours étrangères à des usages nécromantiques ; car, dès les temps les plus reculés, on voit dominer dans le reste de l'Afrique un culte magique d'esprits et de morts. D'autres ont expliqué cet usage égyptien par des opinions toutes matérielles : comme si ceux qui ne croient point à l'immortalité de l'âme, cherchaient avec d'autant plus de soins à préserver le corps de la pourriture.

L'explication suivante me paraît plus naturelle. Dans les nombreuses sociétés secrètes répandues en Égypte dominaient plusieurs idées et plusieurs opinions, qui s'éloignaient entièrement des superstitions grossières du peuple, superstitions qui en Égypte étaient portées au plus haut degré. Peut-être était-ce quelquefois une lumière brillant dans les ténèbres les plus épaisses: ce qu'il y a de certain, c'est qu'il y régnait une foule d'idées différentes. Ainsi donc Pythagore a fort bien pu apprendre à connaître en Égypte une doctrine qui n'était point dans ce pays la doctrine générale et dominante, mais qui était originaire de l'Inde.

Or la doctrine indienne de la transmigration des âmes était basée sur cette idée, que tous les êtres sont sortis et émanés de Dieu, mais se trouvent ici-bas dans un état d'imperfection et de dégradation complet; état au-dessus duquel tous les êtres en général, et l'homme en particulier, peuvent s'élever en se purifiant intérieurement, en se rapprochant de la perfection et en retournant à leur divine origine; ou au-dessous duquel ils peuvent encore descendre davantage par le péché, en subissant des métamorphoses successives tant pour le corps que pour l'âme.

Ceci s'accorde évidemment, quant au principe, avec la philosophie de Platon, dont l'analogie avec les opinions des Orientaux, ainsi que l'influence de celles-ci sur la civilisation européenne, a été notre point de départ dans les considérations qu'on vient de lire. Mais, avant de ramener les résultats de cet examen à la marche des lumières et de la civilisation en Europe, considérons encore les Indiens de plus près, sous le double point de vue de l'état où les Grecs les trouvèrent au siècle d'Alexandre, et des connaissances que nous avons acquises à leur égard, dans nos temps modernes, sous la domination anglaise.

L'Inde était en Orient le pays le plus éloigné dont les Grecs eussent une connaissance un peu précise, quoique encore très-imparfaite. Plus d'une fois ils y entrèrent en conquérans et y établirent même une domination partielle et de courte durée. Dans leurs voyages de découvertes, ils explorèrent et visitèrent les côtes et toutes les parties de ce pays dont il leur fut possible d'approcher. Des rapports commerciaux entre l'Inde, Alexandrie et l'Egypte devenue grecque, eurent toujours lieu; et il est hors de doute qu'il dut exister en même temps un commerce intellectuel peut-être réciproque, mais à coup sûr d'une grande influence. Quant aux contrées plus reculées de l'Orient, comme la Chine, par exemple, les Grecs, ainsi que l'Europe moderne et en général l'Occident, n'eurent jamais avec elles de communications directes, et ne possédèrent non plus à leur sujet que des notions très-vagues.

Je viens de dire ce qui me paraissait le plus vraisemblable sur la manière dont la doctrine de la transmigration des âmes, tout-à-fait particulière aux Indiens, a été communiquée aux Grecs, à qui elle était complètement étrangère, par Pythagore, qui l'avait reçue des Egyptiens. Le commerce de l'Inde est d'une antiquité qui remonte à la date des documens historiques les plus anciens des peuples déjà civilisés. Alexandre, et après lui les Ptolémées, surtout Philadelphe, ouvrirent à ce commerce cette grande route à laquelle l'Égypte dut ses richesses et sa gloire sous ces souverains. Au temps même de la domination romaine, le commerce de l'Inde conserva cette route, qui est, à proprement parler, la plus rapprochée et la plus naturelle; et il continua d'en être ainsi, malgré divers changemens, jusqu'à ce que l'on eut découvert une route nouvelle en doublant les côtes de l'Afrique. Mais Alexandre et les Ptolémées auraient-ils conçu et exécuté ce vaste plan, si déjà il n'avait existé auparavant quelques communications par cette même route; si la possibilité de l'exécution n'avait été rendue évidente par quelques tentatives précédentes? On peut d'autant moins douter de l'existence antérieure de communications entre ces deux pays, que la distinction des castes, en vigueur chez les Égyptiens, correspond parfaitement à l'organisation sociale des Indiens; et que la mythologie indienne n'a avec aucune autre mythologie autant de rapports qu'avec celle des Égyptiens. Cette étroite alliance entre les deux pays et leur théogonie a reçu de nos jours une confirmation basée, pour ainsi dire, sur les sens.

Lorsque, au milieu des dernières guerres, une armée indienne aborda en Égypte sous le commandement d'un général anglais, ces anciens monumens, dont la grandeur gigantesque avait déjà si souvent inspiré aux Européens ce sentiment d'admiration qui naît d'un désir de savoir qui n'est point satisfait, produisirent une aussi forte impression sur les Indiens; mais cette impression avait une toute autre cause. A leur aspect, les soldats se prosternaient en adoration, croyant voir devant eux les dieux de leur patrie.

Le peuple indien, avec ses mœurs et ses idées qui appartiennent à un monde bien éloigné du nôtre, avec ses vieux usages auxquels il tient avec tant d'opiniâtreté, et avec son organisation sociale qui diffère si complètement de celle des autres peuples, peut être regardé lui-même comme un monument vivant, comme une ruine encore subsistante de l'état de l'humanité dans la haute antiquité; et on ne saurait le considérer dans l'état de dégradation où il languit aujourd'hui, sans éprouver pour lui un vif intérêt.

Quand Alexandre pénétra dans le nord de l'Inde par la Perse et par le même chemin que plusieurs conquérans ont pris avant et après lui, la vue si remarquable d'un semblable peuple fit une impression profonde sur l'esprit des Grecs, et ne leur causa pas moins d'étonnement qu'aux Européens modernes, lorsque ceux-ci retrouvèrent enfin ce pays qu'ils avaient si long-temps cherché. Sans doute ils trouvèrent là, comme en Égypte, une foule de choses qui leur parurent étrangères; mais ils ne se sentirent cependant pas repoussés, comme chez les Perses et les Hébreux, par une religion entièrement opposée à la leur. Là, comme en Égypte, ils retrouvaient un polythéisme poétique qui, du moins dans ses principes généraux, était le même que le leur. Ils reconnurent ou crurent reconnaître, quoique sous une forme et une couleur un peu changées, les dieux objet de l'adoration des Indiens; accord ou différence qu'ils désignaient avec tant de justesse par les dénominations d'un Hercule et d'un Bacchus indiens. En général, ils comprirent cette apparition nouvelle avec la vivacité qui leur était propre, et en même temps avec une grande sagacité et une rare pénétration. Quelque dominant qu'ait alors été déjà le penchant des Grecs à augmenter par des exagérations et des fictions tout ce qu'ils trouvaient, voyaient et observaient de véritablement merveilleux dans les expéditions d'Alexandre et dans le monde nouveau qui s'ouvrait devant eux, cependant beaucoup de choses auxquelles on n'a point voulu ajouter foi dans les historiens du temps d'Alexandre, parce qu'elles étaient étrangères et paraissaient trop merveilleuses, ont été reconnues pour vraies dans les temps postérieurs, à la suite d'observations particulières; de même que des voyageurs modernes ont confirmé la plupart des renseignemens donnés antérieurement par Ctésias, que les Grecs, qui à cette époque ne connaissaient rien des contrées éloignées de l'Orient, regardaient indistinctement comme fabuleux. En faisant abstraction de quelques fausses idées qu'il est facile d'expliquer, et de contradictions de détail apparentes, l'ensemble du tableau que les Grecs ont tracé de l'Inde s'accorde parfaitement avec l'état actuel de ce pays et avec les meilleures sources anciennes auxquelles nous ayons pu puiser; de telle sorte qu'ils se prêtent un mutuel appui. Ces solitaires indiens, sur la bizarrerie desquels des missionnaires et des voyageurs anglais, qui en ont été témoins oculaires, nous rapportent aujourd'hui même des renseignemens si authentiques, dont tous les livres et toutes les poésies des Indiens célèbrent le genre de vie et prêchent l'adoration : les Grecs aussi les y trouvèrent déjà; et ce ne fut pas pour eux un des moindres sujets de surprise que ces gymnosophistes, comme ils les appelaient, d'un nom qu'ils créèrent exprès pour eux. Les Grecs trouvèrent dans l'Inde deux sectes philosophiques ou religieuses dominantes, celle des Brachmanes et celle des Samanéens; et il est en effet facile de distinguer encore dans les sources et dans les ouvrages de l'antiquité indienne deux systèmes opposés de philosophie. L'un, qui est le plus récent, n'a jamais été généralement répandu dans l'Inde, quoiqu'il se rattachât aussi bien que possible à l'ancienne doctrine, parce qu'il attaquait l'antique division du peuple en castes distinctes, ainsi que la domination exclusive des bramines; et comme il a toujours été se perdant davantage, il n'en reste plus aujourd'hui que quelques vestiges; au contraire, il s'est d'autant plus répandu au Thibet, en Chine et dans toute l'Asie centrale et septentrionale. Le mot même par lequel les Grecs désignent une des deux sectes qu'ils trouvèrent dans l'Inde est d'origine indienne; il signifie le calme et la sérénité intérieure, qui, dans la vie contemplative des solitaires indiens, était considéré comme la première condition de la perfection. Le nom de Shamans, si répandu parmi les peuples de race tartare et dans l'Asie centrale et septentrionale, que l'on donna dans ces contrées aux prêtres et aux magiciens, doit sans doute être dérivé de la même source et ne faire originairement qu'un avec le mot indien que nous venons de rapporter.

La plus ancienne doctrine de l'Inde est celle qui honore Brahma et Menou, son prophète, son esprit, sa pensée créatrice et son législateur. La chronologie fabuleuse des Bramines entre aussi dans leur littérature, dont ils attribuent les ouvrages les plus anciens à des personnages absolument fabuleux, et auxquels ils donnent une antiquité tout-à-fait fictive. Dans le premier moment de leur admiration, quelques savans européens ayant aveuglément adopté l'ensemble de cette antiquité fabuleuse, il n'est pas étonnant que d'autres se soient précipités dans l'extrême opposé, et tiennent pour suspecte l'antiquité de tous les ouvrages indiens. Ils ont tort assurément de ne point faire d'exceptions. A la vérité, les Védas, qui attirèrent d'abord toute l'attention des curieux comme les documens sacrés les plus anciens de l'Inde, ne répondent peut-être pas tout-à-fait à l'attente de l'investigateur, à cause de leur contenu le plus souvent liturgique ; au contraire, les Oupanishats, ou commentaires et développemens ajoutés aux Védas, sont à la vérité plus riches en dogmes, mais composés entièrement d'après le système de la doctrine de Védanta : on les attribue, à cause de cela, à l'époque comparativement plus moderne de Vyasa. Le code de lois de Menou, traduit par William Jones, est, de tous les livres indiens qu'une traduction fidèle nous ait fait connaître, le plus ancien, le plus authentique, celui où l'on aperçoive le moins de falsifications; c'est un code de lois à la manière de l'antiquité, embrassant toute la vie; aussi est-ce en même temps un livre et un tableau complet de mœurs, une doctrine poétique sur Dieu et les esprits, l'origine du monde et celle de l'homme. De même que chez les Grecs, dans la plus haute antiquité, avant que la prose fût née, des narrations purement historiques, des sentences didactiques, ou des lois, et en général ce qui méritait d'être conservé, étaient souvent rédigées en vers, avec peu et même sans ornement poétique; de même, ce code indien est rédigé dans la forme antique et simple du vers métrique et du distique; la plupart des sentences qu'il renferme sont pleines de sens; on y trouve beaucoup de passages poétiquement beaux et même sublimes. La manière de vivre si bizarre des Indiens, dont on peut dire qu'elle est entièrement basée sur l'idée de la transmigration des âmes, y est représentée. Peut-être n'y a-t-il jamais eu d'autre peuple dans l'antiquité chez qui la conviction de l'immortalité de l'âme et la certitude d'une vie future aient autant dominé toutes les idées, pénétré tous les sentimens, déterminé tous les jugemens et toutes les actions, que chez les Indiens. Tandis que dans la croyance populaire et poétique des Grecs, le monde futur ne forme que le fond obscur et éloigné d'un présent purement sensitif qui s'écoule au milieu des jouissances les plus douces; chez les Indiens, la certitude d'une vie future devient presque la réalité et le positif, empiète pour ainsi dire sur la vie terrestre actuelle, dans laquelle du moins tout est rapporté à une autre existence qui seule lui donne de l'importance et du prix. Selon la doctrine et la philosophie des Indiens, tout ce qu'il peut y avoir de bien dans la vie n'est qu'une préparation à la vie future; tous les malheurs que l'on y peut éprouver ne sont que le châtiment et les conséquences de ce dont on s'est peut-être rendu coupable dans une vie antérieure. Les liens les plus doux, ceux de la nature et de l'amour, en reçoivent aussi une consécration nouvelle. D'après ce système, le père et le fils sont tellement unis dans leur essence la plus intime, que la mort même ne saurait briser cette union ni la connexité de leurs destinées. Le mariage est aussi considéré comme d'autant plus sacré qu'il s'étend au-delà de la vie. Cet esprit respire dans toutes les productions, dans tous les ouvrages, dans toutes les poésies des Indiens ; il forme le caractère particulier de leurs opinions. C'est par les poésies d'exposition des Indiens qu'il faut apprendre à juger et à reconnaître l'influence que cette manière de penser exerce sur la vie, sur toutes ses relations et sur toutes ses pensées, et de quel genre de poésie, de beauté et de sentimens d'amour peuvent être accompagnées ces notions si étrangères. Ce qui nous charme dans cette poésie, c'est le sentiment délicat pour la solitude et le monde végétal animé dans toutes ses parties, qui se présente sous des formes si attrayantes dans le poème dramatique de la Sakountala; les traits de douceur et de fidélité des femmes, ainsi que de la beauté et de l'amabilité de la naïve nature, qui brillent peut-être encore davantage dans l'exposition épique plus ancienne de la même tradition indienne (1). Qu'elle est touchante et digne d'admiration cette profondeur de sentiment moral d'après laquelle le poète appelle la conscience, *le vieux solitaire ou l'œil du cœur*, à qui rien ne reste caché ; et dit qu'une action injuste et une faute peuvent si peu demeurer cachées, que non-seulement tous les dieux et l'homme intérieur les connaissent, mais même

(1) J'en ai donné la traduction dans mon ouvrage intitulé : *Essai sur la langue et la sagesse des Indiens*, pages 308-324.

que la nature inanimée, le soleil et la lune, le feu, l'air, le ciel, la terre, l'onde et l'abîme, les ressentent, et en sont épouvantés comme d'une destruction générale de la nature et d'un ébranlement du monde. Le tableau des mortifications terribles que s'imposent les pénitens indiens, et du sacrifice volontaire des veuves après la mort de leurs époux, dont il est souvent parlé dans les livres indiens, paraît plus étrange à notre sentiment, quoique nous y découvrions une foule de traits gracieux et tendres.

Qu'il me soit permis d'ajouter ici quelques mots sur cette coutume particulière des Indiens, qui, alors même qu'elle est volontairement suivie, n'est cependant qu'un suicide; et qui, lorsqu'elle n'est observée qu'à l'aide de suggestions, doit être considérée comme un sacrifice humain, et qui est doublement cruelle lorsqu'elle arrache une tendre mère à ses enfans. Dans les lieux où ils règnent, les Européens ont mis un terme à ces sacrifices funéraires; du moins en était-il ainsi à une époque antérieure. Mais, dans ces derniers temps, aux portes même de Calcutta, ils sont plus communs que jamais. La domination des Anglais dans l'Inde est fondée sur ce principe, qu'il faut gouverner les Indiens d'après leurs usages, leurs mœurs et leurs lois. Aussi sont-ils devenus généralement les bienfaiteurs des Indiens, en les délivrant de la persécution et de l'intolérance des Mahométans, bien que quelques-uns d'entre eux aient pu se rendre coupables d'actes oppressifs isolés. Plus la domination des Anglais s'est étendue dans l'Inde, plus ce ménagement pour les usages des Indiens semble être devenu nécessaire au gouvernement du pays; surtout depuis qu'une légère atteinte portée aux mœurs indiennes dans l'armée y a excité, dans ces dernières années, une révolte terrible. On peut donc concevoir facilement comment ce ménagement a pu être porté jusqu'à la tolérance coupable de ces sacrifices funéraires; peut-être deviendront-ils toujours plus fréquens, à mesure que les naturels, si opiniâtrément attachés à leurs usages, à la conservation desquels ils veillent avec une attention jalouse et défiante, comprendront ce qu'ils peuvent se permettre par la force que leur donne leur supériorité numérique; et les bramines ne manqueront pas de saisir toutes les occasions qui se présenteront pour alimenter le fanatisme du peuple par de pareils spectacles. On a cru voir dans cet usage l'effet de la jalousie, ainsi qu'un plan d'oppression du sexe féminin; cependant cette manière de voir ne s'accorde nullement avec ces idées élevées sur le respect dû aux femmes que l'on trouve en foule dans les anciens poèmes et dans les anciens codes des Indiens. Aussi bien, un semblable mépris et un semblable esprit d'oppression des femmes sont loin des opinions propres aux Indiens. Il est possible toutefois que, dans les temps modernes, l'exemple des Mahométans ait corrompu leurs mœurs sous ce rapport. A l'occasion de ces sacrifices, d'autres se sont souvenus, avec plus de bonheur, des sacrifices funéraires qui étaient également en usage chez les peuples sauvages, surtout chez les peuples belliqueux, et dans lesquels on enterrait avec un héros ou un conquérant fameux son cheval, ses armes, et d'autres objets dont il pouvait avoir besoin dans l'autre vie, ainsi que des esclaves pour le servir; et où, dans le délire de la douleur, l'ami ou l'amante du héros se précipitait souvent dans les flammes de son bûcher ou dans sa tombe, comme si le mort illustre avait dû emmener avec lui tout ce qu'il aimait et chérissait sur la terre. Dans l'Inde même, le sacrifice des femmes, volontaire en apparence, mais le plus souvent déterminé par les suggestions du fanatisme, n'avait originairement lieu que dans la caste des guerriers : jamais il ne put être général, et, dans les temps anciens, il était probablement très-rare, quoiqu'il fût admiré et recommandé comme un acte héroïque. La complète certitude d'une réunion des personnes dans l'autre vie, immédiatement après la mort, a dû beaucoup contribuer à rendre possibles ces actes, que l'on a surtout peine à concevoir de la part de mères; d'autant plus que, d'après le témoignage de plusieurs écrivains qui ont décrit les mœurs du peuple indien, les femmes de cette nation se distinguent par l'amour le plus tendre pour leurs enfans, sentiment si naturel d'ailleurs à toutes les mères chez tous les peuples de la terre.

Depuis que la domination des Anglais nous a procuré de nouveau l'accès de l'Inde ancienne et moderne, l'objet qui a le plus attiré l'attention et l'admiration des Européens a été l'antique langue du pays. C'est bien avec raison qu'on la nomme le samskrit, c'est-à-dire le parfait, l'achevé. Tout-à-fait semblable à la langue grecque, sous le rapport grammatical, mais beaucoup plus régulier et par conséquent plus simple, sans être cependant moins riche, il réunit les formes si savantes et si logiques du grec à la précision et à la concision de la langue romaine; en même temps, il offre une foule d'analogies dans ses racines avec les langues persane et germanique, et présente dans ses expressions cet élan d'inspiration et cette force naturelle que nous trouvons encore dans la langue persane, et que la langue germanique possédait autrefois. On peut appeler l'ancienne langue des Indiens une langue sacerdotale, dans toute la plénitude de l'expression; et il en faut dire autant de la langue hébraïque, à laquelle elle ressemble d'ailleurs fort peu, et avec laquelle elle n'a que des rapports extrêmement éloignés. Car, si les peuples portent tous le caractère d'une des castes antiques de la première organisation sociale en peuples de prêtres, de héros et de trafiquans, il en est de même des langues. Parmi celles qui ont une origine et une source communes, l'ancienne langue latine est, sous le rapport sacerdotal, celle qui offre le plus d'analogie avec le samskrit. La langue grecque est celle qui forme la transition de cette première classe aux langues héroïques et poétiques : le même élément domine presque exclusivement dans les langues persane et germanique; tandis que les langues slaves, en tant qu'elles appartiennent véritablement à la même grande famille, sont peut-être plutôt dérivées de la masse des castes esclaves, et, avec la même origine et la même construction grammaticale, paraissent porter en elles ce caractère, qui ne sert qu'au besoin de la conversation familière.

La Sakountala, traduite avec une fidélité littérale par William Jones, est, de toute la poésie indienne que nous connaissions, l'ouvrage qui donne le mieux une idée de l'art poétique des Indiens et un exemple frappant de la beauté particulière au génie de ce peuple dans ses poésies. On n'y trouve point l'ordonnance élégante et régulière des Grecs, ni le style énergique et grave de leurs tragédies, mais tout y est animé d'un sentiment de délicatesse profond et aimable; tout y respire la grâce et la beauté sans art; et si le penchant à une vie solitaire et oisive, le plaisir que fait naître la beauté de la nature et surtout la vue du monde végétal, amènent çà et là une certaine abondance d'images et d'ornemens poétiques, il ne faut cependant y voir que la parure de l'innocence. L'exposition y est claire et sans art, le style en est d'une noble simplicité. Les amateurs de poésie pourront facilement, par la lecture de cet ouvrage, dépouillé même de son ornement métrique dans une traduction allemande, se faire une idée du génie de la poésie indienne. Que Kalidas ait été contemporain de Virgile, comme le prétend William Jones, ou plutôt de Firdousi, ce qui serait le cas, si le Vikramaditya qui le protégea a été postérieur; voilà ce qu'il peut être fort important pour la critique d'approfondir et de décider : mais pour la valeur intrinsèque de cette poésie, il est loin d'en être de même. La richesse d'ornement de la langue poétique de Kalidas est visiblement distincte de l'élévation et de la simplicité de l'ancien poème héroïque; la langue même est différente. Il y a cependant toujours beaucoup d'analogie dans l'esprit de la poésie; ou du moins la différence n'y est pas si grande que celle que nous remarquons dans les diverses époques et gradations de la poésie grecque.

Ce que la mythologie indienne raconte de l'invention de la poésie et du rhythme indien concorde parfaitement avec l'esprit d'une pareille poésie. Le sage Valmiki, que l'on dit être l'auteur de l'autre grand poème héroïque appelé le Ramayan, vit un jour, selon ce poème, un couple de petits oiseaux qui vivait heureux et tout à l'amour dans une belle solitude; tout-à-coup le mâle succombe, égorgé par une main barbare. A cet aspect, saisi de douleur et de pitié pour les plaintes de la femelle abandonnée, il prononça des mots qui avaient un rhythme. Ainsi furent inventés l'élégie et le distique indien ou la shokla, ainsi que les règles de son rhythme. J'ai déjà traité plus haut de la sentence, comme forme originelle commune à toute espèce de discours conservé et rendu durable par la mesure ou l'écriture, et dans laquelle se rencontrent la philosophie la plus ancienne et la première poésie, comme dans le même berceau d'une révélation sacrée. La forme des sentences indiennes est métrique comme le distique des Grecs; mais elle se distingue de la vivacité rhythmique de celui-ci par une symétrie rigoureusement harmonique et par un ordre de pensées presque symétrique; aussi la shokla a-t-elle, même par sa structure particulière, un caractère de simplicité et de dignité joint à une expression toute particulière d'un calme sublime, qui convient singulièrement à ces traditions, à ces pensées, à ces inventions et à ces symboles d'un monde primitif gigantesque qui a péri. Mais, pour bien comprendre cette fable de l'invention de la poésie ou du récit, il faut encore que nous nous rappellions que, selon le système des Indiens, ce sont des âmes humaines qui sont captives dans les corps des moindres animaux; et que ce sentiment d'amour, loin de se borner à une espèce particulière, pénètre au contraire toute la nature animée de ses formes nombreuses et variées, comme l'âme commune du monde. Il y a un tendre sentiment de délicatesse, quelque chose d'élégiaque et d'attrayant dans l'ensemble des poésies indiennes. On voit partout les formes titaniques servir de base à la tradition et à la poésie; et les productions gigantesques de la sculpture indienne nous les représentent également. Valmiki peut donc très-bien avoir chanté comment Rama, le héros favori de l'Inde, ayant été banni, erra dans les bois; comment sa bien-aimée Sita lui fut enlevée; combien de temps il la chercha en vain, et comment il finit par la retrouver. Mais la poésie indienne n'est pas moins riche en tableaux et en traits héroïques et élevés; le côté brillant et joyeux de la vie est largement traité dans ce poème, qui embrasse tout, et qui dans l'hymne d'introduction est comparé à un torrent impétueux,

« sortant des montagnes de Valmiki et se précipitant dans la mer de Rama qui est tout-à-fait sans tache et en même temps riche en fleurs et en ruisseaux. »

Le poème pastoral Gita Govinda est également plein de gaîté, et respire partout le brûlant enthousiasme de l'amour. Ce poème chante Krishna, lorsque, tel que l'Apollon des Grecs, il errait sur la terre comme berger, entouré par neuf bergères; mais c'est moins une exposition dans le genre de l'idylle, qu'une série de chants antiques dithyrambiques, dont William Jones n'a pas pu transporter dans sa langue la forme éminemment lyrique. Le contenu en était d'ailleurs trop hardi pour en donner une traduction fidèlement littérale; il n'a voulu en présenter qu'un extrait, qu'une faible image; mais cette image, tout imparfaite qu'elle est, suffit pour donner aux amateurs de poésie une idée de la beauté de l'original. Au contraire, on a traduit littéralement et avec beaucoup de fidélité, l'Hitopadesa, livre de fables indien très-connu, et qui a été la source première de tant d'autres recueils de fables. Ce poème se distingue par une simplicité sans art et par une grande clarté dans la narration. On y a conservé une foule de beaux passages tirés des poésies plus anciennes, des sentences et des vers riches de pensées. La narration n'y a, à proprement parler, d'autre objet que de lier entre elles ces maximes et ces sentences poétiques, choisies pour en former une couronne de fleurs, d'éveiller et d'exercer en même temps la réflexion et la mémoire de la jeunesse. Il est vrai qu'on y trouve aussi beaucoup de choses qui répugnent à nos idées.

On peut dire, en général, qu'il n'y a d'entièrement fidèles que les traductions de Wilkins, de Jones et de ceux qui ont travaillé dans le même esprit qu'eux; quelques ouvrages qui ont paru en langue française ne sont que des extraits insuffisans, et quoiqu'ils nous donnent le contenu général d'ouvrages qui appartiennent véritablement à l'antiquité indienne, ils ne sont cependant pas directement traduits de la langue primitive, mais tirés d'ouvrages écrits dans quelque dialecte particulier au pays, en sorte que les omissions et les passages tronqués ou interpolés ne sauraient y manquer. C'est ce qui est arrivé à l'égard du livre que l'on appelle Bagavadam, jusqu'à présent le seul des dix-huit Puranas qui ait été traduit. D'autres ouvrages d'auteurs qui ne connaissaient point la langue ancienne ou qui n'ont pu faire aucun choix, ne contiennent que des communications orales des Bramines, et divers extraits d'ouvrages anciens ou plus récents. De ce nombre sont, parmi les anciens, Roger et plusieurs autres ouvrages de voyageurs ; et, parmi les modernes, le recueil posthume de Polier. Il ne faut se servir qu'avec la plus grande défiance des ouvrages que les Mahométans ont écrits sur des sujets indiens ; à la vérité, lorsqu'ils exposent historiquement l'état présent du pays, on peut les croire comme témoins oculaires ; par exemple, Ayen Akbery, dans le grand rapport que l'empereur Akbar se fit rédiger sur l'Inde. Mais lorsqu'ils abordent la philosophie indienne plus ancienne, lorsqu'ils l'analysent ou essaient de la faire connaître par des traductions, ils méritent peu d'être crus, parce qu'ils manquent de tout esprit de critique, et à cause de leur manière de traduire fautive, forcée et souvent inintelligible; et que d'ailleurs ils sont incapables de concevoir une philosophie aussi profonde que celle des Indiens, qui est entièrement étrangère pour eux. C'est pourquoi l'Oupnekat est une des sources les plus obscures pour la connaissance de l'antiquité indienne; elle est presque inutile, et l'on pourrait d'autant mieux s'en passer que l'on possède d'autres monumens du même genre beaucoup plus parfaits. On n'a besoin que de comparer les traductions si littérales de l'Oupanishat, par Colebrook, avec les passages correspondans dans cette défiguration persane, pour se convaincre que cet ouvrage a été composé en dépit du sens commun, et qu'il nous est tout-à-fait inutile.

Dans la littérature indienne, l'esprit de discernement et d'examen est d'autant plus nécessaire, que cette littérature est très-riche, et que les Bramines attribuent une antiquité fabuleuse à tous les ouvrages qui ont rapport à leur mythologie et à leur système. Il est souvent fait mention, dans plusieurs ouvrages indiens, d'Alexandre et de Sandrocottus, qui régna dans l'Inde après Porus. L'époque où ces ouvrages ont été composés est par là même déterminée. Dans d'autres, on trouve des mentions qui se rapportent déjà aux premiers temps de la domination des Mahométans. Cependant il ne faut pas se hâter de juger de tout l'ouvrage, de son authenticité ou de sa supposition, par un passage isolé qui peut avoir été ajouté postérieurement.

Les ouvrages indiens ont, à la vérité, moins souffert de la nature chancelante d'une tradition qui, pendant long-temps, n'a été transmise qu'oralement, et qui jette dans nos esprits tant d'incertitude sur la véritable forme des productions de l'esprit les plus anciennes chez les Grecs. On peut admettre que les ouvrages indiens, même les plus anciens, ont été rédigés sur-le-champ par écrit. Il est étonnant que, parmi les nombreux monumens de l'Inde, surchargés qu'ils sont d'une mythologie entièrement sculptée sur des rochers, d'après un genre de sculpture antique, il ne se trouve cependant nulle part des hiéroglyphes; tandis que l'alphabet phénicien et tous ceux qui en sont dérivés, surtout ceux de l'Asie occidentale et de l'Europe, lesquels ont tous une source commune, ne peuvent nier, quant à la forme et même quant à la dénomination des lettres, leur origine et leur corrélation avec les hiéroglyphes qui les ont précédés. On ne remarque point de semblables traces dans l'alphabet indien ; on pourrait même conclure, avec quelque fondement, de sa nature qu'il ne saurait avoir eu une pareille origine. Cela est remarquable sous plus d'un rapport; ce qui ne l'est pas moins, c'est que l'usage des chiffres décimaux ainsi que de l'écriture, qui est sans contredit la plus grande invention de l'esprit humain, est attribué aux Indiens par des témoignages historiques irréfragables, gloire que jusqu'à présent l'on n'a pas essayé de leur enlever. Mais, bien que, toute proportion gardée, les ouvrages indiens aient été moins altérés et défigurés par la tradition orale que les ouvrages grecs, d'un autre côté, ils peuvent avoir souffert davantage des falsifications faites à dessein et des changemens et additions réitérés. Plus cette remarque s'applique à quelques-uns de ces ouvrages, plus ceux dans lesquels on n'a pas lieu de la faire gagnent en authenticité. Les Puranas, espèce de légendes mythologiques, sont l'objet des doutes les plus prononcés; au contraire, les deux poèmes héroïques dont j'ai précédemment parlé occupent un rang infiniment plus élevé. Parmi tous les ouvrages indiens encore connus, le code appelé Menou est celui qui porte les caractères de l'authenticité la plus irréfragable et d'une antiquité relativement très-reculée. Ceux qui s'occupent d'investigations de ce genre comprendront, même en ne lisant que la traduction de cet ouvrage, par le contenu et par les expressions, qu'ils ont sous les yeux un monument incontestable de l'antiquité. Jones, le plus grand orientaliste du dix-huitième siècle, et le savant le plus distingué que l'Angleterre ait produit, le place, d'après une donnée très-modérée, à une époque un peu postérieure à celle des poëmes d'Homère; et antérieure de quelque temps à la loi des douze tables des Romains. Je crois que l'on peut admettre avec certitude que cet ouvrage et quelques autres, même dans la forme où nous les possédons aujourd'hui, doivent être placés avant l'époque d'Alexandre le Grand, sans qu'ils aient depuis subi d'altération essentielle.

Après cet ouvrage, celui qui, pour la connaissance du génie des Indiens, se présente en première ligne, est le poëme didactique que Wilkins a traduit sous le titre de Bhagavatgita. Cet ouvrage contient le nouveau système philosophique des Indiens, lié dans son origine à la doctrine de cette secte religieuse que les Grecs trouvèrent dans l'Inde, et à laquelle ils donnèrent le nom de samanéenne, pour la distinguer de celle des Brahmes. C'est un épisode de l'un des poëmes héroïques indiens, le Mahabharat; mais il est purement philosophique, et d'après son contenu on pourrait l'appeler le manuel du mysticisme indien. Cet ouvrage jouit de la plus haute réputation; c'est une véritable esquisse du système philosophique qui règne aujourd'hui dans l'Inde. Ce qu'il y a de remarquable, c'est que les divinités qui dans cet ouvrage sont élevées et louées au-dessus de toutes les autres, sont en partie inconnues à l'ancien code de Menou, ou du moins n'y occupent pas un aussi haut rang que dans les ouvrages plus modernes; au contraire, l'auteur de cet ouvrage saisit toutes les occasions de combattre assez clairement, et même presque ouvertement, l'ancienne doctrine des Védas et le polythéisme en général. C'est la doctrine de l'unité absolue dans laquelle toutes les différences disparaissent, et dans l'abîme de laquelle tout vient s'engloutir. Cependant ce système est un panthéisme poétique, en tant qu'il se rattache encore à la mythologie : il ne diffère pas entièrement de la philosophie néoplatonicienne, qui dans un semblable esprit se rattachait encore aux croyances déjà si affaiblies du peuple, relativement aux anciens dieux, dans l'espoir de les ranimer et de leur donner une vie nouvelle. Le culte de Vishnou et de Krishna, qui de nos jours est presque généralement dominant dans l'Inde, tel qu'il est conçu et communiqué dans cet ouvrage, ne diffère de la religion de Bouddha et de Fo, que l'histoire nous apprend avoir été importée de l'Inde dans la Chine et au Thibet dès le premier siècle de notre ère, que par la division du peuple en castes qu'il n'osa point rejeter.

L'apparition du bouddhisme, de cette religion qui aujourd'hui est presque entièrement détruite dans l'Inde, mais qui au midi, au nord et à l'est de la Péninsule, est répandue dans un si grand nombre de pays, qu'elle compte peut-être plus de sectateurs que le christianisme ou le mahométisme, est, dans la civilisation et dans le développement religieux de la Péninsule, le grand point central historique d'où il faut décider, expliquer et coordonner tout ce qui remonte dans l'antiquité, et tout ce qui descend jusqu'à l'état actuel. En s'attachant bien à ce point intermédiaire si lumineux, comme à une base solide, et en portant de là le flambeau de l'investigation jusqu'aux sources mêmes des différens autres systèmes de philosophie des Indiens, parmi lesquels nous ne connaissons encore bien parfaitement que la doctrine de Vedanta, aujourd'hui en vigueur et devenue dominante dans la dernière époque; alors seulement il nous sera possible de reconnaître et de distinguer plus complètement qu'auparavant les diverses époques de la philosophi indienne et la marche progressive de son développement intellectuel ; alors seulement apparaîtront enfin l'ordre et la lumière dans les immenses trésors de la littérature indienne, qui jusqu'à présent n'a guère été pour nous qu'un véritable chaos. Nous ne discuterons pas la question si oiseuse, et d'ailleurs si mal posée, de savoir laquelle est la plus ancienne de la religion de Brahma ou de celle de Bouddha, puisque aussi bien cette difficulté se résoudra d'elle-même, dès que nous nous en tiendrons à ce qui est purement historique. Nous laisserons également de côté, et avec non moins de raison, les incarnations antérieures et fabuleuses de Bouddha, de même que la future apparition d'un nouveau Bouddha, qui doit naître d'une brahmine, après l'écoulement des milliers de siècles fixés pour sa venue. Le réformateur de l'ancien culte de Brahma, que l'on appelle unanimement Gautama Bouddha, et qui a fondé la philosophie de Nyaya, doit évidemment être considéré comme un personnage historique; c'est lui que dans tous les pays les Bouddhistes actuels regardent et adorent comme le divin fondateur de leur religion. Nous passerons sous silence les opinions de quelques antiquaires sur un Bouddha ou Wodan antérieur, et sur un antique bouddhisme très-répandu dans le nord de l'Asie et vers l'Europe ; seulement nous ferons remarquer en passant que, dans l'examen du culte de la nature le plus ancien, cette dénomination tout arbitraire et sans aucune base pourrait conduire à des résultats très-erronés, même pour ce que l'on aurait pu observer avec justesse. C'est ce Gautama qui a formé la grande et décisive époque de l'Inde. Socrate et Epicure, chez les Grecs, amenèrent moins de résultats et de révolutions. L'influence de Zoroastre est restée bornée à l'empire des Perses ; celle de Confucius, à la Chine. Tous deux ont bien moins réagi sur les autres contrées et nations, que ce Gautama Bouddha des Indiens. Quant au temps où il florissait, ses sectateurs dans l'île de Ceylan, à Siam et dans l'empire Birman, s'accordent à le placer environ 600 ans avant J.-C.; tous disent qu'il a quitté la terre 540 ans avant notre ère. Lorsque Alexandre arriva dans l'Inde, les Grecs y trouvèrent les deux partis religieux du pays formant deux sectes complètement différentes, sous le nom de Brahmanes et de Samanéens ; et par ces derniers, ainsi que nous l'avons déjà observé, il faut entendre les sectateurs de Gautama. Il avait, au reste, fallu qu'il s'écoulât un intervalle de temps bien considérable avant que ces grandes divisions eussent pu prendre un caractère aussi prononcé. Aussi bien les Bouddhistes du Thibet et de la Chine assignent à leur religion une antiquité encore plus reculée, et la font dater de neuf cents ou de mille années même avant notre ère. Cependant la version qui lui donne une origine plus moderne suffit complètement pour expliquer l'état de l'Inde au temps d'Alexandre; ce doit nous être un motif pour la regarder comme la plus vraisemblable. Mais, pour bien connaître cette époque de l'histoire du génie indien, et pour avoir un aperçu critique et clairement raisonné de toute la littérature indienne, le point important est de caractériser la philosophie particulière de Gautama et des autres anciens systèmes indiens. Ce sont précisément les plus remarquables que jusqu'à présent nous connaissons le moins, parce que le système dominant a refoulé toutes les autres philosophies plus anciennes; il n'a cependant pu complètement détruire ni leur souvenir ni même leurs monumens authentiques, car on trouve encore une foule d'ouvrages dans lesquels l'opposition et la lutte de ces divers systèmes sont visibles. L'explorateur des antiquités indiennes devra désormais fixer toute son attention sur ce point; car c'est de là seulement qu'il peut résulter quelque lumière pour l'ensemble. D'ailleurs, parmi le petit nombre de peuples qui ont eu une philosophie et une métaphysique en propre, et chez lesquels le goût et l'amour de ces sciences ont été généralement répandus par la nature, comme c'est le cas parmi nous autres Allémands, et comme il en était autrefois des Grecs, les Indiens occupent chronologiquement le premier rang ; c'est pourquoi, de tous les résultats et produits de leur génie, leur philosophie est ce qui doit le plus fixer notre attention. Cependant il faut, pour le moment, nous contenter d'un aperçu rapide et d'une idée générale de ces divers systèmes, qui nous serviront moins à classer ce que l'on peut déjà regarder comme prouvé, qu'à signaler les points qu'il faudra examiner, et à jalonner la route que l'explorateur devra suivre à l'avenir. Tout se réunit pour nous faire penser que la doctrine de Sankhya est le plus ancien système des Indiens. On l'attribue à Kapila, qu'un savant critique croit être l'Hénoch de notre Genèse, et qui assurément fut le premier philosophe du monde primitif. Les deux principes fondamentaux de cette doctrine, qui ne sont point opposés l'un à l'autre comme la lumière et les ténèbres dans la doctrine des Perses, mais liés et coordonnés pour éclairer l'univers, Pouroushottama et Prakriti (ce dernier correspond à la Maya des autres systèmes), ne doivent pas être pris pour Dieu et la nature, mais compris dans une généralité physique, comme étant l'esprit et l'âme, dans la réunion desquels tout subsiste, et de l'amour desquels tout provient. Puisque l'esprit ne peut être reconnu que dans l'âme et par celle-ci, il est évident que cette doctrine de l'esprit et de l'âme, formant les deux principes de l'existence, n'est autre que le spiritualisme pur, qui, en effet, chez les sages du monde primitif, dût être le résultat spontané et originel, quoique dans une grande simplicité, de leurs connaissances naturelles et psychologiques. On conçoit cependant facilement comment ce spiritualisme pur, qui a été incontestablement la première philosophie du monde primitif, comment cette antique doctrine de l'esprit et de l'âme, en perdant sa simplicité originelle, a pu dégénérer bientôt en un polythéisme poétique qui, reposant sur une base astronomique extrêmement imparfaite, faussement interprétée et même demeurée tout-à-fait incompréhensible, est devenue la source de toute la théogonie païenne, qui partout s'est développée avec des formes différentes et locales, mais qui pourtant a conservé chez les diverses nations des traits généraux semblables qui indiquent une origine commune. C'est dans l'Inde surtout, et plus que partout ailleurs, que cette théogonie a conservé, dans une foule de détails, les traces de sa sublime origine et d'admirables restes des connaissances immédiates et des saintes traditions du monde primitif. Si plus tard ce polythéisme poétique fut de nouveau compris scientifiquement, et réduit à l'état de notion abstraite, le matérialisme le plus prononcé en fut et en devait être la conséquence nécessaire ; et la liste si nombreuse des différens systèmes matérialistes doit nous faire présumer qu'il en fut ainsi chez les Indiens, peut-être même à plus d'une époque. Beaucoup de grandes et illustres nations de l'antiquité s'arrêtèrent stationnaires à ce paganisme essentiellement matérialiste, sans jamais pouvoir s'élever au-delà. Quelquefois la grandeur même du mal a provoqué le remède : les désordres et la barbarie de la doctrine païenne ont fait éprouver le besoin d'une réforme vigoureuse, et l'ont même amenée. C'est ce qui est arrivé dans l'Inde à la même époque où chez beaucoup d'autres nations se faisait remarquer un semblable esprit, environ 600 ans avant notre ère, lors de l'apparition de Gautama ou du dernier Bouddha historique ; et cette réforme n'eut pas lieu seulement dans la religion, mais encore dans la philosophie, et fut effectuée par la philosophie même. D'après les vestiges et les allusions que nous en avons conservés, nous devons conclure que la doctrine de Nyaya, attribuée à Gautama, fut un système d'idéalisme plus conséquent et plus complet qu'un semblable système ne l'est d'ordinaire, et même ne le fût jamais chez les Grecs. Sous cette forme il se rapproche d'un athéisme scientifique, qui est cependant tout d'abstraction et diffère complètement de la doctrine que l'on désigne pratiquement sous ce nom, parce qu'il peut très-bien s'unir à une morale extérieure rigoureuse. C'est ce que s'accordent à prouver les différentes données que l'on trouve sur cette doctrine dans les livres chinois. Il est possible aussi que dans l'Inde beaucoup de sectes de Nastiks ou nihilistes se soient rattachées, par cette doctrine idéalistique d'un néant absolu, à la doctrine originelle, meilleure et plus pure, de Nyaya. Au reste, parmi les systèmes classiques de philosophie indienne, c'est la Mimansa qui, par la prééminence qu'elle accorde au principe du mouvement et de l'activité sur celui du repos absolu, paraît se rapprocher le plus de la philosophie idéalistique de Nyaya. La doctrine de Vedanta, aujourd'hui généralement dominante et devenue pour ainsi dire orthodoxe dans l'Inde, en diffère au contraire complètement, bien que, d'après son origine, elle soit indirectement dérivée de cette réforme de Gautama qui a fait partout époque. En se rattachant au positif de la religion et de la tradition indienne, ce système essaie seulement par une explication spirituelle des Védas, ainsi que le nom même l'indique, de défendre l'ancien système du culte de Brahma et la théogonie qui en dérive, contre les innovations bouddhistiques, qui ont cependant exercé sur la partie philosophique de l'ensemble l'influence la plus prononcée. Au reste, il est très-facile de saisir le sens philosophique de la doctrine de Védanta ; c'est le véritable panthéisme. Ce système de panthéisme indien, d'après la doctrine de Védanta, devenu, depuis Vyasa, dominant dans toute la littérature indienne, est déjà suffisamment contenu dans le Bhagavatgita, où il se trouve sous la forme d'un rapide abrégé, et nous est d'ailleurs bien connu, parce que dans tous les genres de littérature, tous les livres des Indiens ont été plus ou moins originellement composés et rédigés, ou du moins retouchés plus tard, selon l'esprit de cette doctrine. Atharvan Ved, le quatrième des Vedas, est aussi composé entièrement dans les principes et les opinions de la doctrine de Védanta, comme les appendices et développemens mystiques, ou Oupanishats. Il en est de même des Puranas, et en général de tout ce que l'on attribue à Vyasa, dont le nom désigne même l'époque où la doctrine de Védanta devint généralement dominante. J'ai déjà dit que nous ne possédions le Mahabharat que revu et retouché d'après Védanta; peut-être en est-il ainsi même du Ramayan. Quant aux trois Védas plus anciens, il nous faut encore différer notre jugement. Cependant le code de Menou paraît n'avoir point subi l'influence de la doctrine de Védanta, et cette circonstance milite singulièrement en faveur de son authenticité et de son antiquité, comparativement plus grandes. D'ailleurs, toutes les données que nous possédons nous portent à croire que les ouvrages relatifs aux autres systèmes de la doctrine de Sankhya et de Nyaya, que combat la Védanta, ne sont point tous détruits, et qu'il en existe au contraire un assez grand nombre, bien que jusqu'à présent on ne les ait pas recherchés comme ils le méritent, et qu'on ne nous les ait pas encore communiqués. La lutte de ces différentes philosophies entre elles nous est représentée de la manière la plus claire dans le Prabodh-Chandrodaya, le lever de la lune de science, comédie philosophique dans laquelle on trouve une foule de traits intéressans empruntés aux systèmes antérieurs, bien que l'ouvrage même soit celui d'un auteur de Védanta. Les systèmes antérieurs méritent surtout de fixer l'attention : nous ne saurions trop les recommander à celle de l'explorateur des antiquités indiennes, pour arriver, en les connaissant à fond, à un aperçu plus complet des progrès du développement intellectuel des Indiens, et des époques les plus importantes de leur philosophie et de leur manière de penser : ce qui lui donnera les moyens de préciser davantage ce que je n'ai fait qu'indiquer, peut-être de le juger en partie tout autrement, et de lui rendre complètement les formes qui lui sont propres.

Comparons maintenant les particularités les plus frappantes de la doctrine religieuse et de la philosophie des Indiens, avec d'autres idées de notre monde et de notre foi, qui ont avec celles-ci une affinité réelle ou apparente.

Ces solitaires ou gymnosophistes indiens, qui étonnèrent tant les Grecs, appartiennent aux deux systèmes philosophiques des Indiens, et proviennent d'idées communes à tous deux. Leur isolement du monde, leur genre de vie entièrement consacrée à la contemplation, et même leurs rigoureuses mortifications, rappellent d'une ma-

nière frappante les anciens solitaires chrétiens d
L'Égypte. Il n'y a à cet égard qu'une seule grand
différence. Qu'il faille renoncer au monde et à se
affaires, afin de pouvoir vivre uniquement pou
soi, c'est là une pensée si naturelle, qu'elle étai
même la base du genre de vie des philosophes
grecs. On a déjà plus d'une fois comparé la vie
de quelques philosophes grecs, si essentiellement
distincte de la vie civile ordinaire, à celle des
ordres chrétiens. Non-seulement Platon, mais
même Aristote, donne à la vie consacrée à l'activité intérieure, à la réflexion et à la contemplation, la préférence sur la vie active. Mais, si quelques individus y ont trouvé un excellent moyen
de perfectionner leur intelligence et leur esprit,
l'ensemble y perdit beaucoup, en ce que l'on
priva l'activité publique de son mobile le plus
puissant. Cette idée, qu'il faut renoncer à soi-même et à son moi pour parvenir à une plus
haute perfection, ne saurait en elle-même être
blâmée ni rejetée; mais les mortifications que les
solitaires indiens s'imposent, en se soumettant
à des tortures volontaires, émoussent toute sensibilité de l'esprit, peuvent engendrer la folie, et
ne servent souvent qu'à nourrir cet orgueil, cette
vanité auxquels on veut précisément échapper.
Au contraire, d'après le véritable esprit du chris-

tianisme, l'isolement extérieur des affaires civiles doit être intimement lié à la plus puissante activité intérieure, non-seulement de l'esprit, mais encore du cœur, et ainsi réagir de la manière la plus bienfaisante sur la société. L'activité civile dans son ensemble, tout ce qu'elle produit, et tous les ressorts qu'elle fait mouvoir, ne sont presque toujours dirigés que vers deux buts principaux, et sont resserrés dans une sphère très-étroite. Il reste encore toujours un vaste champ ouvert à cette activité, qui tend à s'introduire complètement partout où l'on peut avoir besoin d'elle. L'étude des sciences et de tous les arts de la paix, aux époques du développement primitif et guerrier des nations, fait partie de cette activité ; mais lorsque la société est tellement développée, qu'elle l'entraîne dans sa sphère d'action, parce qu'elle en a besoin, il reste encore des nécessiteux et des malheureux à soulager et à protéger ; et alors même qu'on leur aurait donné les secours dont ils avaient besoin, il reste toujours le soin d'élever des hommes pour un but autre que l'utilité civile, de conserver et maintenir la vérité à des époques de révolution générale, et de la préserver d'une ruine totale. Voilà la différence essentielle entre les religieux chrétiens qui ont renoncé au monde pour se consacrer à une vocation plus élevée, et la contemplation inactiv des solitaires et des pénitens indiens.

Outre la commune tendance à une vie solitaire, retirée du monde et toute contemplative on trouve encore d'autres analogies frappante. entre la philosophie indienne et les idées du christianisme. Cependant c'est justement la notion indienne d'une triple divinité que je serai le moins disposé à ranger dans le nombre de ces analogies, bien qu'on l'ait déjà citée dans ce but. En effet, on trouve dans les idées de plusieurs peuples, ainsi que dans les divers systèmes de la plupart des philosophes, quelque chose d'analogue à la trinité de la force fondamentale; c'est la forme générale de l'existence qui a communiqué leur cause première à tous ses effets; c'est le sceau de la Divinité qui, si l'on peut s'exprimer ainsi, est empreint sur les pensées de l'esprit comme sur la forme de la nature. La doctrine indienne, d'une force fondamentale triple, est entièrement différente de celle qui nous a été révélée dans le christianisme; ou du moins, telle que les Indiens la connaissent et l'expliquent maintenant, elle est tout-à-fait contraire au sens commun, en ce qu'ils font entrer dans leur notion de l'Être suprême la divinité destructive. Combinant la divinité destructive avec celle qui crée et conserve, ils font entrer dans leur idée de Dieu la force fondamentale ennemie et mauvaise que les Perses opposaient puissamment à la Divinité, et qu'ils mettaient presque sur le même rang. Ils entendent la doctrine de l'omniprésence de la Divinité, de telle sorte qu'ils enseignent expressément qu'elle est la source de tout mal, de même que celle de tout bien.

La notion de l'incarnation, qui était sans contredit connue des Indiens, ne contient point un accord véritable, parce que chez eux elle est entièrement remplie de fables. On aperçoit un accord plus profond du côté de ce sentiment qui domine dans la vie, et que l'on remarque aussi dans les expositions poétiques que j'ai cherché à caractériser. On a souvent remarqué un calme presque trop grand, et, si on peut s'exprimer ainsi, artificiel et insensible, dans les poèmes et dans les ouvrages de nos anciens, des Grecs; et ceux-là même qui savent apprécier la beauté de ces ouvrages ont trouvé étonnant que là où l'on serait en droit d'attendre l'expression d'un sentiment plus profond, une manifestation de la moralité ou même de la conscience, les anciens aient, avant comme après, saisi leur sujet purement et simplement comme un phénomène de la vie, avec une égalité d'âme étudiée et complète, et que certains sentimens leur aient été peu communs et même totalement étrangers. On peut dire que ce repentir et cette espérance sont des sentimens tout chrétiens, c'est-à-dire l'espérance plus élevée qui a l'éternité pour but. En général, tous les sentimens qui se rapportent à la dégradation de l'état actuel et à une perfection primitive, ont des relations intimes avec ces deux vertus chrétiennes. Chez les Indiens, le sentiment du remords domine tous les autres. Qu'on se souvienne comment, dans le système des Indiens, un crime est profondément ressenti par la nature tout entière. Cette voix solitaire du cœur, nom que les Indiens donnent à la conscience, est évidemment le pressentiment et comme la voix qui nous annonce un autre monde, d'ailleurs caché à nos regards. Mais, s'il arrive souvent que cette voix ne puisse point se faire entendre dans le tumulte de la vie extérieure, chez d'autres, ce pressentiment peut être trop vivement excité, et de telle sorte que sa force succombe sous la violence des impressions. Non-seulement les Indiens rapportent à des notions et à des sentimens de ce genre toutes les actions et tous les phénomènes de la vie, mais même la nature entière prend cette forme à leurs yeux. L'Indien voit dans toutes les formes qui l'environnent des êtres semblables à lui, éprouvant les mêmes sentimens que lui, souffrant comme lui par suite de fautes antérieurement commises, qui s'efforcent de parvenir jusqu'à lui avec leur voix et avec leurs plaintes, flottant entre des souvenirs pénibles et des pressentimens inquiétans, et renfermés dans ces liens douloureux. Il n'y a que le baume de l'amour, de ce sentiment qui anime tout, qui puisse modérer et adoucir ces idées tristes et pénibles, qui autrement feraient succomber l'âme sous le poids de la douleur.

L'analogie des idées morales des Indiens avec celles des chrétiens, relativement à la manière dont une seconde et nouvelle vie commence dans l'âme aussitôt que celle-ci, concevant l'idée de Dieu, abandonne cette vie, et, semblable au phénix, s'élève rajeunie de ses cendres, est encore plus frappante. Cette idée d'une naissance nouvelle est si dominante chez les Indiens, que les Bramines ne s'appellent et ne se font point appeler autrement que les deux fois nés, et cela dans le même sens spirituel. Cependant il existe encore ici une grande différence : le christianisme n'a jamais attaqué ni improuvé les prérogatives héréditaires dans tous les biens terrestres, alors qu'elles étaient fondées sur la nature et sur la raison ; et il n'y a que des fanatiques égarés qui aient pu en faire dériver l'égalité politique comme conséquence nécessaire. Mais par contre le christianisme a toujours proclamé et développé ce principe, que tous les hommes sont égaux devant Dieu; principe qui, mieux que tout autre, fonde une noble liberté de pensée. Que si, au contraire, on accorde à une caste, à titre d'avantage héréditaire, ce qui cependant ne peut être attribué qu'à une vocation intérieure, et ce qui ne peut être qu'un don du ciel, qui tombe souvent en partage à l'homme en apparence le plus obscur et le plus humble, il est facile de voir combien un pareil principe doit engendrer d'orgueil d'un côté, et quel excès d'avilissement il doit produire de l'autre.

Cette analogie entre plusieurs opinions et notions des Indiens et celles des chrétiens, remarquable malgré les erreurs et les altérations dont elles sont accompagnées, ne saurait être considérée en général comme nouvelle et comme empruntée; elle est, dans quelques parties du moins, historiquement prouvée et réellement ancienne. Nous ne devons pas nous étonner d'une pareille anticipation de la vérité, quoique imparfaite, de même que l'on ne saurait penser, en voyant chez les autres nations de l'Asie quelque chose de semblable aux traditions et aux mystères de Moïse, ou aux symboles de Salomon, qu'elles ont eu comme nous sous les yeux un exemplaire écrit de l'Écriture sainte, et qu'elles n'ont fait que le copier. On trouve encore des traces et de nombreux vestiges de la source primitive dans les fleuves nombreux qui en sont dérivés et qui n'ont plus toute leur pureté. Les germes de toutes les vérités et de toutes les vertus sont dans l'homme, qui est fait à l'image de Dieu ; souvent des pressentimens incomplets et des inspirations partielles précèdent de long-temps ce qui ne doit se réaliser que plus tard. Les premiers apologistes du christianisme trouvèrent dans la vie de Platon et dans la doctrine de Socrate tant de choses qui coïncidaient avec leurs opinions, et qui parlaient vivement à leur cœur, qu'ils ne purent s'empêcher d'y voir le sceau du christianisme. De même que les phénomènes de la nature sont partout liés par la connexité d'une vie commune ; de même que les pensées de la raison sont enchaînées les unes aux autres, dans une suite continuelle ; de même aussi toutes les vérités qui ont rapport à Dieu sont, dans une région plus élevée, en contact immédiat entre elles. Celui qui en possède une peut en pressentir plusieurs autres, ou du moins il a le pressentiment de leur ensemble ; seulement il faut que la première étincelle de vérité parte d'en haut; l'homme ne saurait la produire ni la créer lui-même, pas plus qu'il n'a créé ou pu créer lui-même son corps mortel. A la vérité il est des pensées, des séries entières de pensées et de mondes qui ont leur origine en elles-mêmes, et dont l'homme est le seul auteur; mais ces pensées, d'une capacité vide, ne sont que des pensées subtiles et sophistiques qui n'ont aucun résultat, et qui s'embarrasseront éternellement en elles-mêmes : ces pensées ne contiennent ni lumière, ni vérité; de même qu'en morale on ne saurait appeler flamme pure le feu d'un sot orgueil et d'une ivresse de pensées. Que si l'on voulait maintenant remarquer que cette investigation, qui tend à arriver plus loin, et le pressentiment du tout par une seule vérité, n'ont cependant rien que de très-chancelant et de très-incertain, assurément on retrouverait une pareille incertitude même dans les altérations mêlées aux traces de vérités qui se trouvent presque partout. Le grand tableau du développement de l'esprit humain, l'histoire de la vérité et des erreurs, deviennent toujours plus complets à mesure que l'on apprend à connaître plus de nations qui ont eu un génie particulier. Chez les nations les plus reculées de l'Asie, nous trouvons souvent réunies des choses qui, dans notre monde occidental, étaient très-éloignées les unes des autres, tandis que les Perses sont évidemment plus rapprochés des Hébreux que les autres peuples de l'antiquité. Sous le rapport de leurs opinions et même de leur religion, la partie poétique de leurs doctrines a une analogie avec la théogonie du Nord que l'on ne saurait se refuser à reconnaître ; de même que leurs mœurs ressemblent en une foule de points à celles des Germains. Chez les Indiens on trouve à côté d'une mythologie qui, dans certaines parties, ressemble tout-à-fait à celle des Grecs, et dans d'autres à celle des Egyptiens, jusqu'à des analogies de détail, des notions morales et philosophiques qui ont une certaine ressemblance avec celles des chrétiens. Les communications d'idées entre les Indiens et les autres peuples de l'antiquité, qui ont pris la part la plus directe à la tradition la plus ancienne et aux premières connaissances, ou qui étaient les plus civilisés, ont dû être réciproques. Les Perses ont, sans contredit, dominé dans l'Inde septentrionale avant Alexandre, ou du moins l'ont-ils, de temps à autre, visitée en conquérans. Des notions et des doctrines particulières aux Perses ont pu se répandre dans l'Inde dans des temps d'autant plus reculés, que les deux peuples, quoique différant sous le rapport de la constitution politique et de la manière de penser, parlaient cependant la même langue et étaient originairement descendus de la même race. L'expédition d'Alexandre, l'arrivée des Grecs et leur domination dans ce pays, quoiqu'elle n'ait été que de courte durée, ont probablement exercé une certaine influence sur l'esprit des Indiens. Comme il y a dans la civilisation grecque beaucoup plus de choses originairement étrangères que l'on n'en veut y voir au premier abord, parce que les Grecs hellénisaient et s'appropriaient tout, il est possible qu'il en soit de même de l'Inde, où l'idée qui domine tout a pu amener la même métamorphose et la même altération dans ce qu'elle adoptait d'étranger, et a pu avoir les mêmes résultats que produisirent en Grèce la grande vivacité et l'étonnante variété d'un génie libre. Que si, dans des temps plus reculés, l'Egypte n'a point rendu à l'Inde en proportion de ce qu'elle en recevait, plus tard cependant le christianisme a été transplanté d'Égypte dans l'Inde ; et cet événement peut aussi avoir exercé quelque influence sur des écrits des Indiens qui ont été composés plus tard. La première propagation du christianisme sur la côte du Malabar est attribuée aux temps des apôtres ; il existe à la fin du quatrième ou au commencement du cinquième siècle des documens historiques d'une mission chrétienne qui s'est rendue de l'Égypte dans l'Inde. A cette époque l'Inde avait aussi des rapports commerciaux avec l'Ethiopie. Tant que l'Arménie, la Syrie, l'Egypte et l'Ethiopie jouirent sans troubles du christianisme, et furent sinon incorporées à l'Empire de Byzance, du moins en relation d'amitié avec ses souverains, la communication de l'Occident avec Constantinople et les parties plus éloignées de l'Orient a dû être plus facile et se maintenir, à certains égards, d'une manière durable. Le dernier de tous les écrivains du sixième siècle, qui parle de l'Inde comme témoin oculaire, trouva les mers et les ports indiens remplis de vaisseaux persans. Les Persans s'étaient aussi rendus très-puissans sur terre peu de temps avant Mahomet, et refoulèrent toujours de plus en plus les Romains vers l'ouest. Lorsque, sous les successeurs de Mahomet, l'Egypte et la Syrie furent arrachées à l'Empire de Byzance, cette communication de l'Orient avec l'Occident fut, pour la première fois, interrompue, et ne se rétablit que plus tard par les croisades.

CHAPITRE VI.

Influence du christianisme sur la langue et la littérature romaines. — Caractère du Nouveau Testament. — Révolution opérée par les peuples du Nord. — Chants héroïques des Goths. — Odin. — Ecriture runnique. — l'Edda.

L'ÉPOQUE où les divers systèmes orientaux pénétrèrent dans l'Europe et luttèrent les uns contre les autres, embrasse les temps qui se sont écoulés depuis Adrien jusqu'à Justinien. La domination et l'influence prépondérante du génie oriental se montre aussi dans les premiers temps du christianisme. La plupart des sectes fanatiques des premiers siècles voulaient, en effet, introduire diverses théories orientales et surtout persanes, ainsi qu'une mythologie, qui répugnaient tout-à-fait au christianisme pur. Parmi les chrétiens même, Origène, le premier et le plus grand de leurs philosophes, croyait à la transmigration des âmes et à d'autres théories orientales qui ne sont nullement en harmonie avec le christianisme. Dans la philosophie néoplatonicienne, qui s'attachait à l'ancienne religion et combattait le christianisme, le goût égyptien devint toujours plus dominant. Cette philosophie était un mélange confus d'astrologie, de métaphysique et de mythologie. Le goût pour les sciences occultes magiques, qui souvent n'étaient pas seulement de folles chimères, mais encore des crimes, devenait toujours plus général. Telle était la philosophie que l'empereur Julien voulait mettre à la place du christianisme et rendre dominante. Plus le christianisme faisait de progrès, plus la lutte qu'il eut à soutenir contre l'ancienne religion prenait un caractère général et vaste. Les premières persécutions des chrétiens s'expliquent facilement par l'antipathie naturelle qui régnait entre l'ancien et le nouveau système religieux. Au contraire, il faut reconnaître que sous Dioclétien le christianisme fut attaqué systématiquement, et que l'on avait formé le projet de l'extirper à tout prix. Mais la cause du christianisme était déjà trop forte, ainsi qu'on en eut la preuve sous le règne de Constantin. Le triomphe que la nouvelle croyance remporta doit être attribué à cette force interne qui s'était maintenue même sous Dioclétien, et non pas être considéré comme l'ouvrage d'un seul homme. Cependant la postérité reconnaissante lui en a fait un mérite, et a même couvert ses fautes d'un voile officieux. Le génie de l'ancien Olympe essaya encore une fois de lutter contre les temps nouveaux, sous l'empereur Julien, à qui on ne saurait refuser de grands talens. Il chercha à exécuter ses desseins avec un art infini, et non par la force ouverte, comme Dioclétien ; ce qui d'ailleurs n'eût alors été guère possible. Il attaqua le christianisme avec les armes du ridicule et par une foule de voies indirectes ; mais surtout en cherchant à l'isoler de toute haute civilisation, afin de lui nuire et de le rendre méprisable. Quant à cette conduite habilement calculée, mais qui cependant n'a eu aucun succès, les panégyristes de l'empereur Julien, dans ces temps modernes, peuvent entrer complètement dans sa manière de voir ; mais, s'ils apercevaient sous sa véritable forme, et d'après le caractère particulier du siècle, l'espèce de superstition scientifique à laquelle Julien visait, ils consentiraient difficilement à y reconnaître entièrement l'objet de leurs éloges.

Lorsque le christianisme eut victorieusement échappé à cette dernière attaque contre son existence, il resta encore une forte opposition contre lui parmi les philosophes, jusqu'à ce que l'empereur Justinien bannît de ses Etats les philosophes ennemis du christianisme. Ceux-ci se réfugièrent alors en Perse, où ils ne tardèrent pas à se disséminer. C'est ainsi que la lutte entre le christianisme et la religion païenne finit à cette époque, sous le règne de l'empereur que nous venons de nommer.

Jusqu'à présent j'ai cherché à esquisser trois périodes de la littérature : les deux premières comprenant les temps florissans de la civilisation grecque, depuis Solon jusqu'aux Ptolémées. Il était facile de tracer ensuite le tableau des temps brillans et vraiment classiques des Romains, depuis Cicéron jusqu'à Trajan, parce qu'il suffisait presque de caractériser des écrivains isolés dans leur ordre historique, pour mettre parfaitement en évidence l'esprit et la marche de l'ensemble, son origine, ses progrès, ses développemens, puis sa décadence, et enfin son extinction et sa ruine complètes.

Il en était tout autrement de la troisième période, depuis Adrien jusqu'à Justinien. Ce n'étaient ni la forme, ni l'exposition, ni les écrivains particuliers qui formaient ici le point essentiel, mais bien la philosophie en général. La grande lutte du monde de l'antiquité et du christianisme naissant, l'influence exercée par la religion transplantée d'Asie en Europe, et la fermentation produite par la foule de rêveries orientales qui pénétrèrent en même temps chez les Grecs et chez les Romains; voilà ce qu'il s'agissait de représenter d'une manière claire et vive. Cette tâche était incomparablement plus difficile. Pour peindre cette lutte des divers systèmes philosophiques de l'Orient, et dérouler aux yeux du lecteur le tableau des traditions asiatiques, j'ai été obligé de parler tantôt de nations dont la littérature a entièrement péri pour nous, comme des Égyptiens; tantôt de peuples dont les productions littéraires remontent aux temps les plus reculés, comme des anciens Perses; des Hébreux, dont les saintes Écritures embrassent à la fois et la littérature et l'art poétique, mais que nous sommes en outre habitués à considérer sous un autre point de vue, parce qu'elles constituent le document primitif de notre religion, et auxquelles les spéculations purement littéraires et poétiques ne conviennent pas toujours; enfin des Indiens, qui possèdent à la vérité une littérature fort riche, mais que nous ne connaissons encore que très-imparfaitement et en partie même par des sources douteuses.

Chez le grand nombre d'écrivains importans, tant païens que chrétiens, que Rome et la Grèce produisirent dans l'intervalle de temps qui s'écoula depuis Adrien jusqu'à Justinien, l'esprit et le contenu de leurs ouvrages, ainsi que le développeent de leur philosophie, voilà ce qui doit le plus fixer l'attention. Si pour faire connaître cette période on voulait les analyser et caractériser chacun d'eux d'après ce qui lui est particulier, et l'apprécier d'après son style et sa forme d'exposition, on ne ferait que s'égarer et l'on oublierait le point de vue principal. Dans ce siècle, les connaissances littéraires étaient à la vérité extrêmement répandues; partout on trouvait des ressources de tout genre; jamais peut-être l'esprit d'investigation et la tendance à approfondir des objets d'une nature plus élevée ne furent aussi généraux; jamais peut-être ils n'agirent avec autant de vivacité et de passion que dans ce siècle si glorieux par les efforts qu'on y fit pour soutenir la vérité, mais qui fut en revanche si fécond en erreurs et en extravagances. Sous le rapport du développement, de l'activité générale des esprits, de la propagation et de la communication des connaissances et des erreurs, des traditions et des sciences de toute nature, on peut regarder ce siècle comme éminemment éclairé et civilisé. Mais il n'en sera pas de même si l'on examine le caractère et le génie original des grands auteurs qu'il a produits, pris individuellement; si l'on critique l'art et la forme dans le style, dans le langage et dans l'exposition. On ne vit, à cette époque, la poésie, qui occupe le premier rang parmi les diverses branches de la littérature, produire rien de nouveau ni de véritablement grand. Il y eut encore, il est vrai, des orateurs, et même de grands orateurs, car jamais le talent de l'éloquence ne périt chez les Grecs; mais qu'y remarque-t-on de nouveau sous le rapport de la forme et de l'art? Le plus grand éloge que l'on puisse adresser aux meilleurs orateurs de ce siècle, c'est de dire qu'ils rappellent les beaux temps de l'antiquité, et qu'ils méritent d'être comparés aux anciens, même sous le rapport de la langue, qui d'ailleurs se conservait encore brillante et pleine de vie. Les grands orateurs chrétiens, les Basile et les Chrysostôme, eurent encore le mérite d'appliquer la rhétorique, qu'en leur qualité de Grecs ils possédaient à fond, non à des sujets sophistiques, comme cela était souvent arrivé dans l'antiquité, mais au développement des vérités les plus salutaires et de la morale la plus pure. Mais chez les écrivains les plus importans de ce siècle, chez les critiques et les philosophes, le contenu de leurs ouvrages, leur manière de penser, et leur esprit particulier, sont ce qui doit le plus attirer l'attention. Cette remarque s'applique aussi bien aux auteurs chrétiens, qui se proposaient uniquement de prouver les vérités qui faisaient le sujet de leurs ouvrages, et qui n'avaient aucunement l'intention de briller comme écrivains, qu'aux auteurs païens. Comment en effet donner le titre d'écrivain à Plotin, à Porphyre, à Longin même, si on les compare à Platon? Cependant la philosophie de ces auteurs est importante par l'influence qu'elle a exercée sur les opinions de l'époque et sur celles de la postérité. On peut dire qu'en général les individus furent alors entraînés dans le tourbillon et dans la lutte du siècle, à la puissance duquel tout devait céder. Il est dans la littérature des temps où le génie des individus atteint le développement le plus heureux, même sous le rapport du style et de l'art, et domine puissamment le siècle qui les a vus naître ; il en est d'autres où chaque force individuelle disparaît dans l'esprit de l'ensemble et dans la lutte du développement de l'opinion générale. On a déjà plus d'une fois remarqué dans l'histoire politique une semblable intermittence de périodes, pendant lesquelles les Etats, les nations se forment et prennent une assiette solide; et d'autres où se développent progressivement et en paix leurs forces organiques dans un cercle ou un système une fois donné. Une histoire de la littérature, de même qu'une histoire générale du monde, doit rendre justice à ces deux périodes de l'esprit humain : à celle où l'intelligence se développe en paix d'une manière brillante et savante ; et à celle où l'esprit, tourmenté et agité par les élémens incohérens qui fermentent en lui, vise à créer.

Que si l'on examine les forces intellectuelles qui se combattent dans cette grande lutte, afin de les pondérer, les deux partis apparaîtront à peu près égaux sous le rapport des talens et des connaissances, quoique avec certaines différences essentielles ; de sorte que le triomphe devra en tous cas être attribué à la puissance intérieure de la chose, et non au mérite ou aux fautes des individus. Chez les Grecs, le parti païen eut d'abord la prépondérance ; la littérature grecque brillait encore du dernier éclat qu'elle devait jeter; que, sous Antonin, les chrétiens osaient à peine entrer en lice avec des ouvrages qu'ils avaient écrits pour la défense de leur croyance persécutée et de leur genre de vie que l'on calomniait. Devenus chrétiens bientôt après, les Grecs conservèrent la supériorité de leurs lumières ; ils fournirent au christianisme ses premiers penseurs, de savans apologistes, de grands orateurs et des historiens. Les talens et les connaissances firent de plus en plus pencher la balance du côté des chrétiens. Cependant, même après le triomphe complet du christianisme dans l'Etat, le parti païen put encore lui opposer de grands talens, chez les Grecs du moins; et ces derniers philosophes, qui essayèrent de lutter contre le christianisme et de maintenir l'ancien système, méritent, sous le rapport de la profondeur de l'instruction, des connaissances générales, du style et du talent d'exposition, d'être rangés parmi les hommes les plus distingués de leur siècle.

Il en était autrement dans l'Occident, où l'on parlait la langue romaine; car il ne s'y trouvait que très-peu d'hommes disposés à soutenir les doctrines du paganisme et à lutter contre une littérature toute chrétienne : et encore ces hommes avaient-ils peu d'influence. Peut-être cette littérature ne saurait-elle être mise en parallèle avec la littérature grecque sous le rapport de la grande variété des talens et des connaissances. Les Romains n'avaient aucune disposition, soit pour la haute philosophie, soit pour la métaphysique; leur langue même y répugnait : on s'en aperçoit dans saint Augustin ainsi que dans Cicéron, et ce ne fut que lorsque la langue latine fut devenue une langue morte que l'on put, en la violentant d'une étrange manière, la forcer à rendre à certains égards, quoique d'une manière toujours imparfaite, les subtilités des Grecs, que la nature avait créés essentiellement dialecticiens et métaphysiciens. L'ouvrage même le plus grand et le plus original que la littérature latine des temps plus rapprochés de nous ait produit, et dans lequel saint Augustin a voulu opposer à l'ouvrage le plus remarquable de la philosophie antique, à la République de Platon, à l'idéal de l'humanité et de la société humaine que ce philosophe y a tracé, des vues chrétiennes sur les mêmes matières, c'est-à-dire sur l'humanité, la direction de ses destinées et l'idéal de sa réunion; cet ouvrage, dis-je, est moins un traité de métaphysique qu'un livre de morale dans le sens le plus étendu de ce mot, qu'une critique des systèmes anciens, accompagnée de ce que nous pourrions appeler une théorie de l'humanité et une philosophie de l'histoire. Cet esprit pratique et ce sens droit, particuliers aux Romains, se maintinrent aussi dans les temps chrétiens et dans la littérature chrétienne, par opposition aux subtilités et à l'art raffiné des Grecs; ils furent également conservés plus tard par la sage organisation donnée au clergé et aux savans dans l'Empire romain d'Occident. Et c'est cette organisation, jointe à l'esprit de liberté et à la vivacité naturelle des peuples germaniques qui conquirent l'Empire romain et en changèrent la face, qui a le plus contribué à préparer l'Europe moderne à un heureux développement et à un élan hardi de l'esprit.

D'un côté le christianisme, tel que les Allemands l'ont reçu des Romains, et de l'autre le génie libre du Nord, voilà les deux élémens qui ont concouru à former la société nouvelle. Aussi la littérature du moyen âge conserva-t-elle un double caractère : il y eut une littérature latine chrétienne, commune à toute l'Europe, ayant pour but unique la conservation et l'extension des connaissances; et une littérature poétique, dans la langue nationale particulière à chaque peuple. C'est pourquoi les efforts des grands hommes qui les premiers favorisèrent le développement intellectuel en Europe, comme Théodoric, roi des Goths, Charlemagne et Alfred, furent dirigés vers deux objets: ils voulaient, d'une part, conserver intact et rendre généralement utile l'héritage de toutes les connaissances que l'on possédait dans la langue latine; et de l'autre, former la langue nationale et par elle le génie de leurs peuples respectifs, conserver les monumens poétiques, donner à la langue une forme plus précise, et lui procurer une application plus variée en la faisant servir à traiter un grand nombre de sujets, même scientifiques. La partie poétique, créatrice et nationale de la littérature du moyen âge est pleine d'attraits pour nous, et nous offre la source la plus riche de développemens et d'applications. Nous ne pouvons cependant point passer entièrement sous silence la partie latine de cette même littérature, parce qu'elle est le lien qui rattache l'Europe moderne à l'antiquité.

Je vais essayer de rendre plus évidens encore l'accord intime et la corélation spirituelle de toutes les grandes sphères de la civilisation et de la littérature humaines embrassées dans cet ouvrage. Les Grecs ont été et seront toujours nos modèles dans tout ce qui a rapport à l'art et à la science; les Romains, au contraire, sont comme le point de transition entre l'antiquité et le monde nouveau; ils furent cependant pour le moyen âge la source de connaissances la plus rapprochée, jusqu'à ce qu'on eût retrouvé plus tard le type antérieur et plus élevé. Ce sentiment de la nature particulier aux peuples du Nord, qui d'un côté est demeuré dans l'antique tradition, dans le christianisme même, qui n'a reparu que sous une forme nouvelle; et qui, d'un autre côté, a pénétré doublement dans les mœurs des Allemands, a été la racine d'où est sorti le nouvel esprit des peuples occidentaux. Mais le christianisme, et par lui-même, et par sa composition écrite, c'est-à-dire l'Evangile, a été la lumière d'en haut par laquelle les autres élémens ont été de nouveau rendus évidens, et ont reçu une forme unique pour l'art et pour la science. Nous devons d'autant plus faire mention ici du Nouveau Testament, que son influence littéraire sur le moyen âge et même sur l'époque moderne, a été immense non-seulement dans la morale et la philosophie, mais encore dans l'art et la poésie. C'est uniquement par cette lumière d'en haut, apportée dans le monde par l'Evangile, que l'intelligence subtile et la sagacité sophistique des Grecs, que le bon sens pratique des Romains et la profondeur prophétique des Hébreux, ont formé pour la vie et la science un tout complet, répandant une lumière véritable. Le Nouveau Testament seul, comme ouvrage vraiment un, complète la Bible, que, d'après sa composition intérieure et l'accord organique des différens membres qui la composent, nous avons essayé plus haut de caractériser dans sa partie purement hébraïque, comme un type et un tout divin. Ce livre par excellence se compose de soixante-douze livres séparés, quarante-cinq pour l'ancienne alliance et vingt-sept pour la nouvelle, qui sont comme autant de membres vivans et d'organes spirituels ou d'astres lumineux, dans l'ensemble de cette image de la Divinité. C'est le Nouveau et l'Ancien Testament, se rapportant, dans quelques-uns des livres qui le composent, au verbe éternel de la vie; et dans d'autres, à la communauté divine, à l'Eglise. L'Evangile retrace, dans une quadruple copie, le mystère de l'amour; comment le Verbe éternel s'est fait homme et a paru sur la terre dans le temps désigné, au milieu du développement historique du monde. L'Evangile reproduit ici ce nombre de quatre, qui dans l'Ancien Testament est aussi celui des chérubins placés près de l'Arche pour garder le mystère de la promesse, ainsi que celui des fleuves de vie qui coulent dans le Paradis, et proviennent d'une même source; et qui, pour toute révélation de la magnificence divine, est partout la forme essentielle. Aussi ne peut-on qu'être étonné de voir des hommes qui ne comprennent point ce quadruple caractère de l'Evangile, si naturel pourtant, et qu'on ne saurait entendre autrement; ou bien s'en dépitent, ou bien essaient de l'expliquer à leur manière, comme un rare problème, et par quelque hypothèse savante. Ce qui, dans Moïse et dans les Psaumes, est encore désuni, c'est-à-dire la révélation, l'histoire et la doctrine figurées du Verbe, ainsi que son inspiration et son sentiment vivans, est réuni dans l'Evangile, qui nous retrace la vie du Verbe incarné. Les autres livres du Nouveau Testament ont immédiatement rapport à la communauté chrétienne et à l'Eglise de Dieu ; les histoires des apôtres nous enseignent en effet son origine et son organisation première ; nous voyons, dans tout le cycle des nombreuses épîtres, leur action réciproque et leur vie réunies dans une doctrine pleine d'amour et dans une espérance pleine de foi ; enfin leurs destinées futures pour tous les temps ultérieurs nous sont exposées dans l'Apocalypse. Ce qui, dans les prophètes de l'ancienne alliance, n'est point séparé, la doctrine du salut opérée par l'Esprit, les visions et les avertissemens de l'Esprit, les exemples de vie et les prophéties cachées, est traité à part dans les Epîtres et dans l'Apocalypse. C'est ainsi qu'en général les écritures de l'Ancien et du Nouveau Testament s'accordent en tout point et se prêtent un mutuel appui. Le prophète de la nouvelle alliance couronne l'ensemble de l'ouvrage divin ; et ce livre mystérieux de l'avenir forme, avec la Genèse ou la révélation du commencement, la clef de l'arche sacrée de l'Ecriture, dans le cercle de laquelle brille le quadruple Évangile comme un point central lumineux ; de telle sorte que celui à qui ce premier et ce dernier livre de la Bible seraient encore étrangers ou obscurs, devra se garder de porter un jugement, et, dans sa sincère ignorance, observer le silence, quand il sera question d'expliquer scientifiquement l'ensemble de la révélation. Sous le rapport de la forme et du style, le Nouveau Testament est évidemment plus simple que l'Ancien ; et c'est précisément par cette simplicité particulière de langage avec laquelle la profondeur divine s'y exprime, que ce livre divin et vraiment populaire, ainsi qu'on peut bien le nommer dans un certain sens, a eu une influence décisive sur tout le développement intellectuel subséquent, et sur toutes les nouvelles formes chrétiennes d'expositions ou d'enseignement. L'esprit d'allégorie ne domine d'ailleurs pas moins dans le Nouveau Testament que dans l'Ancien ; il en est surtout une forme particulière, la parabole, qui, bien qu'on la rencontre déjà dans l'Ancien Testament, est d'un plus fréquent emploi dans le Nouveau, et forme, à proprement parler, l'enseignement de l'Evangile. Si le proverbe est la forme naturelle de toute révélation divine, s'il est comme le *fiat* écrit; la parabole, au contraire, est le développement humain et figuré du proverbe droit et simple. Ce n'est point une allégorie poétique empruntée à l'art, ni un symbole mystérieux de la nature, mais une allégorie populaire tirée de la vie et de ses apparitions ordinaires, dans laquelle se renferment l'esprit de Dieu et la vérité éternelle. La parabole simple, telle qu'elle est employée dans l'Evangile, a d'ailleurs un sceau divin et tout particulier, qu'il est impossible d'imiter et de contrefaire. C'est surtout par ses comparaisons naïves, par ses histoires populaires symboliques et ses paraboles, que l'Evangile est devenu le type de toutes les légendes ultérieures; de même que celles-ci ont été la source et le dépôt de tous les arts chrétiens, d'abord de l'architecture, et ensuite de la poésie. Il ne faut pas cependant que cette simplicité naïve de l'enseignement du Nouveau Testament nous fasse jamais perdre de vue ni méconnaître la sublimité de l'esprit divin qui y est déposé. Si au milieu des menaces du lion irrité qui retentissent dans les écritures de l'ancienne alliance, s'élève cependant du plus profond du sens la douce figure de l'agneau, symbole de l'amour patient; dans les écritures de la nouvelle alliance, au-dessus de l'agneau, emblême d'une doctrine simple et naïve, s'élève encore la figure de l'aigle, sublime symbole de l'éternelle contemplation de Dieu. Ici apparaît véritablement cette troisième interprétation et connaissance plus sublime de l'Ecriture sainte, dont j'ai déjà parlé plus haut, basée sur l'intelligence mystérieuse de l'âme unie à Dieu, quand c'est la parole éternelle qui se comprend et s'entend elle-même dans sa propre lumière; car toute doctrine et toute connaissance de la parole vivante peut également être comprise, entendue et exposée sous un triple rapport. Mais, dans cette compréhension sublime, le Verbe n'est plus divisé selon une intelligence purement humaine; mais, redevenu tout entier et vivant, il agit, sur ceux qui le connaissent, comme la parole de vie, et produit des fruits de vie. Aussitôt disparaît le sens multiple de l'Ecriture, qu'on peut percevoir par une première intuition; et lorsque le but est trouvé, il repasse à l'état du sens simple de l'âme unie à Dieu, d'après la lumière vive et pleine de la parole vivante, qui est désignée dans l'Écriture comme l'Évangile éternel non écrit, par lequel sera expliqué, quand le temps en sera venu, ce qui reste encore caché.

Reprenons maintenant le fil historique qui nous a servi de guide pour observer les progrès et l'état de la culture intellectuelle dans les temps modernes de Rome.

Voici quelles furent les dernières destinées de la langue latine encore vivante : elles exercèrent une immense influence sur le développement et le caractère particulier des langues romanes qui en sont dérivées, et principalement sur le génie poétique du moyen âge. Avec la traduction de la Bible en langue romaine commence pour cette langue une vie toute nouvelle, une post-floraison tardive, mais à certains égards très-riche, de la littérature latine. Après que l'ancienne littérature classique se fut éteinte avec Trajan, nous remarquons un silence presque général, jusqu'aux écrivains chrétiens du quatrième et du cinquième siècles de l'ère chrétienne. A peine voyons-nous quelques ouvrages écrits en langue romaine; et encore sont-ils peu remarquables; il n'existe aucun document qui puisse nous porter à penser que des ouvrages meilleurs et plus importans ont été perdus. Les Grecs avaient entièrement repris leur supériorité; si dans les siècles dont nous venons de parler on a vu, en poésie et en histoire, quelques écrivains nouveaux et plus distingués, appartenant au parti païen, s'élever à côté des écrivains chrétiens, il faut attribuer ce fait peut-être à l'émulation, et certainement à l'élan nouveau que le christianisme, ses partisans et ses apôtres avaient donné à la langue ainsi qu'à la littérature. Ce fut donc encore une impulsion du dehors et l'émulation étrangère qui portèrent le génie romain à cultiver un art qui lui était complètement étranger, ainsi qu'à donner à sa langue une nouvelle forme. Par elle-même, cette imitation de l'expression orientale, dont la langue latine conserve depuis ce moment la trace visible, a bien pu lui être favorable, et même à certains égards, plus avantageuse que ne lui avait été dans les temps classiques l'imitation de l'art oratoire et poétique des Grecs, qui entraîna toujours avec elle de grands et nombreux inconvéniens. La contexture savante et périodique de la prose, qui était devenue en quelque sorte naturelle à la langue grecque, demeura toujours étrangère à la langue romaine. Parmi les écrivains romains distingués, il n'en est qu'un fort petit nombre qui aient triomphé de cette difficulté et soient parvenus à une construction de phrase simple et noble. Mais nous voyons aussi d'autres écrivains du plus grand mérite succomber sous le poids des difficultés que leur présentait l'imitation d'un style étranger, s'égarer et se perdre dans le dédale d'une construction savante de périodes, à l'imitation de celles des Grecs. C'est ainsi que les poètes romains paraissent souvent contraints, obscurs et étudiés, lorsqu'ils veulent s'approprier l'éclat vif et brillant de la muse grecque. Les oreilles du peuple s'étaient même difficilement familiarisées avec la versification que les Romains avaient apprise des Grecs, à l'exception du vers hexamètre et de l'élégie. Il paraît que ce furent surtout les rhythmes les plus savans qui eurent ce sort; et c'est peut-être la raison pour laquelle Horace, qui nous charme tant, n'a pas été généralement apprécié et admiré par les Romains après sa mort, et qu'il est demeuré même presque inconnu et obscur. Dans l'origine, enrichie seulement par quelques chants patriotiques, mais développée bientôt au barreau, et rendue par les jurisconsultes tout-à-fait propre aux usages pratiques de la guerre et de la paix, la langue romaine ne manquait que de hardiesse poétique; et elle ne put jamais quitter son antique simplicité, même dans la construction des périodes, sans que des effets fâcheux n'en résultassent. Sous ces deux rapports, et si d'autres causes n'avaient point agi simultanément d'une manière défavorable, il n'aurait pu que lui être avantageux de se rapprocher de l'élévation du style oriental, surtout là où cette élévation est toujours accompagnée d'une noble simplicité, comme dans les saintes Ecritures des Hébreux. Pour faire comprendre au lecteur l'effet que cette imitation de la langue et de l'art poétique des Hébreux, ainsi que la traduction des saintes Ecritures, eussent pu produire, si d'ailleurs ce développement avait marché sans obstacle, je lui citerai la traduction latine des Psaumes, qui provient de la première traduction appelée italique; j'en appellerai encore au sentiment de tous ceux qui savent sentir et apprécier l'antique élévation et la noble énergie de la langue romaine, et je leur demanderai s'ils ne les retrouvent pas ici tout entières; je serai même tenté de douter qu'il y ait en latin une imitation de la poésie grecque qui ait aussi bien réussi que cette traduction des chants sacrés des Hébreux, où la langue et la construction respirent continuellement la noblesse et la simplicité. Sous le rapport même de l'euphonie, la langue latine se montre ici dans une perfection qui a déterminé jusqu'à nos jours les grands maîtres à préférer, pour la musique d'un genre élevé, cette langue ancienne à la langue italienne qui est pourtant sa fille. Que si le latin commença à dégénérer et à s'altérer, avant même l'invasion des peuples germaniques, cela provint de ce que les provinciaux dominèrent toujours davantage. Rome, qui, bien qu'elle eût perdu l'empire de l'univers, demeurait cependant toujours le centre du monde civilisé pour les affaires ecclésiastiques, cessa de plus en plus de l'être pour le goût et pour la langue. Dès le règne des premiers Césars, beaucoup de personnes ont cru remarquer quelque chose de particulier dans les écrivains romains qui étaient nés espagnols; comme si elles avaient senti que la langue latine n'était point la langue maternelle de ces auteurs. On a rapproché les antithèses de Sénèque et l'enflûre de Lucain, du goût analogue de quelques écrivains espagnols modernes. A combien plus forte raison ne dut-ce pas être le cas, alors que les premiers auteurs chrétiens qui écrivirent en latin étaient, pour la plupart, des Africains auxquels se joignirent plus tard plusieurs écrivains gaulois. Il est probable que dans les diverses provinces du vaste Empire romain, plusieurs langues romanes se sont formées de bonne heure et se sont séparées de la langue mère. En Italie même la langue du peuple de la campagne différait vraisemblablement beaucoup de la langue écrite, et de celle que l'on parlait dans la capitale. Les philologues italiens font principalement dériver de ce langage populaire, appelé *lingua rustica*, leur nouveau dialecte, plutôt même que des changemens que lui fit éprouver le mélange de l'idiôme germain. Toutefois Rome, qui, dans le principe, avait été, non-seulement le principal, mais même l'unique siége de la pureté de la langue, peut avoir conservé plus long-temps cet avantage. Parmi les auteurs chrétiens qui écrivirent en latin, celui qui se distingua le plus par une éloquence pleine d'énergie, saint Jérôme, n'était pas, il est vrai, né à Rome; mais il y avait été élevé. Quoique la langue latine du cinquième siècle ne fût pas et ne pût pas être la langue que parlait Cicéron, son style porte cependant encore l'empreinte de la véritable force de l'ancienne latinité et de la langue des Romains maniée par un génie classique. Mais un grand changement dut s'opérer dans la langue, lorsque les Goths se fixèrent en Italie et même dans la capitale, et que le latin fut parlé et écrit par tant d'hommes pour qui il demeura toujours une langue étrangère. Quoique à proprement parler aucun mélange des langues n'eût encore commencé, cependant la langue latine était déjà tellement altérée, que les Romains eux-mêmes ne conservaient qu'avec effort et par un soin particulier la pureté d'expression qui, autrement, leur eût été naturelle. On remarque ce caractère dans les écrivains qui fleurirent sous Théodoric, roi des Goths; ils sont les derniers qui appartiennent encore à l'antiquité, et qui servent déjà comme de point de transition pour le moyen âge.

D'ailleurs, malgré les bienfaisans résultats qu'il amena plus tard, le christianisme, comme toute grande révolution, dut causer une certaine interruption dans les arts et dans la littérature; interruption qui fut moindre cependant dans les arts, et surtout dans l'architecture. Ce qui restait encore des belles formes de celle-ci fut alors appliqué à l'usage du nouveau culte dans un ordre et des combinaisons, autres il est vrai, parce que le besoin et l'idée du culte chrétien étaient tout autres et nouveaux. De même que les anciens Grecs avaient jadis formé, d'après un idéal de beauté qui leur était propre, une architecture nouvelle et véritablement grecque, avec des élémens que les Égyptiens et d'autres peuples avaient employés avant eux, de même alors les belles formes encore existantes de cette architecture grecque servirent à former une architecture d'un style nouveau et véritablement chrétien. La construction à Constantinople, et sous le règne de Justinien, de la célèbre église de Sainte-Sophie, par Anthémius, qui avait aussi écrit des ouvrages scientifiques et théoriques sur son art, prouve combien cette révolution eut lieu de bonne heure. On a déjà souvent fait observer combien il était peu exact d'appeler du terme général de gothique, sans distinction d'époque, l'ancienne architecture allemande du moyen âge; il est vrai cependant que du temps de leur domination en Italie, les Goths construisirent quelques monumens d'une architecture qui leur était particulière. L'application de l'ancienne musique, surtout de celle du genre le plus noble et le plus simple, au nouvel usage des hymnes chrétiens, qui, soutenus plus tard par les sons de l'orgue, déployèrent une si grande richesse d'harmonie, fut aussi immédiate et aussi facile; l'interruption dans la sculpture dut être beaucoup plus grande. Les images des dieux, aussi long-temps qu'on les considéra encore comme telles, et non comme des productions des arts, devaient être nécessairement un objet de répugnance pour les premiers chrétiens; mais la réalisation sous des formes sensibles des objets particuliers au culte des chrétiens ne fut probablement appréciée pendant long-temps que comme souvenir ou comme symbole, et n'eut d'autre objet que de satisfaire au besoin du culte, sans que les chrétiens prétendissent en aucune manière encourager les progrès de l'art, ou voulussent produire des beautés d'un ordre supérieur; ce qui n'eut lieu que beaucoup plus tard. Mais dans la poésie, l'interruption dut être infiniment plus grande: à la vérité, quelques individus continuèrent encore alors à traiter poétiquement des sujets empruntés à l'ancienne religion; mais lorsque ces sujets, traités avec une variété infinie, furent épuisés, et que l'ancien olympe eut cessé d'exister, rien ne put désormais réussir dans ce genre, si ce n'est tout au plus une imitation passive, faible souvenir des anciens ouvrages, dont la perfection ne pouvait plus être atteinte. Les essais que l'on fit pour créer une poésie véritablement chrétienne furent à la vérité couronnés de succès dans le genre lyrique, dans les chants et les hymnes, parce que ces chants et ces hymnes sont le résultat d'un sentiment particulier et immédiat, et parce que leurs auteurs trouvèrent un modèle naturel dans les hymnes sacrés des Hébreux. Mais les essais plus grands que l'on fit pour exposer poétiquement le christianisme n'obtinrent aucun succès, et il en fut souvent ainsi plus tard, parce que la forme de poésie qu'on empruntait aux anciens poètes pour traiter des sujets chrétiens ne leur convenait point, et que, par conséquent, de pareils ouvrages ne présentaient qu'une composition morte, que des idées soumises, à la vérité, à une mesure et à un rhythme, mais entièrement dénuées de la vie et du génie de la poésie.

Ce génie poétique, l'Europe moderne le reçut du Nord, autre source de sa civilisation. Dès que les Romains font mention des peuples germaniques, ils n'omettent presque jamais de rappeler le goût particulier que ce peuple avait pour la poésie. Sans doute ils sont perdus les chants qui célébraient les exploits d'Hermann, les chants par lesquels la prophétesse Velleda animait les Bataves allemands au combat de la liberté, qu'alors ils soutenaient seuls, après avoir combattu d'abord sous les étendards romains contre les autres peuples allemands encore libres, mais trop tard pour que leurs efforts en faveur de la liberté fussent couronnés d'un plein succès. Il est vrai que la théogonie des Allemands ne pouvait se maintenir chez les peuples devenus chrétiens; mais ce qu'elle avait d'essentiel pour l'art poétique et pour l'enthousiasme poétique intérieur, se conserva dans les poèmes héroïques historiques; et lorsque plus tard ces poèmes, tempérés par des mœurs plus douces, embellis et ennoblis par l'esprit d'amour et par la piété, furent bientôt aussi exposés d'une manière plus savante, on vit naître le poème chevaleresque qui, sous cette forme, est tout-à-fait particulier à l'Europe chrétienne moderne, et qui a exercé une si grande influence sur l'esprit national des plus nobles peuples.

Parmi les peuples germaniques devenus chrétiens, ce fut chez les Goths que ces poèmes héroïques historiques naquirent d'abord. Sous la tente d'Attila, à la cour de Théodoric, on chantait des airs héroïques goths; les écrivains latins du temps en font foi : ils ont même réduit en prose et donné la forme historique à une grande partie de ce qui, dans ces productions, appartenait à la poésie et à la tradition héroïques, surtout de ce qui se rapportait aux premiers temps de leur histoire nationale. La gloire de la famille royale des Amalungen et de tous les héros de la même race paraît avoir été particulièrement célébrée dans ces chants; plus tard, Attila et Théodoric devinrent l'objet de chants semblables; et dans des temps postérieurs encore, il en fut de même de Charlemagne.

Dans la Bible d'Ulphilas, monument encore existant de la langue gothique, cette langue a déjà atteint une forme que, toute proportion gardée, on peut dire être très-régulière. Cette traduction de la Bible avait été originairement destinée aux Goths, qui habitaient les terres arrosées par le Danube. Il résulte de quelques documens authentiques, qu'en Italie les Goths parlaient le même dialecte. Il est dit expressément de Théodoric qu'il favorisa les lumières ainsi que l'enseignement des deux langues, de la langue latine et la langue gothique. Cette circonstance fait supposer que des ouvrages essentiels furent traduits ou composés à cette époque en langue gothique.

pour l'enseignement; de même qu'Alfred en fit composer et traduire plus tard en langue saxonne. A la manière dont l'historien latin Jornandès parle et fait usage de ces chants héroïques gothiques, on serait porté à croire que cet auteur ou plutôt celui qu'il copie, ne parle pas simplement de mémoire des chants qu'il aurait entendus, mais qu'ils existaient aussi par écrit à la cour du roi Théodoric. On peut d'autant mieux adopter cette opinion, que la gloire de la famille royale des Amalungen et de tous les héros de cette cour était, à ce qu'il paraît, particulièrement célébrée dans ces chants. La langue des Goths et tous ses monumens périrent avec cette nation; elle se conserva cependant en Espagne plus long-temps que partout ailleurs, car ce fut dans ce pays que la domination des Goths eut la plus longue durée. Là on était fier de pouvoir faire remonter aux Goths la race des rois. On prétend, au contraire, qu'en Italie plusieurs documens de ces temps reculés n'ont été détruits, que parce qu'ils contenaient la preuve de l'origine lombarde et gothique de familles qui, rejetant cette noblesse authentique, préféraient se forger une origine romaine.

Il est à présumer, d'après la physionomie générale et les opinions de ce temps, que les chants de bardes allemands, écrits et recueillis par Charlemagne, n'ont pu être que de semblables poëmes héroïques historiques, déjà composés à l'époque chrétienne de la grande migration des peuples. Comme il existe encore des poèmes héroïques en langue allemande, quoique sous une forme créée à une époque déjà plus rapprochée de nous, dans lesquels Attila, Odoacre, Théodoric, et la famille des Amalungen sont célébrés en même temps que d'autres héros francs et bourguignons, que la tradition ou même l'histoire dit avoir été leurs contemporains; on ne saurait douter que, sinon sous le rapport du contenu, du moins sous celui de la forme, il n'existe encore dans le chant des Niebelungen, et dans les autres compositions qui font partie du livre que l'on appelle le livre des héros, quelque chose des poèmes héroïques des Goths, et même beaucoup de vestiges de ceux que Charlemagne fit plus tard recueillir et coordonner, comme autrefois Solon avait fait à l'égard des poèmes d'Homère.

La supposition que les poèmes recueillis par Charlemagne étaient des chants d'Hermann et d'Odin, et avaient principalement appartenu aux temps du paganisme et à la théogonie des Germains, n'a pu trouver croyance qu'auprès de ceux qui ne connaissaient pas le génie de cette époque. Mais il existe encore un monument qui tranche complètement la difficulté et décide la question ; la formule de serment conservée jusqu'à nos jours, et par laquelle le Saxon en se convertissant au christianisme était obligé de renoncer au paganisme, était ainsi conçue textuellement : « Je renonce à toutes les œuvres du démon, ainsi qu'à ses paroles; à Thunaer (c'est-à-dire au dieu du tonnerre ou Thor), à Wodan, au Saxon Odin et à tous les sorciers leurs alliés (1). » Cette formule est attribuée au huitième siècle, même avant Charlemagne : cependant il n'en résulte aucune différence pour les opinions qui régnaient à cette époque. Au temps même de Charlemagne, Odin était révéré en Saxe; et dans le Hartz on l'implorait pour obtenir la victoire sur Charlemagne. Comment donc penser que Charlemagne ait fait faire la collection des chants païens d'Hermann et d'Odin? Mais il résulte encore de cette formule de serment une autre vérité historique très-importante, c'est qu'Odin différait totalement de Wodan, et que la Saxe était considérée comme sa véritable patrie. Les traditions et les histoires scandinaves mêmes,

---

(1) Quelques savans, A. W. Schlegel entre autres, expliquent ce passage d'une manière différente, et révoquent même en doute la justesse de la leçon. Il me paraît fort important que trois dieux du paganisme soient nommés ici, parce que j'y trouve un nouveau motif de conformation pour la leçon que j'ai adoptée et qui méritait un examen scrupuleux.

tout en voulant revendiquer Odin pour elles seules, avouent cependant qu'il fut d'abord roi de Saxe, et que de là il vint en Suède, où il bâtit Sigturie et fonda son royaume. C'est en quoi coïncide parfaitement le témoignage des Angles-Saxons, dont les rois faisaient également dériver leur race d'Odin; et effectivement, Alfred descendait encore de lui en ligne directe. Cette généalogie angle-saxonne paraît s'être conservée d'une manière si historique, la coïncidence des deux témoignages indépendans l'un de l'autre est si remarquable et a une force probante si grande, que je me range de l'avis de ceux qui considèrent Odin comme un personnage historique : dans ce cas, il aurait vécu à peu près dans le troisième siècle et à une époque où les Romains, trop faibles pour attaquer, et non encore menacés de ce côté par les peuples germaniques, possédaient moins de renseignemens que jamais sur ce qui se passait dans l'intérieur de l'Allemagne septentrionale. Cette circonstance explique pourquoi le nom d'Odin, qui était si célèbre en Saxe et dans le Nord, et dont l'éclat éclipsait tout, demeura inconnu aux Romains et en général à l'Occident. Nous devons donc nous représenter Odin comme un prince, un conquérant et un héros, qui était en même temps poète, et qui en cette dernière qualité fit beaucoup de changemens et introduisit beaucoup d'innovations dans la théogonie par des chants prophétiques, soit seul ou bien aidé par des prêtres, des devins et des poètes qui tendaient au même but que lui; et qui plus tard fut même divinisé comme fondateur, sinon d'une nouvelle doctrine religieuse, du moins d'une nouvelle époque dans cette doctrine, et comme héros et devin à qui on attribuait aussi une grande science magique. Maintenant, que cet Odin soit venu primitivement d'Asie en Saxe, c'est là une tradition ou plutôt une interprétation scandinave, qui ne saurait s'appliquer en aucune manière au temps de l'Odin historique. Il est tout aussi difficile d'établir ici un rapprochement basé sur les guerres de Pompée contre les peuplades du Caucase, ou sur l'ébranlement que dut causer la chute de Mithridate, dont ses alliés du Nord purent ressentir les contre-coups, parce que l'on ne trouve dans les plus anciens documens des écrivains classiques de la Germanie aucun vestige qui se rapporte le moins du monde à l'Odin plus récent et à son nouveau culte. Afin d'établir un certain accord entre leurs traditions et le témoignage de l'histoire, les auteurs des collections scandinaves se sont vus forcés d'admettre plus d'un Odin et de mêler le plus récent Odin avec cet Odin plus ancien. Je ne trouve dans nos anciens auteurs qu'une seule trace de cet Odin plus ancien; mais cette trace est, il est vrai, on ne peut plus remarquable : Tacite fait mention d'une tradition suivant laquelle Ulysse errant serait venu aussi en Allemagne et y aurait fondé la ville d'Asciburgum. Dans de semblables rapprochemens, les anciens avaient coutume de se former une notion plus précise que nous ne le pensons : ils n'y voyaient que l'idée générale d'une divinité ou d'un héros; c'est ainsi qu'ils appelaient Mars chaque dieu qui chez les autres peuples présidait à la guerre, Mercure celui qui présidait aux arts et aux sciences, surtout lorsque le rapport avec les planètes était le même. Sans contester toutefois la grande diversité locale, mais sans y faire attention comme étant la chose la moins importante, Ulysse était pour eux la notion générale d'un héros errant : on attribuait encore à lui-même ou à ses petits-fils, des aventures ou des fondations de colonies au fond de l'Occident. Toutes les fois qu'ils trouvaient chez les peuples du Nord ou de l'Occident des traditions concernant des héros qui avaient parcouru le monde oriental et le monde méridional, les noms d'Hercule et d'Ulysse se présentaient aussitôt à leur esprit, et ils y rattachaient cette tradition nationale étrangère. Les peuples du Nord n'avaient pas entièrement perdu le souvenir de leur origine et de leur première migration d'Asie. Une tradition de ce genre, concernant un héros venu en Allemagne de pays lointains, devait par conséquent être encore connue du temps de Tacite; et l'on est en droit de croire que le nom seul de cet ancien Odin, si la tradition germanique l'appelait ainsi, a rappelé aussitôt à l'historien romain le souvenir de l'Odysseus grec, et a pu donner lieu à ce rapprochement forcé. Au milieu de ces traditions tronquées et souvent entièrement fausses, de ces opinions si contradictoires au sujet d'un Odin plus récent et indubitablement historique, il est permis de supposer, avec quelque vraisemblance, que cet Odin sortit de chez les Goths, dont le territoire s'étendait jusqu'aux confins de l'Asie; que ce fut peut-être aux temps où le christianisme gagnait des partisans, même parmi le peuple: révolution qui ne devait pas être vue de bon œil par tout le monde, pas plus que les empiètemens continuels de la nation sur le territoire et la vie des Romains, qui nécessairement avaient pour résultat de modifier insensiblement les mœurs nationales; que cet Odin se mit alors comme héros et comme prince, comme poète, devin et prêtre, à la tête des partisans de l'ancienne théogonie et des anciens mysères du Nord, pour se retirer plus avant au nord de la Germanie, dans la Saxe, y fonder un royaume, et enfin terminer sa carrière héroïque en Suède.

Assurément ces chants et ces poèmes héroïques historiques n'ont jamais été écrits dans les temps anciens, avant que l'ordre exprès n'en eût été donné, parce que cela est évidemment contraire à l'esprit de ces chants et à la coutume des poètes : ils ne le furent pas même à l'époque où les peuples germains, depuis long-temps en relation avec les Romains, vivant dans plusieurs contrées avec eux et au milieu d'eux, auraient pu facilement leur emprunter des lettres et des matériaux pour écrire; mais il dut en être autrement des chants prophétiques, dont le plus grand nombre étaient le résultat de la théogonie d'Odin, qui en avait besoin. Je crois bien que pour ces chants on employa les lettres. Dans une autre occasion, j'ai manifesté l'opinion que les peuples germains n'ignoraient pas entièrement l'écriture alphabétique, même avant qu'ils apprissent diversement l'art d'écrire des Grecs et des Romains. On a révoqué en doute cette assertion; je vais par conséquent indiquer les motifs qui me font considérer cette opinion comme vraisemblable; et j'indiquerai en même temps l'usage extrêmement limité qu'ils firent, suivant moi, de leur connaissance des lettres. L'alphabet runnique, tel que nous le possédons, remonte sans contredit à une époque très-éloignée. Plusieurs lettres de cet alphabet sont évidemment les mêmes que celles des Romains. Cependant il en est d'autres qui en diffèrent totalement, et que l'on ne saurait en faire dériver par aucune altération. Une disposition et une dénomination particulière des lettres, la défectuosité même de tout l'alphabet, qui n'était originairement composé que de seize lettres, sont autant de preuves qu'il était particulier à ces peuples, et non emprunté des Romains : on voit même encore des traces de cet ancien alphabet runnique dans l'alphabet beaucoup plus parfait que les Goths et les Angles-Saxons reçurent ensuite des Grecs et des Romains. Des inscriptions runniques trouvées dans les régions les plus éloignées où les Goths et les autres peuples de race germanique soient jamais parvenus, prouvent que cet alphabet était commun à tous les peuples germaniques, ou du moins à plusieurs d'entre eux. Mais d'où le Nord et les peuples germains ont-ils pu recevoir l'écriture runnique, si ce n'est des Grecs et des Romains? Si l'on veut absolument assigner à cet alphabet une source étrangère, il s'en présente une ici qui, j'ose le dire, n'est point tout-à-fait invraisemblable. Les Phéniciens, qui avaient donné leur alphabet à tant d'autres nations, alphabet qui avait pris partout une forme différente suivant la nature de la langue et l'usage de de l'écriture, furent pendant long-temps en possession exclusive du commerce de la mer Baltique. C'est une vérité historique que plusieurs peuples germaniques, habitant près de la mer Baltique, étaient bien moins civilisés que les peuples belliqueux vivant près du Rhin et dans le voisinage des Romains. Près de la mer Baltique se trouvait aussi le siége primitif de ce culte secret d'Hertha, que Tacite nous représente comme une espèce de mystère. Il me semble assez vraisemblable que l'écriture runnique ne fut connue et employée que par de pareilles associations sacerdotales : il existe tant de preuves que dès l'antiquité la plus reculée on s'en servit pour la magie, qu'il n'est plus permis de conserver le moindre doute à cet égard. C'est avec des baguettes choisies pour cet usage et consacrées que l'on traçait l'écrit qui accompagnait le chant de la prophétie ou de la conjuration, dans lequel les principales lettres étaient répétées d'après une certaine règle et avec intention (1). Cet

(1) On voit, d'après la description très-détaillée qu'en donne Ta-

usage particulier a incontestablement détermin' la forme de l'écriture runnique que l'on trouv encore sur les inscriptions. Que l'on se représente donc le devin ou le prêtre avec son chant énigmatique, ses caractères runniques et sa mystérieuse baguette (*Stabe*, d'où notre mot *Buchstabe*), devant l'auditeur ou le disciple qui devait apprendre à connaître l'un par l'autre. Celui qui connaît le mieux les temps civilisés et historiquement prouvés, sait rarement se reporter à une antiquité obscure : voilà pourquoi on prête et on attribue philosophiquement à cette antiquité beaucoup de choses qui n'existent pas et qui n'ont jamais existé, et qu'au contraire on lui refuse beaucoup de choses qu'elle a réellement possédées.

En Saxe même, la religion d'Odin fut extirpée après que Charlemagne eut subjugué les Saxons. Cependant il en resta encore pendant long-temps

---

cite (*Germ. cap.* x, *init.*), que ces baguettes étaient étendues sur un vêtement blanc. Dans l'Ulfilas, *runa* veut dire mystère. Rhabanus Maurus (*de Invent. linguarum, ap. Goldasti script. rer. Allemann. ed. Senckenberg.* t. II, p. 69) parle aussi de l'emploi magique des caractères runniques chez les Normands païens : « *Litteras quippe quibus utuntur Marcomanni, quos Nordmannos vocamus, a quibus originem qui theodiscam loquuntur linguam, trahunt; cum quibus carmina sua incantationesque ac divinationes, significare procurant qui adhuc paganis ritibus involvuntur.* »

beaucoup de traces et de souvenirs. Le peuple de la campagne ne se laissa point ravir sa fête du printemps. Cette fête de la nature, si innocente et si belle dans toutes les religions, fut placée au commencement du mois de mai, alors que, sous notre ciel septentrional, la nature reprend sa verte parure; divers usages semblables furent attachés à la fête chrétienne de la Pentecôte. Aujourd'hui encore on a coutume, dans plusieurs contrées de l'Allemagne septentrionale, d'allumer pendant la nuit de grands feux sur les montagnes, à l'époque de l'année où le jour est le plus long. Cet antique usage, dont l'esprit est depuis long-temps perdu, dérive encore, comme tant d'autres usages analogues et tant d'autres superstitions, du paganisme du Nord. Ce sont surtout les montagnes et les forêts, consacrées autrefois au culte des idoles, que ces souvenirs ont encore long-temps environnées. Pendant plusieurs siècles de l'ère chrétienne, d'antiques arbres remarquablement grands, surtout des chênes, furent considérés comme sacrés. Il en fut de même du frêne, de cet arbre magnétique que l'Edda, dans sa tradition sur la création, représente comme la souche de la nature. Dans la poésie, le tilleul est particulièrement célébré comme arbre magique; et aujourd'hui encore le saule sert, dans ces contrées, à diverses superstitions. En général, tout ce que l'ancienne religion, après avoir été extirpée, laissa de souvenirs dans l'esprit du peuple, prit de plus en plus la forme d'une simple superstition. Des prophétesses inspirées et des puissans devins de l'antiquité septentrionale, il ne resta plus à la fin qu'une croyance superstitieuse à toute sorte de conjurations et de pratiques magiques; et le Walhalla d'Odin, ainsi que les héros et les dieux qui y étaient réunis, furent remplacés dans l'imagination du peuple par le bruit des esprits de la nuit de Walpurgis.

Depuis long-temps la théogonie d'Odin était détruite dans sa patrie même, qu'elle dominait encore dans la Scandinavie, où elle ne céda que beaucoup plus tard au christianisme, et seulement après avoir soutenu contre lui une lutte des plus opiniâtres. C'est de cette contrée qu'elle est parvenue jusqu'à nous, conservée dans des chants et dans des traditions magnifiques. C'est ainsi que nous pouvons remonter jusqu'à la source de la poésie du moyen âge, et en général de la philosophie des peuples germaniques; et nous la trouverons incontestablement dans l'Edda islandaise. D'après sa composition actuelle, elle date de l'époque qui s'écoula entre Harold Harfagr, quand les Normands s'établirent en Islande, et la mort de Snorro Sturleson, ou l'anéantissement de la liberté de l'Islande; par conséquent du neuvième jusqu'au treizième siècle. Dans les compositions des temps plus rapprochés de nous, on trouve un grand nombre d'allusions à la mythologie grecque, et même au christianisme; soit que leurs auteurs aient voulu par là mettre la tradition du Nord plus en harmonie avec le christianisme, soit aussi qu'ils aient essayé de la rattacher à l'histoire des peuples anciens. Dans les morceaux les plus remarquables, surtout dans les morceaux poétiques de l'ancienne Edda, respire incontestablement l'esprit véritable et pur de la théogonie du Nord. Sous le rapport poétique, cette doctrine diffère de celle des Grecs principalement par sa grande unité. La théogonie grecque est peut-être trop riche pour pouvoir être représentée dans un seul tableau. Si, en la comparant avec celle du Nord, on veut la considérer comme formant un seul tout, on trouvera qu'il lui manque une véritable fin. Chez les Grecs, le monde des dieux et des héros finit par se perdre dans le monde des humains; et la poésie, dans la prose et la réalité. La théogonie du Nord, au contraire, se termine parfaitement par la dernière catastrophe qu'annoncent toutes les prophéties. On en trouve les traits principaux dans l'Edda. L'ensemble de cette doctrine ressemble à un poème, à une tragédie continuelle. Depuis le commencement, où le monde et la terre naissent des ossemens du géant étouffé, jusqu'à des temps meilleurs, où l'on voit verdir sur l'antique abîme le frêne sacré, Ygdrasill, l'arbre de la vie, qui étend ses racines à travers toutes les profondeurs, et ses branches sur tout l'univers ; où l'on voit encore des héros intrépides et des génies favorables triompher, dans divers combats, de la puissance des géans et des antiques forces des ténèbres, jusqu'à l'anéantissement imminent des dieux et des génies, d'Odin et de ceux qui combattent avec lui : tout cela forme un grand poème héroïque de la nature, parfaitement lié et coordonné. Le sujet auquel tout se rapporte est ici encore, comme dans tant d'autres traditions poétiques, un monde héroïque qui a cessé d'exister. C'est pourquoi, dans le combat, la mort atteint le plus souvent les jeunes héros les plus nobles, les plus vaillans et les plus beaux ; parce que Odin les réunit dans son Walhalla, afin d'avoir d'autant plus de compagnons et de guerriers pour la guerre qu'il doit livrer aux puissances ennemies qui l'attaqueront de nouveau, et qu'il ne doit plus vaincre dans ce dernier combat où il est destiné au contraire à être défait. La mort de

Balder est le premier événement par lequel s'annonce cette destruction générale. De même que dans la tradition troyenne, la destruction générale du monde héroïque est exprimée par la mort des deux plus nobles héros, le vaillant Hector et le bel Achille; de même ici elle est exprimée par la mort de Balder, le favori de tous les dieux, et le plus beau des héros. Sa mort est déterminée d'avance ; en vain Odin se rend aux enfers : Héla ne répond, comme le sphynx des anciens, que par des énigmes qui seront suivies d'une solution tragique, et elle ne laisse point échapper la proie qui lui est destinée.

Ce qui se rapproche encore plus de la vérité, ce sont les aperçus qu'on trouve dans l'Edda sur le commencement de l'obscurité et de la nuit des dieux, sur la destruction future des bons génies, sur l'irruption des ténèbres et de leurs puissances qui doit avoir lieu à la fin du temps, et la victoire terrible, quoique momentanée, que doit remporter le mauvais génie; ainsi que sur le nouveau monde des dieux, qui doit suivre ces courtes ténèbres, lesquelles seront remplacées par une lumière céleste. Aussi ne peut-on s'empêcher de soupçonner ici plus qu'un pressentiment, plus même qu'une connaissance imparfaite des vérités du christianisme.

Les poèmes ossianiques, ceux du moins qui sont authentiques, paraissent dater à peu près de la même époque de la puissance et de la grandeur héroïque norwégienne. Mais comme ils sont demeurés renfermés en Écosse, dans le cercle entièrement isolé de la race des peuples galliques, et comme ils n'ont exercé à cette époque aucune influence sur le reste de l'Europe, je me réserve d'en parler dans un autre endroit.

CHAPITRE VII.

Ancienne poésie des Allemands. — Du moyen âge en général. — Origine des langues modernes européennes. — Poésie du moyen âge. — Chant des troubadours. — Caractère des Normands; leur influence sur l'esprit de la poésie chevaleresque. — Influence particulière de Charlemagne.

L'amour de la poésie se manifesta aussi alors chez les peuples germaniques du reste de l'Europe, dans quelques essais que l'on fit pour chanter le christianisme et pour revêtir de formes poétiques les histoires des saintes Écritures. C'est ce qui eut lieu chez les Saxons en Angleterre, et dans l'Allemagne du sud par Ottfried. Considérés comme essais poétiques, ces travaux ne dûrent point être couronnés d'un grand succès, puisque plus tard même des poètes plus savans et plus habiles n'ont pu réussir complètement dans de semblables tentatives. Mais ce sont toujours des monumens très-précieux pour la langue et l'art poétique de cette époque; surtout comme ces poètes chrétiens n'avaient point inventé la forme de leurs ouvrages, et qu'ils l'avaient empruntée au contraire aux anciens chants héroïques. C'est ce que l'on peut dire d'Ottfried, avec d'autant plus de certitude qu'il existe encore un chant héroïque et guerrier de ce siècle, et dans la même forme. C'est un chant de triomphe en l'honneur de Ludwig, roi des Francs occidentaux, vainqueur des Normands. Un chant d'une époque si ancienne, puisqu'il a aujourd'hui près de neuf siècles, et d'un si grand mérite poétique, est pour nous un monument inappréciable. On y trouve un passage qui est également d'une grande importance historique. Le poète décrit le silence solennel de l'armée rangée en ordre de bataille avant le moment de l'attaque.

> Blut schien in Wangen
> Kampflust'ger Franken (1).

Plus loin il ajoute :

> Lied war gesungen
> Schlacht ward begunnen (2).

Ceci prouve que la vieille coutume des Germains, d'animer les combattans par des chants

---

(1) Le sang paraissait sur les joues des Francs, qui brûlaient de combattre.

(2) Le chant fut chanté, et la bataille commença.

héroïques et guerriers, existait encore. Le commencement d'un autre poème très-ancien prouve combien la poésie héroïque en général continua à être cultivée et aimée même dans l'Allemagne chrétienne. Ce poème n'est point consacré à un sujet guerrier; il est, au contraire, composé à la louange d'un évêque, de saint Anno de Cologne.

Le poète débute par ces vers :

« Wir hœrten von Helden offmahls singen,
» Und wie sie feste Burgen brachen,
» Wie hohe Kœnigreiche all zergingen
» Und wie sich liebe Kampfgenossen schieden (1). »

Le sujet de tous les poèmes héroïques, qui était l'anéantissement des nations et les dissensions des héros, est retracé dans ces vers d'une manière aussi précise que juste.

Bien qu'il soit à présumer que le chant des Niebelungen n'a reçu sa forme actuelle qu'au treizième siècle, nous pouvons cependant nous en occuper dès à présent, après avoir préalablement montré par son contenu qu'il provient des chants héroïques historiques des peuples goths, et qu'il a été compris, quoique peut-être sous

---

« Nous entendions souvent chanter les louanges des héros; comment ils emportaient d'assaut des châteaux forts; comment de hauts royaumes périssaient tous, et comment se quittaient des compagnons d'armes chéris. »

une autre forme et dans un autre dialecte, dans la collection carlovingienne, avec ces chants et beaucoup d'autres encore du même genre.

Cet art savant de développer des événemens, cette manière presque dramatique d'exposer un plan que nous observons dans les poèmes d'Homère, sont restés particuliers aux Grecs; aussi les autres peuples n'ont-ils jamais pu réussi dans l'imitation de cette méthode. Parmi les poèmes héroïques des autres peuples qui ont conservé une méthode poétique plus simple et moins étudiée, cet ouvrage national occupe un rang très-élevé; peut-être même est-ce le premier des poèmes chevaleresques héroïques de l'Europe moderne. Il se distingue surtout par l'unité de son plan : c'est un tableau, ou plutôt une suite de tableaux tracés à grands traits, simples et sans rien d'inutile. La langue allemande s'y montre dans une perfection qu'on ne lui revoit plus dans les autres ouvrages de ces temps anciens; sa vivacité et son énergie sont accompagnées d'une douceur qui bientôt dégénère en recherche, puis en dureté et en barbarie. Ainsi que j'en ai déjà souvent fait la remarque, les traditions héroïques de tous les peuples ont, qu leur essence, beaucoup de rapports entr seulement elles se lient partout d'une manière particulière à l'histoire nationale des divers peuples, et prennent une forme particulière et différente, d'après la diversité des sentimens et du génie poétique de chaque peuple. On trouve également dans ce poème le point de vue général et tragique, ainsi que le souvenir du monde héroïque, exprimés de nouveau par la mort d'un des favori des dieux, le plus beau, le plus noble et le plus vaillant de tous, mais destiné, dans la fleur de la jeunesse, à payer, par une mort prématurée, les heureuses qualités dont il a été comblé. On les retrouve encore dans l'exposition d'une grande catastrophe liée à un événement à moitié historique, tiré de la tradition nationale. On peut donc, sous ce rapport, comparer le chant des Niebelungen à l'Iliade d'Homère; et dans le poème allemand, la catastrophe finale est plus tragique, plus sanglante, et ressemble à un combat de Titans plus qu'aucune des batailles d'Homère; la mort du jeune héros est plus touchante, est tracée avec plus de douceur qu'aucune scène semblable dans d'autres poèmes héroïques. Le poète se complaît surtout à représenter, dans toute leur énergie, les deux côtés, c'est-à-dire ses joies et ses douleurs.

« Von Freuden und Hochgezeiten, von Weinen und von Klagen
» Von kühner Helden Streiten, mœgt Ihr nun Wunder hœren sa-
[gen(1). »

Mais avant de poursuivre l'examen caractéristique de cet ouvrage, considérons encore une fois l'ensemble du moyen âge.

On se représente souvent le moyen âge comme une lacune dans l'histoire de l'esprit humain, comme un espace vide entre la civilisation l'antiquité et les lumières des temps modernes. D'un côté, on fait périr entièrement les arts et les sciences, afin de les faire ensuite sortir tout d'un coup du néant, après une nuit de dix siècles, et avec d'autant plus d'éclat. Mais ceci est, sous deux rapports, faux, partial et erroné. Jamais ce que la civilisation et les connaissances de l'antiquité avaient d'essentiel n'a entièrement péri, et la plus grande partie de ce que les temps modernes ont produit de beau et de grand, a sa source dans le moyen âge, et son esprit. On pourrait d'ailleurs demander si les temps les plus riches sous le rapport de la littérature, et par conséquent les meilleurs et les plus remarquables sous le rapport moral, ont bien été les plus heureux sous le rapport politique. Habitués déjà à

---

(1) « Vous pourrez maintenant entendre dire des m[...] joies et de noces, de pleurs et de plaintes, de disputes [au]dacieux... »

que les temps où la grandeur des Romains brilla du plus vif éclat, précédèrent l'époque où ils acquirent de nombreuses connaissances en littérature, nous ne devrions pas l'oublier lorsqu'il s'agit de l'histoire de l'Europe. Mais quand même on n'aurait point égard à ces idées plus générales et plus élevées du mérite et de la dignité des siècles et des nations, et qu'on ne fixerait son attention que sur les lumières et sur la littérature, il n'en faudrait pas moins choisir un point de vue entièrement différent de celui qui domine dans cette dépréciation ordinaire du moyen âge.

Si on considère la littérature comme l'ensemble de toutes les productions remarquables et originales dans lesquelles se manifestent et l'esprit d'un siècle et le caractère d'une nation, une littérature savante est, sans contredit, un des plus grands avantages qu'il soit donné à une nation d'atteindre. Mais si on exige indistinctement de tou▉▉▉▉ues la même perfection littéraire, et s▉▉▉▉e tout ce qui ne porte point ce caractère▉▉▉ non-seulement faire preuve de partialité et de fausseté de jugement, mais encore méconnaître la marche de la nature. Partout, dans les détails comme dans l'ensemble, dans le petit comme dans le grand, il faut que l'invention précède le développement et la perfection de l'art : la tradition, l'histoire ; et la poésie, la critique. Si la littérature d'une nation n'a point un passé poétique antérieur à l'époque où elle s'est développée avec plus de régularité et d'art, elle n'arrivera jamais à un caractère ni à un genre national ; jamais elle ne respirera un esprit de vie qui lui soit propre. Le développement intellectuel des Grecs eut, dans le long intervalle qui s'écoula entre les aventures de Troie et les temps de Solon et de Périclès, un passé semblable d'une richesse poétique excessive, mais rien moins que scientifique ou véritablement littéraire ; et c'est surtout à cette circonstance qu'il fut redevable de sa grande supériorité, de son originalité et de sa richesse. Le moyen âge est pour l'Europe moderne cette antiquité poétique, et l'on ne saurait assurément lui contester une grande vivacité et une grande force d'imagination. De même que la jeunesse paraît dans les individus comme la fleur de la vie, de même dans l'histoire de l'esprit humain et productions, des momens de développement soudain pour des nations entières. L'époque des croisades, des mœurs et des poèmes chevaleresques et des chants des troubadours, est comme le printemps général de la poésie chez toutes les nations de l'Occident.

Mais, outre le côté poétique, la littérature en a encore un autre dans lequel on considère principalement l'invention, la sensibilité et la force d'imagination. On peut en effet la regarder comme un moyen de transmettre les connaissances du passé à la postérité; et non-seulement de les conserver, mais encore de les étendre et de les perfectionner à l'aide des progrès naturels des temps. Cette partie poétique de la littérature est celle qui s'est développée dans les langues nationales particulières de l'Europe moderne. L'autre partie, qui a pour objet la conservation des connaissances transmises, forme la littérature latine du moyen âge, commune à toutes les nations de l'Occident. Sous ce rapport, la marche des choses, à la bien considérer, et en pénétrant dans l'histoire et dans l'esprit du moyen âge, a été tout autre qu'elle n'est représentée d'ordinaire.

Sans doute, à ne considérer que la poésie et le développement de l'esprit national dans les idiômes nationaux, on pourrait souhaiter que cette littérature latine n'eût point existé, et que la langue morte fût entièrement tombée en désuétude; c'est par elle que l'histoire et surtout la philosophie furent séparées de la vie. Il y a quelque chose de barbare à ce que la science et l'érudition, la législation et les affaires d'état soient traitées dans une langue étrangère et tout-à-fait morte. Mais les résultats en ont été encore plus préjudiciables à la poésie : un grand nombre de monumens poétiques des Germains et des autres peuples ont péri, parce que des traducteurs bien intentionnés et de prétendus commentateurs les ont traduits en latin, et ont donné sous forme de prose, comme histoires fabuleuses, ce qui originairement était poésie et traditions héroïques véritables. D'un autre côté, un grand nombre de talens, de productions poétiques, n'ont point exercé d'influence sur les nations et sur les siècles, parce que leurs auteurs ont épuisé leur génie poétique en vains essais pour retracer vivement aux autres, dans une langue morte, ce que leur imagination concevait vivement et avec énergie. On pourrait en citer une foule d'exemples ; depuis Roswitha, cette bonne religieuse qui dans un poème latin chante les louanges et célèbre les hauts faits de son grand empereur saxon ; poème qui, s'il eût été écrit en allemand, serait un monument précieux de la langue, de l'histoire vivante et certainement aussi de l'art poétique ; jusqu'à Pétrarque, qui n'espérait pas tant fonder sa gloire poétique sur les chants érotiques italiens qui l'ont immortalisé, et qu'il ne considérait que comme un amusement de sa jeunesse et comme l'expression d'un sentiment dont il ne pouvait se rendre maître, que sur un poème latin en l'honneur de Scipion, oublié aujourd'hui ; et même jusqu'à ce grand nombre de vrais poètes, qui plus tard ont choisi la langue latine, au grand détriment de leur gloire, et dont l'Italie et l'Allemagne surtout ont produit une si grande quantité aux quinzième et seizième siècles.

Malgré les résultats fâcheux qu'eut pour le moyen âge l'usage général de la langue latine, il ne faut pas perdre de vue qu'avant que les idiômes nationaux se fussent développés, une langue universelle était indispensable à tous les peuples de l'Occident, non-seulement pour le culte, pour l'érudition et pour l'enseignement, mais encore pour les affaires publiques. C'était le lien précieux par lequel le monde nouveau et le moyen âge se rattachaient à l'antiquité. D'ailleurs, dans les pays où l'on parlait une langue dérivée du latin, le latin n'était nullement considéré comme une langue étrangère, comme une langue morte, mais comme la langue ancienne, qui s'était conservée plus régulière chez les savans et chez les hommes instruits, par opposition à la langue du peuple, défigurée et devenue barbare, ainsi qu'à la langue dite vulgaire. Ce n'est que dans le neuvième et le dixième siècle que la langue latine cessa d'être une langue vivante dans ces pays, parce qu'a lors la langue du peuple, la langue romane, qu' dans chaque pays avait pris une forme particulière, s'était tellement éloignée du latin qu'elle n'était plus un simple dialecte populaire, mais une langue tout-à-fait distincte. Cependant la transition s'opéra d'une manière si insensible, qu'il est impossible de la déterminer et de la préciser avec exactitude. Elle était donc très-naturelle la fiction par laquelle on considérait la langue latine comme toujours vivante, plusieurs siècles même après qu'elle avait cessé d'exister : et, dans le fait, la tradition de l'ancienne langue latine et de sa prononciation s'est conservée dans le culte, chez les savans, les ecclésiastiques et dans les cloîtres ; elle ne s'est même altérée que momentanément, et n'a jamais été entièrement interrompue.

C'est avec raison que l'on regarde la tradition et l'héritage de toutes les connaissances et de toutes les notions des temps antérieurs comme un bien commun à l'humanité tout entière, comme un dépôt confié à tous les siècles et à toutes les nations, dépôt qui doit être sacré à leurs yeux, dont nous les rendons responsables à certains égards et dont nous leur demandons compte. Le sentiment qui nous fait blâmer et abhorrer comme une barbarie toute interruption, toute violence qui briserait ou seulement menacerait de briser ce lien qui nous rattache à l'antiquité, est approuvé par la justice ainsi que par la droite raison. Cependant, rigoureusement parlant, on ne devrait flétrir du nom de barbarie qu'une interruption intentionnelle ou une stupide négligence des monumens de l'antiquité; et ce n'est que dans le cas d'une interruption totale que l'on devrait adresser à tout un siècle le reproche de barbarie. Mais une interruption totale n'a jamais eu lieu; et s'il y en a eu de momentanées dans la sculpture, elles ont été bien plus rares dans la littérature. Le seul exemple d'une destruction complète qui me soit connu est celui qui fut donné à Constantinople dans des temps déjà postérieurs, lorsque l'on détruisit quelques poèmes érotiques grecs encore existans alors, parce qu'ils étaient trop immoraux et trop voluptueux. Cette sollicitude pour les intérêts de la morale, qui a fait oublier non-seulement la liberté qui doit toujours être accordée à la poésie, mais encore le respect que méritent tous les monumens de la langue et de l'antiquité, et auquel jamais il ne doit être porté atteinte, peut paraître blâmable; cependant le grand nombre de poètes grecs et latins que nous possédons encore, et qui ont traité des sujets analogues, prouve que les compilateurs et les copistes du moyen âge, tant ceux de Constantinople que ceux de l'Occident, n'étaient point d'une rigueur aussi outrée, même à cet égard. Des événemens malheureux et les nécessités de la guerre ont toujours causé des pertes sensibles aux monumens de l'antiquité et de la littérature, même dans les temps modernes et postérieurement à l'invention de l'imprimerie : combien par conséquent ne devaient-elles pas être plus grandes auparavant, alors qu'un très-petit nombre de précieux monumens tenaient lieu des livres imprimés si nombreux aujourd'hui. Même dans les siècles les plus civilisés de la Grèce et de Rome, long-temps avant que elle-ci eût été prise par les Goths et Alexandrie par les Arabes, de grandes bibliothèques étaient devenues, pendant la guerre, la proie des flammes; et des milliers d'ouvrages dont il n'existait qu'une seule copie avaient ainsi péri pour toujours. Nous nous plaignons de la perte de plusieurs écrivains importans, et, à cet égard, nous sommes souvent injustes envers le moyen âge; mais dans toute la période où les ouvrages étaient encore conservés et transmis de cette manière, la perte d'un écrivain ou d'un ouvrage, causée même par négligence, ne serait point encore un motif suffisant pour adresser à tout un siècle le reproche de barbarie. C'est ce dont devra nous convaincre l'anecdote si connue, suivant laquelle il ne serait resté chez les anciens qu'une seule copie des ouvrages d'Aristote, qui pour nous forment l'un des monumens les plus importans du génie grec : laquelle copie, égarée pendant long-temps, ne fut retrouvée et sauvée que par un pur effet du hasard. Ceci se passait justement dans le temps que nous avons l'habitude de désigner comme l'époque littéraire et savante des Grecs et des Romains; et en supposant même que la critique historique eût quelques doutes à élever sur cette anecdote, la conséquence n'en serait pas moins toujours la même; car ce que l'on raconte d'Aristote est arrivé, ainsi que nous en avons des preuves historiques, à plusieurs autres écrivains très-importans, quoiqu'ils n'aient pas toujours eu le même bonheur; et cela, dans les temps les plus florissans et les plus civilisés de l'antiquité. En Occident on s'est occupé depuis Charlemagne, avec la plus grande ardeur et la méthode la plus parfaite, à multiplier les copies, autant et peut-être mieux qu'on ne le fit jamais à Alexandrie et à Rome ou dans les temps les plus civilisés de l'antiquité plus rapprochés de nous. On ne saurait justement se plaindre que les écrits et les auteurs chrétiens aient eu la préférence. D'ailleurs, combien n'a-t-on pas conservé d'ouvrages païens et romains dans l'Occident? Avant les croisades et l'apparition des Turcs, Constantinople n'avait jamais été conquise par les Goths, ni inondée par de soi-disant barbares. Ce que les Byzantins nous ont transmis de la littérature grecque ancienne, comparée avec l'immense richesse des temps anciens, est infiniment inférieur, sous le rapport de la quantité, à ce que l'on a conservé de la littérature latine, qui dans l'origine n'était pas très-riche, et, au contraire, était incomparablement plus pauvre.

L'enseignement scientifique, destiné à conserver les connaissances de l'antiquité, était en général organisé d'une manière très-conforme à ce but. Dans les premiers temps du moyen âge, après ce que réclamait le christianisme, les plus grands soins étaient donnés à l'étude de la langue latine, instrument alors nécessaire à toutes les connaissances humaines. L'objet qui attirait ensuite le plus l'attention était ce qu'il y a d'essentiel dans les mathématiques. Enfin, dans les monastères, on se faisait un devoir et comme une affaire de conscience, de conserver et de multiplier par des copies les ouvrages de l'antiquité. Quant à la langue, qui dans cet état de choses devait être si importante, on étudiait, au dixième siècle, la rhétorique de la langue latine dans Cicéron et dans Quintilien. L'antiquité elle-même n'avait pas eu de meilleurs maîtres. Au onzième siècle on écrivait d'une manière plus claire et plus convenable, mieux même que dans les derniers temps de l'Empire romain et qu'au sixième siècle, si tant est que l'on puisse bien écrire dans une langue morte : c'est ce qu'avouent tous ceux qui sont versés dans la littérature de cette époque. Après la langue et ses monumens, rien n'était assurément plus important que de conserver la connaissance des mathématiques, base de toutes les sciences naturelles, de tant d'arts et de professions agissant sur la vie. L'accroissement rapide de la prospérité sociale et des villes, surtout en Allemagne sous les empereurs saxons, les perfectionnemens de l'architecture et des autres arts qui supposent de la science et des connaissances, furent les heureux résultats des efforts soutenus pour ne point laisser périr les connaissances mathématiques et mécaniques, ainsi que les talens techniques de l'antiquité.

On pourrait peut-être regretter davantage l'isolement dans lequel demeura l'Occident par rapport aux connaissances et aux trésors de la langue grecque; mais à cet égard même, l'isolement n'a jamais été complet. Depuis l'époque où Charlemagne, déjà vieux, étudiait le grec et fondai des chaires de cette langue dans deux villes de l'Allemagne méridionale, jusqu'au temps où les deux Othon de la maison impériale de Saxe savaient assez bien la langue grecque pour pouvoir la parler, la connaissance de cette langue ne s'était jamais perdue en Allemagne. Si d'abord on l'appliqua à la Bible et aux connaissances de l'Eglise, ainsi que cela devait naturellement arriver à cette époque, l'archevêque Bruno de Cologne, qui était issu de la même maison impériale, fit venir de la Grèce des savans, afin de pouvoir comprendre lui-même et faire expliquer aux autres les écrivains, les philosophes et les historiens profanes. Sous la dynastie des empereurs saxons alliés à la cour de Byzance par des mariages, on vit s'élever, surtout dans le nord de l'Allemagne, une foule d'églises et de monumens d'architecture, construits d'après le modèle de l'église grecque de Sainte-Sophie, premier type de toute architecture chrétienne. Depuis le dixième siècle jusqu'au douzième, l'Allemagne fut le pays, non-seulement le plus puissant, mais encore le plus civilisé de l'Europe.

Ainsi donc, le reproche que l'on adresse communément aux peuples germaniques d'avoir répandu l'ignorance et la barbarie sur l'Empire romain et sur l'Occident qu'ils avaient conquis, est entièrement dénué de fondement dans la forme et la généralité sous lesquelles on le présente ordinairement. Adressé aux Goths dès les premiers temps de leurs migrations, ce reproche est d'une injustice toute particulière; car les Goths, qui avaient embrassé le christianisme avant la conquête, et qui connaissaient par conséquent toute l'organisation de l'enseignement public, ainsi que les rapports des savans et du clergé tels qu'ils existaient alors dans le monde romain, loin d'exercer aucune influence destructive, ont au contraire conservé et favorisé une foule d'établissemens scientifiques, autant que leurs forces et les circonstances le leur permettaient. Il n'y eut d'exception que lorsqu'ils furent sous les ordres d'un conquérant étranger, barbare et païen, ou lorsque, dans certains cas particuliers, l'esprit et l'animosité de parti (on sait qu'ils étaient ariens) les rendirent injustes et cruels à l'égard des catholiques. C'est même du règne de Théodoric que date la dernière époque florissante de la littérature romaine qu'on puisse encore appeler ancienne; et jamais le prétendu patriotisme des Italiens ne choisit un sujet plus faux que ce thème favori et si connu de leurs poètes des temps modernes : «l'Italie délivrée des Goths,» attendu que c'est précisément sous Théodoric et sous la domination des Goths que recommencèrent pour l'Italie des temps plus heureux et une nouvelle aurore littéraire qui ne cessa que trop tôt. La misère et la barbarie véritables ne commencèrent qu'après que les Goths eurent été chassés de l'Italie et lorsque le pays fut opprimé et épuisé par des eunuques et des satrapes de Byzance. On ne saurait mieux justifier l'influence que les peuples germaniques ont exercée sur l'Europe moderne qu'en comparant l'activité et la plénitude de vie de l'Occident européen, l'énergie nationale qui s'y développa avec tant de variété et de magnificence, enfin la poésie du moyen âge, avec la misère de l'Empire de Byzance traînant pendant mille ans sa pénible existence au milieu d'un assoupissement uniforme et d'une extinction totale de l'esprit. Et cependant les Byzantins possédaient des richesses et des secours littéraires bien autres, ainsi qu'une foule de connaissances que l'Occident était obligé de leur emprunter. Il est vrai que dans le développement intellectuel et dans la littérature, il s'agit moins des trésors morts dont on a hérité que de l'usage vivant qu'on en a fait.

Cette influence fut, sans contredit, moins favorable alors que les peuples germaniques qui marchaient à la conquête de l'Empire, n'étant pas encore convertis au christianisme, avaient des mœurs grossières et ne connaissaient point les institutions politiques et scientifiques des Romains, comme les Francs dans les Gaules et les Saxons en Bretagne. Si l'on veut à toute force qu'il y ait eu une interruption et un intervalle de troubles et de ténèbres, ce ne peut tout au plus avoir été que depuis Théodoric jusqu'à Charlemagne, et pas même complètement; car lorsque l'Italie, écrasée par le joug de l'Empire de Byzance, languissait dans la barbarie, les lumières et l'activité intellectuelle cherchèrent un abri au fond du Nord, dans les monastères d'Irlande et d'Ecosse; et les Saxons n'eurent pas plutôt acquis en Angleterre par le christianisme les connaissances scientifiques qu'on possédait alors, qu'ils laissèrent bien loin derrière eux, sous ce rapport, toutes les autres nations de l'Occident, jusqu'à ce que cette lumière fût transplantée en France et en Allemagne pour ne plus jamais s'éteindre. Depuis Charlemagne, on s'appliqua sans interruption non-seulement à conserver, mais encore à étendre continuellement les connaissances humaines; en sorte que l'époque de la restauration des sciences, que des critiques font dater des croisades, devrait commencer à Charlemagne. Ce fut même dans le court intervalle du sixième jusqu'au huitième siècle, où les ténèbres furent le plus profondes, que commencèrent à se former ces institutions scientifiques, qui devinrent l'objet particulier de la sollicitude de Charlemagne, et maintinrent partout l'activité intellectuelle la plus grande ; je veux parler de cette institution des monastères savans qui est propre à l'Occident, ainsi que de cette organisation d'un clergé agissant pour le bien général. C'est à ces corporations religieuses, si méthodiquement organisées, qui défrichaient les terres, civilisaient les peuples, affermissaient les Etats et agrandissaient sans cesse le cercle des sciences, que l'Europe moderne est redevable de la supériorité qu'elle eut plus tard sur les Byzantins, qui lui étaient de beaucoup supérieurs sous le rapport des connaissances acquises, et sur les Arabes, qui étaient bien plus puissans et avaient bien plus de ressources qu'elle. Si l'on compare la poétique pauvreté d'un Alfred, la frugale simplicité d'un Charlemagne, et les ressources exiguës dont ces deux monarques pouvaient disposer pour leurs entreprises scientifiques, à la richesse, à l'éclat et à la profusion qu'un Haroun-al-Raschid, ou d'autres califes et sultans, souverains absolus des pays les plus riches de l'Orient, pouvaient répandre sur leurs institutions scientifiques; l'Occident paraît bien pauvre et semble rester bien loin en arrière. Et cependant il a triomphé plus tard : preuve irréfragable que les sciences réussissent mieux au moyen d'institutions qui, indépendantes de l'Etat et de toute influence extérieure, grandissent silencieusement et sans entraves pendant des siècles, que par la faveur passagère et le caprice d'un souverain qui ne cherche en elles que sa propre gloire et un éclat extérieur. C'est pourquoi Charlemagne est le prince qui a le plus influé sur la civilisation de la postérité, en assurant la durée et l'indépendance de ces institutions et de ces corporations religieuses, et en favorisant autant qu'il lui était possible leur propagation. Quelque grands que soient d'ailleurs les services que Charles rendit aux lumières et à la littérature latine ou nationale, on ne saurait cependant nier qu'Alfred, qui étudiait lui-même et qui était un savant pour son siècle, n'en ait rendu de plus grands encore, en ce qui concerne la formation de la langue nationale. Mais, quand les irruptions des Danois en Angleterre interrompirent cette prospérité des lumières, et que les institutions fondées par Charlemagne en France et dans l'Allemagne méridionale, pour favoriser les progrès des lumières et des connaissances, eurent été en partie détruites ici par les Normands, là par les Hongrois; on vit fleurir bientôt après, sous les empereurs saxons, une civilisation qui l'emportait sous tous les rapports sur celle des temps de Charles et d'Alfred. A cette époque, l'Allemagne était surtout riche en bons historiens; plus riche même que tout autre pays de l'Europe, à commencer depuis Eginhard, secrétaire de Charlemagne, jusqu'à Otto de Freysingen, prince de la maison des Babenberger, fils de saint Léopold et oncle de ce grand Barberousse de la maison impériale des Hohenstaufen. L'Allemagne étant à cette époque le centre de toutes les relations politiques, cette circonstance a pu beaucoup contribuer à ce fait. On a coutume de donner dédaigneusement et sans distinction le nom de chronique de moines à tous les ouvrages historiques latins du moyen âge, et d'en récuser le témoignage, parce qu'ils émanent d'ecclésiastiques; et l'on oublie que ces écrivains, la plupart issus de familles princières, étaient versés dans toutes les affaires et dans toutes les relations politiques, et en général les hommes les plus instruits et les plus éclairés de leur temps; que, par conséquent, ils étaient plus à même que qui que ce fût d'embrasser d'un seul coup d'œil tous les événemens, et de les juger sainement; que, par les voyages qu'ils avaient entrepris, ils pouvaient mieux que personne, et en qualité de témoins oculaires, faire connaître à leurs contemporains les mœurs des peuples éloignés de l'Orient ou de ceux du Nord, qui étaient encore moins connus. C'est ainsi que, pour dénigrer le moyen âge, on a coutume d'accumuler les reproches les plus absurdes et les plus contradictoires. S'agit-il de la corruption du clergé, on prétend qu'il possédait de vastes provinces; que les prêtres vivaient avec un luxe de princes et dirigeaient toutes les affaires de l'État. S'agit-il de leurs ouvrages, on dit que c'étaient des moines ignorans qui n'ont pu écrire l'histoire, parce qu'ils ne connaissaient point le monde. Cependant la meilleure position pour un historien est précisément celle où il a l'occasion d'apprendre à connaître par expérience le monde et ses affaires, tout en conservant son indépendance ainsi que la liberté de se retirer du tumulte de la vie, et de ne suivre tranquillement les événemens que comme simple spectateur. Et c'est justement dans cette position que se trouvaient la plupart de ces écrivains, surtout ceux du siècle des empereurs saxons, dont le mérite a été de nouveau presque généralement reconnu, à mesure que l'étude de l'histoire a fai des progrès.

Dans la philosophie, la France et l'Angleterre eurent des écrivains très-distingués, long-temps même avant l'influence des Arabes et la suprématie d'Aristote, qu'ils introduisirent en Europe. Un profond penseur du neuvième siècle, est cet Ecossais ou Irlandais, qu'on n'appelait que Scotus Erigena, du nom du pays où il était né; mais Anselme n'était ni moins grand, ni moins profond, quoique sa philosophie ne sortît point des limites des vérités reconnues. Abeilard était un penseur et un auteur fécond; il était savant dans les langues et dans les connaissances des anciens; son disciple, Jean de Salisbury, ne l'était pas moins.

Il dut, il est vrai, y avoir pour tous les pays où l'on parlait la langue romane, un intervalle de ténèbres et de confusion avant que le langage du peuple pût entièrement abjurer son origine latine, et prendre la forme d'une langue particulière et fixée à certains égards. Sous ce rapport, si d'autres circonstances n'y eussent point apporté d'obstacles, la position des peuples germaniques eût été beaucoup plus favorable pour les lumières; car il est incomparablement plus facile de cultiver en même temps deux langues différentes que de donner une forme nouvelle à une langue là où le mélange de deux autres s'est opéré, et où une révolution l'a entièrement altérée : il faut toujours pour cela un long intervalle de temps. Ce fut un malheur pour le développement de la langue allemande, et par conséquent pour la civilisation nationale, que la disparition successive des langues formées d'abord ; et, par conséquent, que la perte des efforts que l'on avait faits pour les créer. La langue des Goths, qui était déjà assez régulière, périt avec ce peuple. La langue angle-saxonne reçut un perfectionnement encore plus régulier, et l'on peut voir que déjà sous Alfred il existait dans cette langue toute une littérature, une foule d'ouvrages divers, non-seulement des poésies et des traductions, mais encore des histoires en prose et des livres de science de tout genre ; mais, bien qu'il nous en reste encore quelques monumens, cette langue a péri également. Lorsque les Normands, qui parlaient le français, firent la conquête de l'Angleterre, et que du mélange du français avec l'angle-saxon naquit une langue toute nouvelle, la langue anglaise actuelle ; la langue teutonique fut obligée de recommencer pour la troisième fois l'entreprise pénible d'une formation régulière. Cela arriva au neuvième siècle ; car ce n'est qu'à cette époque que commença à se développer ce que nous appelons aujourd'hui le haut allemand (Hochdeutsch), formé du mélange de la langue saxonne et de la langue des Goths avec le latin. Si l'on avait déjà fait à cet égard quelques essais, il est certain qu'ils n'avaient produit aucun résultat décisif. Dans ces monumens, la langue allemande nous paraît encore dénuée de ressources, faible et chancelante, ainsi que cela arrive toutes les fois qu'une langue recommence à se constituer d'une manière régulière, après avoir éprouvé un mélange et une révolution qui ont attaqué son essence même. Dans le onzième et dans le douzième siècle, nous voyons toutes les langues romanes prendre le même essor que la langue allemande au neuvième siècle. On a coutume de donner à la langue allemande la préférence sur toutes les autres, parce qu'on la considère comme une langue mère, pure et fort ancienne. Cette opinion est fondée, s'il s'agit de l'ancien saxon, mais il n'en est pas de même à l'égard de notre haut allemand actuel; c'est une langue plus récente, née seulement à l'époque des Carlovingiens, de la fusion de plusieurs idiômes allemands et d'un mélange très-considérable de mots romanes, de sorte qu'on peut avec raison la ranger dans la catégorie des langues nées du mélange de l'idiôme germanique et de la langue latine, et dont l'origine et la forme primitive méritent d'autant plus de fixer notre attention, qu'elles servent d'instrument à l'esprit des nations les plus civilisées de l'Europe. L'idiôme germanique pur et originairement allemand, commun à tous les peuples de cette race, est l'ancien saxon, qui reçut son perfectionnement le plus complet en Angleterre sous Alfred. Il est indubitable que les Saxons parlaient dans l'Allemagne septentrionale la même langue qu'en Angleterre; les Francs s'en servaient même dans l'origine, et elle était commune à tout le nord de l'Allemagne. En Angleterre, un Franc pouvait servir d'interprète à un Romain, tandis que le Saxon d'Angleterre n'en avait pas besoin, même en Suède; et lorsque le roi Alfred pénétra dans le camp des Danois, sous le déguisement d'un barde, il ne chanta que dans sa propre langue, et tout au plus avec une légère différence dans le dialecte et dans la prononciation. Maintenant, quel est celui des divers idiômes saxons dans lequel étaient composés les chants que Charlemagne fit recueillir? Ce n'était point en langue gothique, car elle était éteinte; et ce n'était tout au plus qu'au fond des montagnes des Asturies, en Espagne, qu'on eût trouvé quelques individus capables de la comprendre et de la parler. Ce n'était pas non plus le haut allemand, que nous voyons naître encore à peine un demi-siècle plus tard, et qui n'a été appelé la langue franque que parce que, du temps de la dynastie des Carlovingiens, on donnait cette dénomination générale à tout ce qui était allemand, d'après celle des nations germaniques qui était la plus puissante : ajoutez à cela que ces chants étaient déjà vieux de son temps, bien qu'ils n'eussent encore que deux ou même qu'un siècle d'antiquité. Je crois donc pouvoir avancer avec certitude que ces chants avaient été traduits du goth en langue saxonne, dans la langue qu'Alfred écrivait, et qui était aussi parlée par Charlemagne ; à moins cependant qu'il ne parlât la langue romane, lui qui se plaisait tant à habiter les pays bas du Rhin, ancienne patrie des Francs, dont la langue primitive était aussi le saxon.

Cette observation est d'une telle importance, non-seulement pour la philologie et la poésie, mais encore pour l'histoire, que je crois pouvoir m'y arrêter.

Voici comment je m'explique la formation de la langue qu'on appelle le haut allemand : les peuples germaniques qui, dans l'origine, habitaient principalement les environs de la mer Baltique, ont changé leur idiôme en se rapprochant davantage du sud. Les Goths, par exemple, qui s'avancèrent depuis la mer Baltique jusqu'à la mer Noire, et y fondèrent un grand royaume, vivant au milieu d'un grand nombre de nations étrangères, de la langue desquelles ils adoptèrent même quelques mots, ont reçu par cela même un idiôme particulier et une langue toute différente. Dans l'Allemagne méridionale, et surtout dans les contrées des Alpes, l'influence ordinaire du climat dans les pays de montagnes sur une prononciation rauque et sur les sons gutturaux naturellement durs, s'est maintenue. La domination successive des Goths et des Francs, ainsi que leurs colonies, ont produit dans l'Allemagne méridionale un mélange ou une fusion de divers idiômes germaniques; le mélange de la langue romane doit être attribué aux colonies romaines établies sur le Danube, et surtout à la propagation du christianisme, qui avait eu lieu antérieurement dans ces contrées.

Ce mélange a été aussi produit par les mêmes causes dans les provinces situées au nord-ouest du Rhin, où cependant la souche teutonique des Saxons s'est en général conservée plus pure, et où les peuples se sont moins mêlés. C'est par ces influences diverses, que la langue si belle et si régulière des Goths dégénéra en un dialecte populaire et barbare, qui fut dépouillé de sa barbarie originelle par une formation qui dura plus de cent ans à s'accomplir. Quand l'Allemagne méridionale et septentrionale se trouvèrent réunies sous un même empereur, ce dialecte se rapprocha de plus en plus de la langue et de la prononciation saxonnes, et prit la forme du haut allemand, lequel parvint à une formation tout-à-fait régulière, au temps de la maison des Hohenstaufen de Souabe, mais retomba bientôt après dans la barbarie, avec tout l'empire et tout le corps social.

De toutes les langues romanes, c'est le provençal qui s'est développé le plus tôt, sans doute parce qu'il renfermait le moins d'élémens étrangers : dans cette contrée devenue de si bonne heure province romaine, l'ancien idiôme national dut vraisemblablement périr aussi de très-bonne heure; et les colonisations allemandes n'y furent, toute proportion gardée, que très-faibles et de peu d'importance. Nous dirons donc, pour terminer par un coup d'œil général les considérations auxquelles nous venons de nous livrer sur les langues de l'Europe moderne, que de toutes celles qui sont nées du mélange des langues romane et germanique, le haut allemand et le provençal, qui avaient le plus conservé leur pureté primitive et avaient eu le moins de mélanges à souffrir, sont celles qui se sont développées le plus tôt. Des trois langues romanes qui ont éprouvé un mélange plus considérable, c'est-à-dire de l'italien, de l'espagnol et du français septentrional, c'est celle qui s'éloigne le plus du latin, la langue française, qui atteignit la dernière son plus haut degré de perfection. L'anglais est la plus jeune de toutes ces langues; c'est celle où le mélange a été le plus fort, où les élémens germaniques et romanes ont été à peu près égaux, et où la confusion qu'un pareil mélange a pour conséquence nécessaire, a duré le plus longtemps. Mais la beauté particulière à la langue anglaise, sa force, sa concision et sa vivacité, prouvent qu'il peut encore sortir d'un pareil chaos quelque chose de grand et de noble; et l'esprit national si élevé de sa littérature, qui sans elle n'eût jamais pu recevoir la forme qu'elle a prise, en est une autre preuve.

Le réveil général d'une vie nouvelle au siècle des croisades, se manifesta surtout dans le développement soudain de cette poésie que les Provençaux appelaient le Gay-Savoir, et qui produisit alors chez les nations les plus spirituelles de l'Europe tant de poèmes chevaleresques et de chants de troubadours. Comme l'esprit des chants des troubadours respire dans toutes ces poésies chevaleresques, et que c'est cet esprit qui les distingue des autres poèmes purement héroïques, je m'occuperai d'abord des premiers. Ce fut chez les Provençaux que la poésie des troubadours commença à fleurir; de là elle passa en Italie, où les premiers poètes écrivirent en langue provençale. Cette langue est aujourd'hui à peu près morte; de sorte que les monumens qui en existent encore demeurent inutilement enfouis dans des recueils manuscrits (1). Après la France, ce fut en Allemagne que fleurit le plus tôt le Gay-Savoir, particulièrement aux douzième et treizième siècles. Ce n'est guère qu'au quatorzième siècle que la poésie des troubadours parvint chez les Italiens à sa perfection dans Pétrarque; et le quinzième fut la véritable époque des chants espagnols. Le dernier poète célèbre qui acquit en Espagne un grand renom dans cet ancien genre de chants d'amour, vécut au milieu du seizième siècle : c'est Castillejo, qui suivit Ferdinand 1er lorsque ce monarque quitta sa patrie pour se rendre en Autriche.

Chez chacune des nations que nous venons de

---

(1) L'ouvrage de A. W. de Schlegel *sur la langue provençale* nous a fourni les documens les plus précieux sur cette langue si peu connue, la première des langues romanes qui ait reçu une forme régulière.

nommer, la poésie des troubadours s'est développée d'une manière particulière à son génie ; et je crois qu'en cela, à l'exception toutefois des Italiens, aucune nation n'a beaucoup emprunté à l'autre, tandis que les poèmes chevaleresques passaient sans cesse d'un peuple à l'autre et étaient une espèce de propriété commune à tous. Il n'y a point jusqu'à la forme des chants, qui, chez chaque nation, ne soit différente. Mais la rime domine dans tous et d'une manière tout harmonique, car autrement elle pourrait paraître presqu'un luxe et une vaine recherche. Cette qualité commune a vraisemblablement son fondement dans l'essence de la musique de cette époque ; car ils étaient originairement tous destinés à être chantés.

Il est d'autant moins vraisemblable que les poètes allemands aient emprunté aux Provençaux leurs chants de troubadours, ainsi qu'on le prétend souvent sans en donner aucune preuve et sans le moindre fondement, que les Allemands ont eu des chants de troubadours à une époque bien antérieure. En effet, on sentit déjà sous l'empereur Louis le Pieux la nécessité d'interdire aux religieuses de chanter, aussi fréquemment qu'elles le faisaient, les chants d'amour allemands (les Wynelieder). On ne saurait nier que dans les temps de la chevalerie quelques princes allemands, qui appartenaient plutôt à l'Italie, ont écrit des poésies en langue provençale; mais cela ne prouve encore rien quant aux chants des troubadours allemands. S'ils avaient été empruntés, les troubadours rappelleraient de temps à autre leurs modèles, comme fait Pétrarque, qui cite souvent avec éloge ses chers Provençaux; d'autant plus que les auteurs allemands des poëmes chevaleresques narratifs citent presque toujours les sources provençales ou françaises auxquelles ils ont puisé.

Quoi qu'il en puisse être, les chants des troubadours allemands diffèrent entièrement des chants des troubadours provençaux et français, par la forme, par le caractère, par la marche des pensées et par la sensibilité; et, de tous les recueils de ce genre qui sont connus, et qui existent encore, c'est celui des Allemands qui est le plus riche.

Ce que l'on y remarque d'abord, c'est l'esprit de douceur qui y respire : on est surtout vivement étonné quand on voit quelques-uns des princes et des chevaliers qui en sont les auteurs apparaître dans l'histoire comme d'intrépides héros. Mais ce contraste se trouve souvent dans la nature, et doit nécessairement être conforme au cœur humain lorsqu'il est noble; c'est-à-dire qu'au milieu d'une vie toute belliqueuse se réveillent les plus doux penchans, et que de la plus grande force héroïque naît, comme une fleur, la sensibilité la plus fine et la plus délicate. Cette antique mélodie, que l'on attribue généralement au roi Richard, n'est qu'une plainte touchante infiniment plus douce qu'on ne devrait l'attendre du Héros au cœur de lion.

Aussi bien on n'a encore jamais contesté aux chants des troubadours allemands la délicatesse des sentimens ni la grâce et la douceur musicale de la langue; mais on leur a reproché d'être monotones et trop simples. Le reproche de monotonie est celui qui étonne le plus; c'est comme si l'on voulait se plaindre qu'il y eût un trop grand nombre de fleurs au printemps ou dans un jardin. Il est vrai que des poèmes de ce genre ne devraient orner le chemin de la vie que comme des fleurs isolées, et ne pas être répandues avec trop de profusion, ce qui produit la satiété. Laure elle-même eût fini par s'ennuyer si elle avait été obligée de lire d'un trait tous les poèmes que pendant sa vie elle inspira à Pétrarque. Mais cette impression de monotonie provient uniquement de ce que nous lisons ou parcourons aujourd'hui les uns après les autres des centaines de chants de ce genre, parce qu'ils sont maintenant réunis dans des collections, ce à quoi ils n'étaient point originairement destinés. En effet, quoiqu'ils n'aient pas tous été adressés à une amante réelle, et qu'au contraire beaucoup soient de pures fictions; cependant tous ont été composés pour être chantés dans les occasions où l'on voulait égayer et embellir la vie. D'ailleurs il est inévitable que, non-seulement des chants d'amour, mais encore toutes espèces de poésies lyriques, lorsqu'elles sont purement naturelles et ne sont que l'expression de sentimens individuels, ne tournent point dans un cercle déterminé de pensées et de sentimens; c'est ce que l'on pourrait soutenir, même pour le genre lyrique sérieux, par des exemples tirés de toutes les nations. Il faut que le sentiment ait une direction principale pour qu'il s'exprime d'une manière poétique et originale; et là où le sentiment doit être prédominant, la richesse des pensées ne peut occuper qu'une place secondaire. La variété que l'on exige dans les poèmes lyriques ne se rencontre que dans les siècles d'imitation, où souvent l'on traite tous les sujets possibles, sous toutes les formes possibles, où sont souvent réunis dans un seul recueil le ton et le goût des peuples et des siècles les plus différens; et où l'on trouve d'autant plus de variété pour la lecture, que le chant et le poème ont dégénéré en poésie de circonstance, et ne sont plus que des épigrammes et de spirituelles bagatelles.

Le second reproche que l'on adresse aux chants des troubadours, d'être puérils, n'est pas sans fondement; mais je ne sais si c'est véritablement un défaut. Les anciens, quoique dans leurs poésies érotiques ils visassent plutôt à représenter le feu de la passion dans toute sa violence, ont reconnu cependant eux-mêmes qu'il y avait quelque chose de puéril dans la nature et le sentiment de l'amour, puisque dans leur mythologie ils représentaient l'amour sous la forme d'un enfant, et rattachaient à cette idée tant de fictions et d'images poétiques, si gracieuses et si pleines de sens. Que dans les temps de la chevalerie, l'amour, qui est la plus violente des passions, ait produit des actions et des événemens tragiques, c'est ce que l'on peut déjà présumer par le caractère si vif et si animé de ce siècle : l'histoire nous en fournit une foule d'exemples; mais ce côté sérieux et passionné de l'amour est rarement envisagé dans les poésies des troubadours. Celles des troubadours allemands ne sont pas aussi étrangères à la sensualité que les poèmes et les chants platoniques de Pétrarque; encore chez la plupart, ce côté n'est-il qu'à peine aperçu : les poètes semblent préférer ce côté du sentiment qui ouvre un champ libre au jeu de l'imagination. Voici donc à peu près quel était l'esprit de la poésie des troubadours en général, et en particulier des troubadours allemands. Du respect que les Allemands professaient originairement pour les femmes naquit, quand les mœurs se furent adoucies et polies, et que le christianisme eut plus généralement répandu des notions morales plus sévères et plus pures : de ce respect, dis-je, naquit un sentiment tendre et délicat, qui ne dégénéra en galanterie que lorsqu'on ne le connut plus et que la forme seule en resta, mais qui en lui-même est assurément une chose noble et belle, même pour la poésie, tant qu'il est véritable. Les tribunaux et cours d'amour des Provençaux, les questions d'amour que l'on y discutait avec une subtilité presque métaphysique, sont tout-à-fait étrangers à la poésie des troubadours allemands. Celle-ci est tout-à-fait dénuée d'art, si on la compare à l'imagination si vive et si brillante de Pétrarque et aux chants espagnols; en revanche, elle est plus sentimentale et se plaît à chanter, outre l'amour, la nature et la beauté du printemps.

La poésie héroïque-épique appartient tout-à-fait aux temps primitifs : le poète d'un siècle déjà avancé dans la carrière des beaux-arts et des sciences, qui a pu encore, comme le poète des temps primitifs, écrire un poème véritablement épique, a toujours été considéré et honoré comme une exception extrêmement rare, comme une apparition unique dans son siècle ou chez sa nation, et en outre comme un homme doué par la nature d'un magnifique talent. Dans la poésie dramatique, l'art conserve au contraire ses prérogatives, et ce n'est que dans un siècle très-civilisé que celle-ci peut réussir : de même que la poésie lyrique est mieux appréciée par la jeunesse, de même aussi le siècle de la jeunesse des nations est le plus favorable pour la produire. L'époque des croisades fut aussi pour les nations de l'Occident un temps de jeunesse, et d'une jeunesse qui ne s'abandonne pas seulement à toute la vivacité du sentiment, mais est en même temps intrépide, vive et active.

Après les croisades, ce sont les Normands qui ont le plus contribué à donner un élan tout-à-fait nouveau à l'imagination des nations européennes. Il est vrai que les principaux traits de la chevalerie, résultat de la constitution primitive des Germains, se trouvaient déjà partout. La croyance poétique au merveilleux, à des héros doués d'une force gigantesque, à des génies de montagnes, à des sirènes, à des fées, à des nains habiles dans la magie, derniers vestiges de la théogonie du Nord, était encore restée dans l'imagination ; mais c'est un nouvel esprit de vie, puisé immédiatement à sa source, que les Normands apportèrent, et avec lequel ils communiquèrent comme une sève nouvelle à tous ces élémens de la chevalerie et de la poésie déjà existans. Cet esprit ne les abandonna point lorsqu'ils se furent convertis au christianisme et qu'ils parlèrent français; au contraire, ce ne fut qu'alors qu'il se répandit complètement en France et dans toute l'Europe chrétienne. Il suivit les Normands en Angleterre et en Sicile, et même dans les expéditions en Palestine, auxquelles ils prirent une part si importante. Non-seulement leur esprit, mais encore leur genre de vie était essentiellement poétique et fondé sur un goût naturel et particulier pour les aventures. Choisissant et osant toujours ce qu'il y avait de plus hardi, passionnés pour le merveilleux, ils exercèrent une influence immense sur la poésie du moyen âge. Ils paraissent avoir surtout traité avec plaisir l'histoire de Charlemagne, à laquelle ils ont donné la forme d'un poème héroïque. Le vrai historique dans cette histoire, la bataille de Roncevaux où l'armée des Francs fut attaquée à l'improviste par les Arabes et les

Espagnols, et éprouva une défaite complète où Roland mourut en héros, fut plutôt un événement malheureux que glorieux pour Charles et pour les Francs. Si le souvenir de cette journée est resté cher à la mémoire du peuple, et est devenu de très-bonne heure un sujet de prédilection pour la poésie, c'est probablement parce que, malgré la perte de cette bataille, Charles réussit complètement à arrêter les progrès des Arabes, et même à établir au-delà des Pyrénées des points de fortification qui devaient servir de boulevard commun à l'Occident tout entier. Le point de vue chrétien sous lequel on envisageait cet événement en fut d'ailleurs la principale cause. Ces chevaliers avaient succombé dans le combat qu'ils avaient soutenu contre les ennemis du christianisme; ainsi, encore qu'ils eussent été vaincus sur la terre, la palme de la victoire ne les attendait pas moins dans les cieux. Ils étaient morts en héros pour la cause de Dieu; on les regardait donc comme des martyrs. C'est dans cet esprit qu'a incontestablement été conçu l'ancien chant de Roland, dont il est si souvent fait mention, et dont les Normands se servaient pour exciter leurs guerriers au combat; car, sans cette consolation céleste, un triste chant de mort n'eût guère été propre à animer le courage des guerriers au moment de la bataille. A l'époque des croisades, l'histoire des hauts faits de Charles, de la bataille de Roncevaux et de la mort de Roland, fut présentée sous la forme d'une croisade, afin d'exposer aux yeux des chevaliers et des croisés du temps un modèle, un exemple fait pour leur inspirer de l'enthousiasme, sous les noms tant célébrés et si souvent chantés du grand empereur et de ses héros. On alla même jusqu'à attribuer une croisade fabuleuse à Charlemagne; tous les sultans et tous les enchantemens de l'Orient furent alors mêlés à l'histoire de ce souverain, à laquelle on donna un caractère entièrement fabuleux, et où quelques caractères asiatiques, quelques fictions comiques, paraissent avoir été introduits de bonne heure. D'ailleurs, les narrations orales des croisés avaient répandu une foule innombrable de contes et de traditions fabuleuses; et, lorsqu'on connut enfin la description des voyages de Marco-Polo, qui avait traversé la plus grande partie de l'Asie, et qu'à cause de son exagération et de ses chiffres accumulés, on n'appelait que Messer Millione, il n'y eut de Maroc à la Chine rien de merveilleux ayant quelque vérité pour fondement, et d'à moitié fabuleux seulement ou bien d'entièrement futile, qu'on n'y fît entrer; soit que ce merveilleux fût basé sur quelque chose de vrai et ne fût qu'à demi fabuleux, soit qu'il n'existât que dans ces poésies. C'est ainsi que cette tradition historique des exploits et des guerres de Charlemagne, qui dans sa forme primitive eût pu être le sujet d'un poème héroïque sérieux, perdit toute base et toute consistance, et ne fut plus qu'un simple canevas dans lequel on était libre d'introduire toutes les fictions possibles; qu'un thême pour les jeux les plus hardis et les plus capricieux de l'imagination. Elle a cette forme dans l'Arioste et dans d'autres poètes qui l'ont précédé ou suivi, et où le poète, certain de la magie entraînante de son style et de son exposition, ne cherche plus à produire de l'illusion par ses formes aériennes, et par la rapidité de ses tableaux, mais la détruit par des exagérations faites avec intention, par un désordre apparent introduit çà et là dans la narration, et par les plaisanteries dont il la sème.

CHAPITRE VIII.

Troisième cercle des poèmes héroïques, d'Arthur et de la Table ronde. — Influence des Croisades et de l'Orient sur la poésie de l'Occident. — Chants des Arabes, et livre héroïque persan de Ferdusi. — Dernière composition du chant des Niebelungen. — Wolfram d'Eschenbach. — Véritable signification de l'architecture gothique. — Poésie plus moderne de l'époque de la chevalerie. — Le poème du Cid.

Il y a surtout trois cercles de fables et d'histoires qui ont servi de sujet aux poèmes chevaleresques du moyen âge. Le premier se compose des traditions des héros goths, francs et bourguignons, de l'époque de la grande migration des peuples. Elles forment le contenu du chant des Niebelungen et des diverses pièces connues sous le nom du livre des héros. Ces traditions héroïques ont la plupart une base historique; le génie du Nord y respire encore tout entier; elles ont aussi été chantées et traitées de diverses manières dans les langues scandinaves, et se rattachent immédiatement aux temps du paganisme et à l'ancienne théogonie des Germains. Charlemagne fut le second sujet principal des poèmes héroïques; surtout ses expéditions contre les Arabes, la bataille de Roncevaux, et la gloire des héros fameux réunis autour de lui. Les récits de ces faits s'éloignèrent de très-bonne heure de la vérité; ce héros, plein d'activité et d'une mâle énergie, fut transformé en un souverain indolent, semblable à ceux de l'Orient. Ce qui peut y avoir contribué, c'est que les Normands, qui sont les principaux auteurs de ces poèmes, se représentaient Charlemagne, malgré la gloire qui environnait son nom, comme placé dans des circonstances analogues à celles où se trouvaient de leur temps les monarques indolens qui occupaient son trône. Quoi qu'il en ait été, une sorte d'exagération comique domina bientôt dans l'exposition de cette histoire; chaque jour on y ajoutait encore du merveilleux et de la fiction, si bien que le tout ne tarda pas à ne plus former qu'un jeu de l'imagination, ainsi que nous le voyons dans l'Arioste. Il n'en fut pas tout-à-fait de même du troisième cercle de fables de la poésie chevaleresque, des histoires du roi breton Arthur et de la Table ronde. Il est vrai qu'ici encore ce qui était originairement historique fut enrichi par toute la plénitude de merveilleux qu'offraient les croisades, et que le domaine de la fiction s'étendit jusqu'aux Indes. L'Arthur de l'histoire, roi chrétien de race celtique en Bretagne, ses malheurs et les guerres qu'il eut à soutenir contre les chefs des Saxons, alors encore païens, n'auraient été qu'un sujet très-borné. On l'agrandit en cherchant surtout à développer dans cette fiction l'idéal de la parfaite chevalerie, et l'on y perdit moins de vue un but déterminé que dans les poèmes de Charlemagne. On y rattacha ensuite quelques fictions destinées à représenter l'amour dans les plus belles circonstances de la vie chevaleresque. La principale de ces fictions est tout-à-fait élégiaque, comme l'indique le nom même de Tristan. Cette douce teinte élégiaque est parfaitement appropriée à la nature d'une semblable exposition, non-seulement à cause de la contradiction qui existe entre les rapports extérieurs et le sentiment intérieur du peu de durée de la jeunesse qui, au milieu de son éclat et même des plaisirs qui l'accompagnent, porte toujours à faire un retour pénible sur ce qu'elle a de fugitif et de passager; mais encore, parce que l'aspiration plus sublime ne se sent pas satisfaite. L'entourage poétique, le merveilleux, ainsi que les mœurs et les exploits de la chevalerie, qui sont mêlés ici aux destinées de l'amour, rehaussent considérablement la beauté du poème, et sont de nature à élever l'âme. C'est vainement que dans les temps modernes où l'on a placé l'exposition dans le présent et dans la réalité prosaïque, on a cherché à remplacer le manque de poésie, par l'analyse et par des subtilités psycologiques, par la connaissance du monde et des hommes. Ce n'est point dans les livres qu'on apprend à connaître le monde et les hommes; mais le poème peut très-bien faire naître le pressentiment de pareilles idées qui sont déjà une poésie naturelle, dans ceux qui ne les connaissent pas encore, ou en réveiller le souvenir dans ceux qui les ont déjà eues, en montrant tout sous le jour le plus beau et en l'environnant d'un charme magique, moins pour ennoblir ces sentimens, que pour les maintenir dans l'élément de beauté qui leur est naturel. De tous les grands poèmes épiques de chevalerie et d'amour, Tristan est celui qui a obtenu la préférence chez toutes les nations. Cependant, afin que l'uniformité de ce poème n'engendrât point l'ennui, on ajouta à cette fiction tout élégiaque celle de Lancelot, qui est plus gaie et plus animée.

Les fictions d'Arthur et de la Table ronde servirent encore à un tout autre but. Dans ce cercle qui devait embrasser l'idéal et la fleur de toute vertu chevaleresque, on chercha surtout aussi à exprimer l'idée d'un chevalier religieux, en faisant voir comment ce chevalier fidèle à un vœu solennel parvenait, par de dures épreuves et de grands exploits, d'un degré de la perfection à l'autre, et s'élevait toujours davantage vers la sainteté; ce qui n'empêcha cependant pas en Occident comme en Orient la fiction de déployer toute sa richesse d'aventures et de merveilles guerrières et amoureuses. On imagina sous le nom de saint Graal toute une suite de semblables fictions chevaleresques entièrement allégoriques, dont le but est de montrer comment le chevalier doit, par une piété toujours croissante, se rendre digne des mystères de la religion et des sanctuaires, dont la conservation est représentée comme le but le plus élevé de sa mission. On peut admettre, et il existe même à cet égard des indices et des preuves irréfragables, que ces poèmes exprimaient non-seulement l'idéal d'un chevalier religieux, tel qu'on le concevait à cette époque où florissaient les ordres chevaleresques religieux les plus remarquables; mais qu'ils contenaient encore un grand nombre d'idées symboliques et de traditions particulières à quelques-uns de ces ordres, surtout à celui des Templiers. Ceci est également remarquable sous le point de vue historique. Lessing, le premier que je sache qui ait fait cette remarque, et qui a examiné la chose avec beaucoup de soin, était bien à même d'en juger; et ceux qui connaissent ces matières tomberont assurément d'accord avec lui, s'ils veulent examiner attentivement les anciens poèmes dans cet esprit. Ce caractère ne saurait être méconnu, même dans les romans français de Graal; mais il est encore plus saillant dans les ingénieuses traductions qu'en ont données les Allemands.

C'est ainsi que ce troisième cercle de fables des poèmes chevaleresques, celui d'Arthur et de la Table ronde, a un caractère allégorique tout particulier. Ces trois cercles de fables, celui des Niebelungen, celui de Charlemagne et celui de la Table ronde, ont été les principaux sujets de la poésie dans le moyen âge : une foule d'autres fictions s'y rattachèrent comme à un centre commun. Maintenant il nous reste encore à examiner quelle forme l'esprit de la poésie chevaleresque et même de la chevalerie, a prise chez chacune des nations les plus distinguées de l'Europe; combien de temps il a duré; comment cette poésie s'est éteinte, tantôt d'une manière, tantôt d'une autre, et n'a atteint presque nulle part ce développement parfait et cette beauté savante d'exposition dont elle eût été susceptible sous tant de rapports. Mais auparavant, il est nécessaire de dire encore quelques mots de l'influence des croisades sur la poésie de l'Occident, et surtout d'aborder la question de savoir jusqu'à quel point la poésie des Arabes y prit part.

L'effet que le grand événement des croisades, dans l'esprit où elles étaient conçues, devait produire par lui-même, et qui était de réveiller l'imagination, resta toujours l'objet principal. Les exploits de Godefroi de Bouillon étaient chantés à une époque où ils étaient encore récens; ils n'avaient pas besoin pour paraître poétiques de se trouver dans un passé éloigné; cependant les poètes préférèrent encore pendant long-temps les histoires de Charlemagne, ainsi que celles de la Table ronde, parce que leur imagination y avait un champ encore plus libre.

L'influence que la poésie des Orientaux exerça sur l'Europe, au moyen des croisades, n'a pas été, à beaucoup près, aussi grande qu'on le dit ordinairement; et ce qui en est vrai appartient en grande partie, ou même exclusivement, aux Persans, et non aux Arabes. De toutes les productions de la poésie orientale, il en est deux surtout qui font connaître cette influence et l'esprit qu'elle amena en Europe, et qui originairement se rapprochait beaucoup de l'esprit poétique du Nord; ce sont la collection des contes arabes connue sous le nom des *Mille et une Nuits*, et le Livre des héros persans, de Ferdusi, que l'on a appelé tantôt l'Homère, tantôt l'Arioste de l'Orient.

Avant Mahomet, la poésie des Arabes, autant du moins que nous la connaissons, consistait en chants héroïques lyriques, qui célébraient les exploits guerriers et les sentimens d'amour, mais surtout la gloire de tel ou tel guerrier et de sa race, sans aucune mythologie proprement dite. Dans ces chants, tout est sacrifié à la race que le poète veut célébrer; celui-ci s'efforce constamment de présenter dans le plus beau jour les grandes qualités qui l'élèvent au-dessus des autres races moins estimées, et au-dessus des races odieuses et ennemies. Il entremêle son récit de sentences morales et de pensées profondes et brillantes, comme les aime tout l'Orient. On ne trouve dans cette ancienne poésie arabe, ni une mythologie véritable, ni un monde de fictions, sur les dieux et les héros, les esprits, et d'autres êtres extraordinaires, représentés luttant les uns contre les autres, tel que les Grecs en possédaient un, et tel qu'on le trouve dans la théogonie du Nord. Cette poésie est tellement locale, qu'à peine peut-elle être transplantée ailleurs. Bien plus, il faut entièrement se placer dans le genre de vie de ces races arabes, pour apprendre à connaître jusqu'à un certain point leur poésie. L'absence d'une mythologie proprement dite, une tendance exclusive à célébrer la gloire, la manière de penser, les rapports et les souvenirs de quelques races guerrières de la noblesse arabe, donnent à ces chants une analogie générale avec les chants ossianiques; à cette différence près cependant, que dans les chants ossianiques on voit régner le ton de l'élégie, qui convient si bien au sentiment d'une nation qui commence à s'éteindre, ou, si l'on veut, à un pays couvert de brouillards, et sur les rivages duquel viennent expirer, en grondant, les vagues de la mer du Nord, sous un ciel triste et chargé de nuages. Dans les chants arabes prédomine, au contraire, cet esprit de superbe, de gaîté et de vivacité, qui est propre à un peuple victorieux et au ciel méridional; souvent aussi, au lieu de la plainte, ces poèmes expriment le courroux du guerrier et sa haine contre la race ennemie. Ces chants, destinés à célébrer des races particulières, ont toujours une teinte entièrement locale, et restent particuliers au sol qui les a vus naître. Au contraire, les fictions d'une tradition héroïque plus mythologique se communiquent facilement d'une nation à une autre, et laissent apercevoir beaucoup d'analogie et d'accord chez les nations qui en possèdent de semblables.

Une mythologie poétique était tellement éloignée du génie des Arabes, que tout le monde sait qu'un Arabe ayant, du temps de Mahomet, apporté à la Mecque les histoires héroïques persanes d'Isfendiar et d'autres chevaliers merveilleux de l'antiquité, comme quelque chose de nouveau et d'inconnu, Mahomet ne voulut point qu'on les lût, parce qu'il craignit qu'on ne les goûtât, et que sa poésie et ses projets n'en souffrissent.

Lorsque les Arabes devinrent maîtres de l'Asie, ils se complurent cependant aux formes magiques de la poésie persane; les contes arabes dont nous avons déjà parlé en sont une preuve évidente. Aujourd'hui ceux qui sont versés dans la connaissance de la littérature orientale sont convaincus que ceux de ces contes qui contiennent le plus de merveilleux et le plus de féerie ne sont point originairement anciens et véritablement arabes, mais que la poésie en appartient aux Persans, et peut-être même en partie aux Indiens. Mais jusqu'à présent on ne sait pas encore d'une manière positive si, indépendamment de celle qu'ils ont empruntée aux Persans, les Arabes ont eu aussi une poésie chevaleresque qui leur fût propre, qu'ils eussent formée, et qui contînt plus de fictions que ces anciens chants lyriques destinés à célébrer des races de héros. Quand bien même il en aurait été ainsi, ce que nous venons d'établir en général n'en recevrait point de modifications essentielles.

Les sylphes, les esprits des montagnes et les sy rènes, les géans, les nains et les dragons étaient connus dans la théogonie du Nord long-temps avant les croisades. Il n'y a point là d'emprunt, mais un rapport originel entre la théogonie et la doctrine des esprits du Nord et celle des Persans. La connaissance de l'Orient n'a introduit dans la poésie de l'Occident que les formes magiques méridionales de cette féerie, et le vif éclat de l'imagination orientale; mais il existe encore une autre concordance. Le livre héroïque persan dans lequel le poète a recueilli au commencement du onzième siècle de notre ère les traditions et les histoires des rois et des héros persans, qu'il chanta avec autant de pureté et d'éclat de style qu'on pouvait le faire alors, et avec une richesse d'imagination qui lui valut le surnom de poète céleste, surnom qui est devenu maintenant son nom, présente à peu près le contenu suivant dans la période mythologique. La magnificence de Dschemschid, sur le nom duquel le poète accumule tout ce qui peut faire paraître un souverain et un vainqueur le reflet de la Divinité sur la terre, est représentée au commencement de ce poème comme l'âge d'or de l'ancien empire persan et du monde asiatique en général. Mais, lorsqu'après plusieurs siècles de bonheur, on voit pâlir ce soleil de justice, et que le meilleur des souverains s'abandonne à l'orgueil et à la vanité, alors ce pays de la lumière tombe au pouvoir des puissances ennemies. Le combat qui a lieu entre Iran et Turan, entre le pays sacré de la lumière et celui des ténèbres, devient dès lors le centre autour duquel gravitent toutes les fictions suivantes : la victoire remportée par le magnifique Feridun sur le méchant Zohac; sa lutte inutile contre Afrasiab, son ennemi, qui parvient à la domination générale, époque à laquelle une nuit obscure couvre tout l'Empire ; la naissance d'un sauveur de la Perse dans la personne de Roustan, qui chasse le féroce souverain, jusqu'à ce qu'après de longues aventures, celui-ci est enfin entièrement vaincu par le roi Chosroès, véritable fondateur historique de l'empire des Perses, et avec lequel commencent les temps héroïques. Ce sont là autant de fictions dans lesquelles la notion des anciens Perses sur le combat de la lumière et des ténèbres est partout présentée sous la forme de traditions héroïques. Le même esprit respire dans toutes les autres fictions, et on y aperçoit visiblement le même rapport. On remarque également dans le plus grand nombre des poésies chrétiennes du moyen âge cette idée d'une lutte entre le bien et le mal, entre la lumière et les ténèbres, étrangère aux Grecs, dans ce sens du moins. On peut même dire qu'elle en est la pensée dominante, aussitôt que des fictions et des symboles vraiment chrétiens commencent à se développer dans les arts d'exposition. Le christianisme rejette cette notion persane de la lutte et de l'opposition perpétuelles du bien et du mal, en tant seulement qu'on l'étend jusqu'à la divinité, et qu'on admet l'existence de deux forces fondamentales indépendantes l'une de l'autre. Mais ceci appartient à une région plus élevée; c'est, si l'on peut s'exprimer ainsi, une différence purement métaphysique. Au reste, le christianisme reconnaît dans le monde des sens comme dans le monde des esprits, dans la nature comme dans l'homme, cette opposition du bien et du mal, cette lutte de la lumière et des ténèbres, ainsi qu'on en peut trouver la preuve dans toutes les idées, dans toutes les fictions et dans tous les symboles véritablement chrétiens. Il ne faut donc point regarder cette concordance, qui, avec beaucoup de similitudes n'en renferme pas moins beaucoup de différences, comme empruntée; mais on doit y voir une marche toute semblable de l'imagination sous un point de vue moral, qui, malgré toutes ces dissemblances, s'accorde cependant dans une foule de traits essentiels.

Les poèmes romantiques plus modernes des Persans, tels que Meschnoun et Leila, Chosrou et Schirin, comme poèmes épiques d'amour et de chevalerie, genre qui était inconnu aux anciens, rappellent encore la poésie du moyen âge. Mais ce qu'il y a d'ignoble dans les images est étranger à l'Occident, où l'on ne considère pourtant la poésie que comme un jeu de l'imagination; la manière dont l'amour y est traité, et tout ce qui a rapport au sentiment moral, est encore plus étranger aux idées des Européens.

Que si on compare les vieux fabliaux et les vieilles nouvelles des Français avec les contes arabes, on remarquera que la plupart de ces histoires sont venues d'Orient en Europe, probablement par les récits des croisés. Cette circonstance fait présumer combien ces histoires ont dû subir de métamorphoses et prendre de formes diverses. Il est possible cependant que cette action ait été réciproque, et qu'un grand nombre de nouvelles soient venues de l'Occident aux Arabes, à l'époque de cette migration générale des peuples. Il ne paraît pas que les Européens aient emprunté des fictions héroïques entières et complètes à l'Orient ; ainsi l'histoire fabuleuse d'Alexandre, qui a fourni aux Persans la matière d'un poème héroïque romantique, ce n'est point aux Persans qu'ils l'ont empruntée pour en faire un poème héroïque de leur façon, mais à un livre populaire grec. Il en arriva de même des vieilles traditions des aventures de Troie, que l'on n'alla pas puiser dans les grands poètes, mais dans les livres populaires modernes. Permis à notre siècle, si riche en connaissances historiques, avec ses lumières et sa civilisation d'emprunt, de regarder en pitié ces essais naïfs et grossiers, ces poèmes héroïques troyens et les autres poésies du moyen âge d'un contenu antique ; il restera toujours à cette époque, quelle que soit d'ailleurs son infériorité sous d'autres rapports, un avantage qui fait facilement comprendre pourquoi les traditions héroïques des Grecs plaisaient tant aux hommes de ces temps. C'est que le moyen âge a été, à proprement parler, le temps héroïque chrétien, et que, dans la tradition héroïque des Grecs, on trouve une foule de traits qui rappellent les mœurs de la chevalerie. Tancrède et Richard, avec leurs poètes et leurs troubadours, ressemblent, sous bien des rapports, plutôt à Achille, à Hector et aux rapsodes troyens, que les chefs et les poètes d'un siècle plus avancé dans la civilisation. On s'empara alors des exploits d'Alexandre pour en faire le sujet d'une épopée, parce que, sans qu'il soit besoin d'y ajouter des fables et des fictions, ce sont, de toutes les grandes actions historiques, celles qui offrent le plus d'analogie avec un poème héroïque; et parce que le merveilleux qu'elles présentent a un caractère beaucoup plus poétique que celui des exploits des autres conquérans.

Aussi bien, c'est dans cette migration générale des peuples, à l'époque des croisades, que s'établirent des rapports plus suivis entre les nations de l'Occident. Les poésies de tous les temps et de tous les lieux se trouvèrent en contact et se mélangèrent à l'infini. Par la suite, ce mélange confus devint cause que les traditions héroïques nationales de l'Europe les plus remarquables et les plus philosophiques, dégénérèrent pour la plupart en un pur jeu d'imagination, et perdirent toute base historique.

Il y a une mesure générale pour apprécier cette immense quantité de poèmes romantiques que l'on vit naître alors, soit qu'ils se rattachent aux trois principaux cercles de fables de la poésie du moyen âge, soit qu'ils n'y aient aucun rapport ou qu'ils soient même en partie fondés sur des événemens réels. Ils ont d'autant plus de prix qu'ils reposent davantage sur une base historique; qu'ils ont un contenu et un caractère nationaux; que le merveilleux de la poésie et le jeu brillant d'une imagination hardie y trouvent leur place d'une manière plus naturelle, et à mesure que l'esprit de l'amour s'y exprime davantage et sans contrainte : et par là, je n'entends pas seulement une manière de traiter les sujets avec une douceur et une modération toujours soutenues, mais bien le génie par lequel les véritables poèmes chrétiens diffèrent essentiellement des autres ; ce génie, qui alors même qu'une fin tragique résulte de la nature de la chose ou est dans l'intention du poète, 'ne termine jamais par le sentiment de la destruction, de la ruine, ou d'un destin impitoyable; mais qui, au contraire, fait naître des souffrances et de la mort, sous une forme ennoblie, une nouvelle vie plus sublime, et représente aussi, par une semblable exposition, celui qui a été vaincu sur la terre, ou qui a succombé à la douleur, ceint des palmes d'une victoire plus noble, prix sublime de la lutte qu'il a soutenue.

Je jetterai encore un coup d'œil sur le développement ultérieur de la poésie chevaleresque, ou sur l'altération qu'elle a subie de bonne heure chez les nations les plus distinguées de l'Europe, jusqu'à l'époque de la Réformation, en commençant par celle des Allemands. Dans cet intervalle de temps et dans ce genre ils ont eu une littérature qui, si elle n'est point la plus riche, est du moins, toute proportion gardée, celle que l'on connaît le plus complètement. J'examinerai en dernier lieu celle des Italiens, parce qu'elle a été moins dominée et moins influencée par le génie de la chevalerie, et parce que chez les Italiens la littérature et la poésie ont été de très-bonne heure dominées par un esprit et un système qui se rapprochent beaucoup de l'antique.

Le réveil et l'essor véritables de la langue et de l'ancienne poésie allemande, datent du règne de l'empereur Ferdinand I*er*, dans le douzième siècle. Au commencement du quatorzième, son premier éclat était déjà passé. Depuis cette époque jusqu'à l'empereur Maximilien, la poésie et la prose ne subirent presque point de modifications. On voit la prose se perfectionner, et l'art des vers se perdre de plus en plus; la langue poétique devient toujours plus rude, et commence à tomber dans la barbarie, jusqu'à ce qu'enfin, au commencement du seizième siècle, une révolution générale dans les idées amène aussi dans la langue un changement complet qui forme aujourd'hui comme un mur de séparation entre nous et l'ancienne langue, ainsi que l'ancien art poétique des Allemands. Avant Barberousse, la civilisation par laquelle l'Allemagne s'est incontestablement distinguée sous les empereurs saxons et sous les premiers empereurs francs, semble avoir été plutôt latine qu'allemande. Aussi bien, il ne pouvait guère en être autrement, même à la cour impériale, et dans tout ce qui s'y rattachait. Cette cour était le centre du gouvernement, non-seulement de l'Allemagne, mais encore de la moitié de l'Italie, de la Lorraine en partie romane, et de la Bourgogne qui l'était presqu'entièrement, ainsi que des rapports politiques des autres peuples; le latin étant la langue qu'on y parlait généralement, la connaissance en était d'une nécessité impérieuse et absolue. Ceci nous explique en même temps pourquoi quelques empereurs, particulièrement les Hohenstaufen, qui étaient souvent absens pendant si long-temps de l'Allemagne, composaient des poésies en langue romane, tandis que d'autres écrivaient en allemand. Ce besoin de connaître la langue générale des affaires se faisait sentir même en Allemagne, où indépendamment de la langue nationale et de la langue slave si répandues, les deux dialectes principaux, l'allemand du nord et l'allemand du sud, c'est-à-dire le saxon et l'allemand, n'étaient point alors, comme il arriva plus tard, fondus ensemble et réduits à l'état de purs dialectes, mais formaient deux langues tout-à-fait distinctes. L'essor que la langue allemande prit sous Frédéric Ier me paraît devoir être moins attribué à ce que fit ce monarque pour sa nation et pour la civilisation, qu'à la circonstance suivante. Un grand nombre de princes qui ne possédaient point alors d'Etats assez étendus pour que les soins du gouvernement pussent absorber toute leur attention, devinrent cependant assez puissans et assez riches pour s'occuper, plus qu'ils ne l'auraient fait sans cela, d'embellir leur existence par la poésie et par les beaux-arts. C'est ainsi que les landgraves de Thuringe, et les princes de la maison autrichienne des Babemberger, réunirent des poètes et des troubadours à leur cour. C'est probablement à un de ces poètes établis alors en Autriche, que nous devons la composition, encore actuellement existante, du chant des Niebelungen. Non-seulement la connaissance parfaite des localités qu'on y remarque, mais encore cette foule d'observations et de louanges relatives à l'Autriche qu'on y trouve, sont autant de circonstances qui trahissent l'origine du poème et le séjour du poète. Voilà pourquoi le héros favori du pays, le margrave Rudiger, a été placé dans ce poème, à l'aide d'un rude anachronisme. Cette circonstance peut même avoir contribué à la manière avantageuse dont a été tracé le portrait d'Attila; car dans la Hongrie, étroitement liée à l'Autriche, il existait encore alors un grand nombre de traditions concernant Attila,

On le considérait là comme un héros national; par conséquent on avait pour lui une grande prédilection. Si le margrave assure à Chriemhild qui hésite de prendre pour époux un païen, qu'un grand nombre de chevaliers et de seigneurs chrétiens vivent à la cour d'Attila, le fait est entièrement conforme à l'histoire. Un autre passage dans lequel il est dit que chez Attila on vivait indifféremment, ou selon les usages chrétiens, ou suivant les mœurs du paganisme; qu'Attila a richement récompensé chacun, suivant sa vie et ses travaux guerriers, est encore plus remarquable. C'est ainsi qu'usant de la liberté qui est son apanage, la poésie a transformé le farouche conquérant en un souverain doux et généreux, et l'a dépeint semblable à un empereur chrétien; tandis qu'elle a transformé en un monarque indolent et incapable de rien produire par lui-même, le plus actif de tous les souverains, Charlemagne.

On pourrait fixer l'époque de cette dernière composition du chant des Niebelungen, au temps de Léopold le Glorieux, l'avant-dernier des Babemberger; et comme le poète qui a composé un pareil ouvrage ne saurait avoir été un inconnu, si l'on voulait diriger les conjectures sur un nom déterminé et connu, on pourrait désigner Henri d'Ofterdingen, qui était né en Thuringe, mais qui s'était établi en Autriche. Au reste, cet ouvrage ayant été paraphrasé, commenté et jugé de tant de manières différentes, comme cela était arrivé déjà aux poèmes d'Homère; quelles que soient les probabilités ou les conjectures auxquelles on veuille donner la préférence, toujours est-il bien certain que dans sa forme et dans sa composition actuelles il est impossible qu'il soit le résultat fortuit de la réunion de diverses traditions. Il faut au contraire que ce soit l'ouvrage d'un seul homme, et encore du plus grand maître de l'époque, puisque, sous le rapport de la langue, de l'exposition, de l'esprit et de l'ordonnance, il occupe par son excellence une place à part et même unique parmi tous les ouvrage du même genre et du même contenu produits par ce siècle.

Cet ouvrage n'est pas seulement le plus remarquable de cette époque sous le rapport de la langue, mais le plan en est aussi très-régulier. Le poème se termine d'une manière presque dramatique; il est divisé en six livres qui se subdivisent en fragmens et en petites sections ou rapsodies, selon qu'elles étaient destinées pour le chant. Il faut que le poète s'en soit tenu strictement aux antiques sources auxquelles il puisait, puisque, à l'exception de quelques mots isolés, il ne se trouve dans ce poème, du moins dans son esprit et dans son genre d'invention, aucune trace des croisades, dont on découvre cependant un si grand nombre dans tous les ouvrages de cette époque.

Au contraire, cette influence des croisades et des expéditions d'Orient, si chères et devenues presque indispensables aux poètes, est très-visible dans les fragmens du livre des Héros, qui sont d'ailleurs d'un mérite très-divers.

Parmi les autres poèmes chevaleresques, ceux dont Charlemagne est le héros semblent avoir été les premiers écrits en langue allemande; les sujets qui furent ensuite traités avec le plus de prédilection furent Arthur et la Table ronde. S'il me fallait porter un jugement général des anciens poèmes chevaleresques germaniques, et surtout si je devais signaler ce que j'y trouve de défectueux, je dirais que l'esprit et le ton des chants des troubadours s'y montrent trop. On pourrait, selon moi, appeler poème chevaleresque parfait, celui qui, ayant dans la tradition nationale une base historique solide, parlerait vivement au sentiment national, et serait si grand et si énergique dans la partie merveilleuse et héroïque, qu'on pourrait aussi lui donner le nom de poëme héroïque ; mais qui, dans la partie destinée à agir particulièrement sur le sentiment, serait aussi beau et aussi délicat, aussi rempli de pur amour qu'un chant de troubadour. Si ce que l'allégorie chrétienne offre de beau au sentiment intime de la vie et au sens spirituel de la nature y était habilement mêlé, on peut dire qu'il n'en serait que plus riche en clarté et en profondeur. Je n'essaierai point de décider la question de savoir si chez les Allemands, les Anglais et les Italiens, les grands poètes romantiques des temps modernes ont complètement atteint ce but. Torquato Tasso paraît s'en être le plus approché. Il existe encore quelques compositions allemandes de ce vieux temps, particulièrement sur Tristan, dans lesquelles la douceur musicale de la langue et la délicatesse de l'expression nous rappellent tout-à-fait la poésie des troubadours. De tous les poètes allemands de cette époque, le plus habile fut Wolfram d'Eschenbach, qui, parmi les histoires de la Table ronde, a particulièrement choisi celles à propos desquelles j'ai déjà fait observer plus haut que les allégories de chevalerie religieuse qu'elles contiennent, ne doivent point être considérées comme un caprice de l'auteur ou comme un jeu de son imagination, mais paraissent au contraire se rapporter très-clairement aux traditions symboliques des Templiers. De son temps, Wolfram n'était ni moins célèbre ni moins honoré dans toute l'Allemagne que le Dante en Italie; le Dante, à qui on peut le comparer sous le rapport de son goût pour l'allégorie, et l'érudition dont il aime souvent à faire étalage, qui à cette époque était si rare, et dans laquelle il se montre infiniment supérieur aux autres poètes de son siècle et de son pays. Sous le rapport de son goût pour un luxe d'imagination presque oriental dans la partie pittoresque, on pourrait le comparer à l'Arioste. Il en est des vieux poèmes comme des vieux tableaux et autres ouvrages de l'art : quand on les produit à la lumière à moitié dégradés et couverts de la rouille du temps, souvent on n'aperçoit leur véritable valeur, leur grand mérite que lorsqu'ils ont été restaurés, et que, rendus accessibles aux sens, ils frappent les yeux de chacun. Les comparaisons entre des poètes de temps et de peuples différens sont rarement justes, parce que chacun d'eux constitue un être à part ; c'est pourquoi je préfère choisir un autre terme de comparaison. Je dirai donc que les anciens poèmes ressemblent d'une manière frappante, pour l'idée simple et sublime qui sert de base à l'ensemble, ainsi que sous le rapport du luxe des ornemens et de l'élégance, aux monumens de l'architecture gothique, à la vue desquels une âme sensible sera toujours saisie d'un sentiment profond d'étonnement mêlé de joie et d'admiration. Pour rendre la comparaison plus parfaite, j'ajouterai que l'architecture gothique est, ainsi que la poésie chevaleresque, restée en grande partie une simple conception, et n'a jamais atteint un développement parfait. Les ouvrages isolés demeurés imparfaits et qui déjà sont tombés en ruine, ne sauraient produire une impression bien claire et bien déterminée sur celui qui n'a pas vu déjà un grand nombre des principaux ouvrages du genre, et qui n'est point parvenu à l'idée qui en forme la base commune. Il n'est point de monumens dans lesquels le génie du moyen âge en général, mais surtout celui des Allemands, ne soit aussi complètement exprimé que dans l'architecture dite gothique, dont cependant on ne connaît pas bien encore l'origine, les développemens et les variations (1). A la vérité, il est reconnu aujourd'hui qu'elle ne provient pas des Goths, parce qu'elle naquit plus tard, et qu'elle apparut tout d'un coup assez parfaite et presque sans tradition. Je parle de ce style d'architecture chrétienne qui a pour caractères distinctifs ces ogives et ces galeries majestueusement élancées

(1) On est en droit d'espérer que l'ouvrage de Boissère sur la cathédrale de Cologne fera époque sous ce rapport, et expliquera d'une manière satisfaisante beaucoup de choses encore inconnues.

dans les airs, ces piliers qui ressemblent à des faisceaux de roseaux, ces ornemens qui consistent en feuilles et en fleurs sculptées, et qui diffèrent aussi par là entièrement de l'ancien genre des monumens construits dans le goût néogrec sur le modèle de l'église de Sainte-Sophie de Constantinople. On n'y remarque rien de mauresque. Quelques édifices véritablement mauresques, en Sicile et en Espagne, ont en effet des caractères essentiellement différens. On trouve aussi en Orient de pareils édifices gothiques, mais qui ont été construits par des Chrétiens. Ce sont des forteresses et des églises ayant appartenu aux Templiers et aux chevaliers de l'ordre de Saint-Jean. L'époque vraiment florissante de cette architecture toute particulière, fut le douzième, le treizième et le quatorzième siècles. C'est sans contredit en Allemagne qu'elle a jeté le plus d'éclat. Ce sont des maîtres allemands, qui, d'après cet ordre d'idées, ont construit la cathédrale de Milan, au grand étonnement des Italiens d'alors. Mais ce n'est pas seulement en Allemagne et surtout dans les Pays-Bas allemands qu'elle a fleuri, mais aussi en Angleterre et dans la partie nord-ouest de la France. Les premiers inventeurs en sont entièrement inconnus. Il est impossible qu'un seul grand architecte ait été l'auteur de ce nouvel art; car sans cela son nom eût infailliblement été conservé. Les maîtres qui ont construit ces merveilleux ouvrages semblent plutôt avoir formé une société répandue dans plusieurs pays, et dont les membres étaient entièrement liés les uns aux autres ; mais quels qu'ils aient été, il est évident qu'ils n'ont pas seulement voulu entasser des pierres sur des pierres, mais exprimer de grandes pensées. S'il ne signifie rien, un édifice, quelque magnifique qu'il soit, n'appartient en rien à l'art. Il n'est point donné à cet art, le plus ancien et le plus sublime de tous, de parler immédiatement au sentiment et d'exposer quelque idée ; ce n'est que par sa signification qu'il peut dans un certain sens exprimer des pensées, et de cette manière on peut compter qu'il inspirera des sentimens nobles d'un genre tout-à-fait particulier. Il faut par conséquent que toute architecture soit symbolique, et cette architecture chrétienne du moyen âge allemand l'est plus qu'aucune autre. Ce qui frappe d'abord et immédiatement, c'est l'expression de la pensée qui s'élève vers Dieu, de la pensée qui, arrachée de la terre, vole hardiment et directement vers le ciel. C'est là ce qui remplit chacun du sentiment du sublime à l'aspect de ces piliers, de ces ogives et de ces voûtes s'élançant dans les airs comme des rayons ;

quoique ce sentiment ne se résolve point toujours en une pensée bien claire. Mais tout le reste dans la forme entière, est également significatif et symbolique, et on en trouve aussi des preuves et des traces remarquables dans les écrits de cette époque. On aimait à placer l'autel vers le lever du soleil ; les trois entrées principales reçoivent la foule qui se précipite dans l'église des diverses contrées de l'univers. Trois tours répondent au nombre trois, qui est la base fondamentale du mystère chrétien de la trinité. Le chœur s'élève au milieu du temple comme un autre temple plus élevé. On chercha de bonne heure à donner aux églises chrétiennes la forme d'une croix. Et qu'on n'y voie point l'effet d'un pur caprice, ainsi qu'on pourrait le penser, pas plus qu'un obstacle à la beauté de la forme. Au contraire, toutes les formes qui ont été choisies sont dans un accord parfait entre elles. L'architecture chrétienne avait évité de bonne heure la colonne ronde ; mais comme celles qui sont composées de trois ou quatre autres ne donnent point une bonne forme, on choisit ces colonnes déliées qui surgissent facilement comme d'un faisceau de roseaux, dans l'unité et la plénitude les plus variées. La rosace est la figure fondamentale de tous les ornemens de cette architecture. La forme particulière des fenêtres, des portes et des tours, avec ses riches ornemens de fleurs, en est même dérivée. La croix et la rosace sont donc les formes fondamentales et les symboles principaux de cette architecture mystérieuse. Ce que l'ensemble exprime, c'est la pensée grave de l'éternité, ou, si l'on veut, la pensée de la mort terrestre environnée de la plus aimable plénitude d'une vie à jamais florissante.

J'ai voulu seulement montrer, en passant, par un exemple, qu'il existe plusieurs manifestations de l'esprit et de l'art dans le moyen âge, qui ont encore besoin d'explication; bien que beaucoup de ces savans qui jugent de tout soient habitués à tout condamner indistinctement dans ces siècles, souvent sans en connaître la véritable origine ni la véritable signification.

Au quatorzième et au quinzième siècles, le goût pour les poèmes didactiques moraux, moitié allégoriques et moitié satiriques, prédomine dans la poésie allemande; et l'on peut citer le livre de fables de Reinecke Fuchs comme un exemple de ce que le monde était alors. Ce livre fait voir aussi comment parmi les bourgeois et les chevaliers, les peuples et les rois, les plus honnêtes étaient souvent les plus dupes; tandis que parmi les animaux, le rusé renard remportait la victoire et acquérait des honneurs, de la fortune et du pouvoir. Si les poèmes chevaleresques avaient de plus en plus dégénéré en un vain jeu de l'imagination tout-à-fait éloigné de l'histoire, on se jeta alors dans l'extrême opposé et on composa des chroniques en vers. C'est ainsi que les deux élémens du poème vraiment héroïque furent séparés. On peut considérer les deux livres de chevalerie si connus que l'empereur Maximilien fit publier, si même il n'en composa pas une partie, comme les dernières productions remarquables de l'époque de l'ancienne poésie. L'un (le Theuerdank) est en prose, l'autre (Weisskunig) en vers. Ce sont des ouvrages chevaleresques, d'après l'esprit qui y respire; et sous ce rapport, ils sont dignes d'estime; mais le genre et la forme qui appartiennent à l'allégorie et à l'histoire ne sont point heureux : ils sont même un obstacle pour cet esprit noble, le dernier que l'on puisse appeler le vieil esprit allemand.

En France, de même qu'en Angleterre, le génie de la chevalerie se conserva long-temps; mais la poésie chevaleresque y dégénéra de bonne heure, et avant d'avoir atteint le moindre développement scientifique. En France, il ne s'exprima plus qu'en prose et se répandit dans des livres de chevalerie, longs et diffus, incapables de tenir lieu de la poésie vive et animée des anciens poèmes. L'Angleterre fut plus heureuse, en ce que quelques réminiscences poétiques des temps anciens, et une foule de romances et de chants populaires, débris de l'antique poésie, restèrent dans la mémoire de ses habitans. Il existe de vieilles romances françaises d'un ton très-touchant et très-délicat; mais on ne saurait les comparer aux richesses que possèdent en ce genre les Anglais et surtout les Écossais: de même que la poésie des troubadours de la France septentrionale n'a jamais eu autant de célébrité que celle des Provençaux. Parmi les véritables poètes de cette ancienne époque de l'histoire de France, Thibault, comte de Champagne, et le roi de Navarre, me semblent mériter une place distinguée, peut-être même la première. Après avoir été traduits en langue latine, les poèmes de Charlemagne et de la Table-Ronde furent aussitôt traduits en langue française ou conservés dans des chansons ainsi que dans des traditions orales, non-seulement en France, mais encore en Angleterre. Je ferai observer à ce propos que l'on ne saurait séparer ces deux pays dans l'histoire de la littérature de cette époque, pour laquelle il ne faut jamais perdre de vue la situation politique de la France d'alors. A l'époque où la poésie des troubadours florissait en Provence, ce pays était un fief de l'empereur d'Allemagne, appartenant à la Bourgogne ; et c'est précisément de l'époque où Frédéric Barberousse donna ce pays au comte Bérenger à titre de fief, que datent l'éclat de la poésie des troubadours et la civilisation de la Provence, qui était par conséquent entièrement séparée du reste de la France, non-seulement par une langue tout-à-fait différente, mais encore par ses rapports politiques. Les provinces du nord et de l'ouest se trouvaient au contraire placées en grande partie sous la domination anglaise, et c'est moins aux Français qu'aux Normands qu'appartient, en Angleterre et en France, cette part si grande et si essentielle dans le développement de la chevalerie et de la poésie chevaleresque du moyen âge, dont nous avons déjà souvent parlé.

Le roman de la Rose, qui est si connu, ne donne pas une idée très-avantageuse des premiers progrès de la langue, à cause même de la haute réputation dont il jouit. Au quatorzième siècle, la littérature française n'était pas très-riche, si ce n'est en ouvrages sur la chevalerie, qui continuaient toujours à paraître. Ce que nous en connaissons prouve qu'à cette époque la langue n'avait point atteint le même degré de perfection, et était loin d'être aussi formée et aussi développée que l'étaient déjà la prose et la poésie chez les Espagnols et les Italiens. La formation complète de la langue française était réservée à une époque beaucoup plus rapprochée de nous. L'Angleterre aussi resta alors d'autant plus en arrière de ces nations, que son Chaucer était, pour le siècle où il vivait, si distingué par ses connaissances et ses talens, qu'on peut le considérer comme un modèle général, et qu'il a d'ailleurs fait époque dans la langue. Peut-être les guerres éternelles que l'Angleterre soutint au quatorzième et au quinzième siècles, ainsi que les sanglantes querelles de la maison d'Yorck et de la famille de Lancastre, ont-elles été un obstacle dans ces deux pays au développement plus prompt et plus heureux de la langue et de l'art poétique; peut-être d'ailleurs existe-t-il encore beaucoup de choses de ces temps qui mériteraient d'être connues et qui ne le sont point. A en juger par ce que nous connaissons, la véritable richesse littéraire des Français et des Anglais consiste en romances et surtout en fabliaux, en historiettes et en nouvelles. Ce sont les sources auxquelles Boccace a si souvent puisé, en leur donnant souvent un véritable mérite par la magie de son style.

Ce que je trouve de plus important et de tout-à-fait particulier dans l'ancienne littérature française, c'est la supériorité que les Français avaient dès cette époque sur les autres peuples, dans un genre où ils ont été si riches dans les temps modernes : je veux parler de ces recueils historiques sur certains hommes ou sur certains temps, qui exigent un esprit d'observation vif et développé par la vie sociale, et qui ont une espèce d'analogie avec le roman, comme tableaux de mœurs et dans l'exposition des détails. Les Mémoires du sire de Joinville, fidèle compagnon de saint Louis, commencent cette richesse tout-à-fait particulière à la langue française.

Le poème historique du Cid donne à l'Espagne un avantage particulier sur beaucoup d'autres nations. C'est le genre de poème qui agit le plus immédiatement et le plus puissamment sur les sentimens nationaux ainsi que sur le caractère d'un peuple. Un seul souvenir tel que celui du Cid a plus de prix pour une nation, que des bibliothèques entières de simples productions de l'esprit et de l'imagination, sans contenu d'un intérêt national. Quand même cet ancien poème héroïque ne serait pas, ainsi qu'on le pense, du onzième siècle, cependant resterait-il toujours certain que tout l'ouvrage appartient par son esprit à cette ancienne époque antérieure aux croisades. On n'y trouve aucune trace de ce goût oriental, ayant une tendance naturelle vers le merveilleux et le fabuleux. C'est l'esprit pur, noble et sincère des anciens Castillans; et il est probable que l'histoire du Cid a été présentée et répandue sous la forme de poème historique héroïque, peu de temps après que les faits qu'elle raconte avaient eu lieu. J'ai déjà fait observer comment la tradition héroïque, surtout dans la mythologie des divers peuples, est souvent accompagnée d'un certain sentiment élégiaque et même tragique. Mais la vie héroïque offre aussi un autre côté moins sérieux que les anciens eux-mêmes mettaient quelquefois en évidence. C'est ainsi qu'ils ont souvent représenté, et non sans une comique exagération, Hercule et sa force. Ulysse lui-même éprouve beaucoup d'aventures et met en pratique des ruses que l'on devrait plutôt appeler des fautes. Mais c'est en considérant historiquement les grands héros et les hommes héroïques, que ce côté moins sérieux apparaît davantage. Quelque effort que fasse l'histoire pour mettre en évidence la supériorité du héros en grandeur d'âme, en vaillance et en force physique, il ne paraît cependant pas dans le lointain poétique d'un monde merveilleux, mais au milieu de la réalité ordinaire. Or, plus est grand le contraste que sa force héroïque et sa supériorité offrent avec cette réalité, ses rapports et ses besoins, ainsi qu'avec les obstacles dont il est obligé de triompher; plus il fait naître de traits comiques qui ne nuisent point à l'impression de la grandeur héroïque, laquelle paraît ainsi beaucoup plus vraie, et se rapproche d'autant plus du sentiment. On trouve dans le Cid beaucoup de traits comiques de ce genre : par exemple, lorsque nous le voyons mettre en gage entre les mains d'un usurier juif un coffre rempli de pierres, comme un trésor précieux, afin d'en obtenir de l'argent pour faire la guerre aux Maures, quoiqu'il ne soit pas à cet égard tout-à-fait exempt de reproches; ensuite, ce miracle naturel qui a lieu, lorsqu'après la mort du Cid un juif veut le tirer par la barbe au moment où son corps est étendu sur le lit de parade, et que, par la commotion, sa terrible épée sort presque entière du fourreau; circonstance qui frappe d'épouvante l'audacieux profanateur. Voilà des plaisanteries populaires telles qu'il en faut dans un ancien poème comme le Cid. Une ironie plus fine règne dans les doléances et dans les lettres plaintives que Chimène adresse souvent au roi, relativement à la longue absence de son époux, et dans les réponses que lui fait le monarque. Les romances que Herder a traduites dans notre langue sont d'une époque beaucoup plus rapprochée de nous; mais le caractère de l'ancienne poésie y est fidèlement conservé, et elles ont en espagnol une grâce naïve et toute particulière, que la traduction, qui est un peu négligée, ne reproduit que dans un moindre degré.

Les Espagnols sont aussi riches en romances que les Anglais; et leurs romances ont cet avantage, qu'elles ne sont point de simples chants populaires, mais que les meilleures du moins sont généralement et véritablement nationales, claires et attrayantes pour le peuple, et assez nobles, tant sous le rapport des idées que sous celui des expressions, pour plaire aux hommes instruits. Les chants populaires ont un grand prix, si on les considère comme le retentissement poétique de temps plus reculés et plus favorables à la poésie. Cependant on est toujours dans une fausse voie, lorsque la poésie, qui doit saisir l'esprit et la sensibilité de toute la nation, les conserver et les développer, demeure le domaine exclusif du peuple. D'ailleurs ce retentissement poétique isolé devient, avec le temps, de plus en plus incompréhensible. On le trouve le plus souvent chez des nations qui ont à la vérité un esprit poétique; mais dont la poésie, les traditions et tous les souvenirs nationaux ont été interrompus et brisés par de longues guerres civiles, ou par une révolution et un changement général dans les opinions.

FIN DU TOME PREMIER.

TABLE

DES CHAPITRES DU TOME PREMIER.

Pages.

Chapitre Ier. — Introduction et plan de l'ouvrage. — Influence de la littérature sur la vie et la dignité des nations. — Poésie des Grecs jusqu'à Sophocle.   1

Chap. II. — Littérature grecque plus moderne. — Sophistes et philosophes. — Siècle d'Alexandrie. 57

Chap. III. — Influence des Grecs sur les Romains. — Esquisse de la littérature romaine. 111

Chap. IV. — Courte durée de la littérature romaine. — Nouvelle époque sous Adrien. — Iufluence des opinions orientales sur la philosophie de l'Occident. — Documens mosaïques. — Poésie des Hébreux. — Religion des Perses. — Idée de la Bible. — Caractère de l'Ancien-Testament. 157

Chap. V. — Monumens et poèmes héroïques des Indiens. — Mode de sépulture des anciens peuples. — Philosophie et civilisation des Indiens. 222

Chap. VI. — Influence du christianisme sur la langue et la littérature romaines. — Caractère du Nouveau Testament. — Révolution opérée par les peuples du Nord. — Chants héroïques des Goths. — Odin. — Ecriture runnique. — l'Edda. 280

Chap. VII. — Ancienne poésie des Allemands. — Du moyen âge en général. — Origine des langues modernes européennes. — Poésie du moyen âge. — Chant des troubadours. — Caractère des Normands; leur influence sur l'esprit de la poésie chevaleresque. — Influence particulière de Charlemagne. 335

Chap. VIII. — Troisième cercle des poèmes héroïques, d'Arthur et de la Table-Ronde. — Influence des Croisades et de l'Orient sur la poésie de l'Occident. — Chants des Arabes, et livre héroïque persan de Ferdusi. — Dernière composition du chant des Niebelungen. — Wolfram d'Eschenbach. — Véritable signification de l'architecture gothique. — Poésie plus moderne de l'époque de la chevalerie. — Le poème du Cid. 372

FIN DE LA TABLE.

www.ingramcontent.com/pod-product-compliance
Lightning Source LLC
Chambersburg PA
CBHW052130230426
43671CB00009B/1185